utb 3765

Eine Arbeitsgemeinschaft der Verlage

Böhlau Verlag · Wien · Köln · Weimar
Verlag Barbara Budrich · Opladen · Toronto
facultas · Wien
Wilhelm Fink · Paderborn
A. Francke Verlag · Tübingen
Haupt Verlag · Bern
Verlag Julius Klinkhardt · Bad Heilbrunn
Mohr Siebeck · Tübingen
Nomos Verlagsgesellschaft · Baden-Baden
Ernst Reinhardt Verlag · München · Basel
Ferdinand Schöningh · Paderborn
Eugen Ulmer Verlag · Stuttgart
UVK Verlagsgesellschaft · Konstanz, mit UVK/Lucius · München
Vandenhoeck & Ruprecht · Göttingen · Bristol
Waxmann · Münster · New York

Dr. Nicole Burzan ist Professorin für Soziologie an der Technischen Universität Dortmund. Ihre Arbeitsschwerpunkte sind: Soziale Ungleichheit, Methoden der Sozialforschung/Methodenverknüpfungen, Zeitsoziologie.

Nicole Burzan

Quantitative Methoden kompakt

UVK Verlagsgesellschaft mbH · Konstanz
mit UVK/Lucius · München

Online-Angebote oder elektronische Ausgaben sind erhältlich unter
www.utb-shop.de.

Bibliografische Information der Deutschen Bibliothek
Die Deutsche Bibliothek verzeichnet diese Publikation in der Deutschen
Nationalbibliografie; detaillierte bibliografische Daten sind im Internet
über <http://dnb.ddb.de> abrufbar.

Das Werk einschließlich aller seiner Teile ist urheberrechtlich geschützt. Jede Verwertung außerhalb der engen Grenzen des Urheberrechtsgesetzes ist ohne Zustimmung des Verlages unzulässig und strafbar. Das gilt insbesondere für Vervielfältigungen, Übersetzungen, Mikroverfilmungen und die Einspeicherung und Verarbeitung in elektronischen Systemen.

© UVK Verlagsgesellschaft mbH, Konstanz und München 2015
Einbandgestaltung: Atelier Reichert, Stuttgart
Lektorat: Marit Borcherding, München
Druck: fgb · freiburger graphische betriebe, Freiburg

UVK Verlagsgesellschaft mbH
Schützenstr. 24 · D-78462 Konstanz
Tel.: 07531-9053-0 · Fax 07531-9053-98
www.uvk.de
UTB-Band Nr. 3765
ISBN 978-3-8252-3765-3

Inhalt

1	**Einleitung**	7
2	**Beispiele für quantitative empirische Studien**	11
2.1	Die Moderne und ihre Vornamen	11
	2.1.1 Forschungsfrage	11
	2.1.2 Methoden	13
	2.1.3 Ergebnisse	14
2.2	Klassenzugehörigkeit und Geschmack	16
	2.2.1 Forschungsfrage	16
	2.2.2 Methoden	17
	2.2.3 Ergebnisse	18
3	**Der quantitative Forschungsprozess: Logik und Forschungsschritte**	21
3.1	Die Logik quantitativer Forschung	21
3.2	Forschungsschritte und Gütekriterien	25
4	**Der Forschungsprozess mit verschiedenen Erhebungsinstrumenten**	31
4.1	Vom Thema zur strukturierten Forschungsfrage	31
	4.1.1 Das Forschungsdesign	31
	4.1.2 Schritte der Präzisierungsphase	33
	4.1.3 Zusammenfassung	38
4.2	Die Operationalisierungsphase	39
4.3	Die Inhaltsanalyse	43
	4.3.1 Das Instrument und seine Anwendungsmöglichkeiten	43
	4.3.2 Die Schritte einer quantitativen Inhaltsanalyse	47
	4.3.3 Zusammenfassung	73
4.4	Die Beobachtung	76
	4.4.1 Das Instrument und seine Anwendungsmöglichkeiten	76
	4.4.2 Ein Anwendungsbeispiel	83
	4.4.3 Zusammenfassung	89
4.5	Die Befragung	92
	4.5.1 Ausgewählte methodische Entscheidungen bei einer Befragung	94

	4.5.2	Ein Anwendungsbeispiel	105
	4.5.3	Zusammenfassung	113
4.6		Die Sekundäranalyse empirischer Daten	115
	4.6.1	Merkmale einer Sekundäranalyse	115
	4.6.2	Beispiele für Quellen zur Sekundäranalyse	117
	4.6.3	Herausforderungen einer Sekundäranalyse am Beispiel	119
	4.6.4	Zusammenfassung	122
4.7		Methodenverknüpfungen	123

5 Auswahlverfahren ... 129

5.1		Zufallsauswahlverfahren	131
	5.1.1	Einfache Zufallsauswahl	131
	5.1.2	Komplexe Zufallsauswahlen	132
5.2		Nicht zufallsgesteuerte Auswahlverfahren	135
5.3		Die Auswahl von Befragten am Beispiel	137
5.4		Zusammenfassung des Vorgehens	141

6 Die Darstellung von Forschungsergebnissen: gelungen, fehlerhaft oder manipuliert? ... 143

6.1		Aufgaben und Teilbereiche der Statistik	144
	6.1.1	Deskriptive Statistik	144
	6.1.2	Induktive Statistik: Testen und Schätzen	146
6.2		Gefahren und Stolperfallen – zur Deutung von statistischen Ergebnissen	147
	6.2.1	Häufigkeitstabellen	147
	6.2.2	Grafische Darstellungen	151
	6.2.3	Maßzahlen und weitere Aggregationen	155

7 Ausblick ... 163

8 Literatur ... 165

I	Allgemeine Literaturhinweise	165
II	Literatur, die im Text zitiert oder auf die verwiesen wird	166

Abbildungs- und Tabellenverzeichnis ... 171

Sachregister ... 173

1 Einleitung

Methoden und Statistik – für viele Studienanfänger und Studienanfängerinnen[1] ein Schreckgespenst, das sie möglichst schnell hinter sich lassen wollen. »Das ist so schwierig« ist noch das mildere Vorurteil gegenüber »das ist schrecklich trocken«. Die möglichst großräumige Umgehung der Methoden hat jedoch für Sozialwissenschaftler einen ähnlichen Effekt wie das Vermeiden von Tonleiterübungen bei Klavierspielern: Es fehlt ein wichtiges Werkzeug, um sich Qualifikationen anzueignen, um sich nicht zuletzt die Inhalte des Faches erschließen zu können. Denn so getrennt sind Inhalte und Methoden des Faches keinesfalls. Nicht im konkreten Forschungsfeld überprüfte theoretische Ansätze sind ebenso wenig ein wissenschaftliches Vorbild wie ein empirisches Vorgehen, das sich in keiner Phase mit theoretischen Konzepten auseinandersetzt. Und diese Verknüpfung von Inhalten und Methoden macht das Studium empirischer Werkzeuge dann auch interessanter, als es möglicherweise Tonleiterübungen sind.

Nun könnte man argumentieren, dass nicht alle Sozialwissenschaftlerinnen selbst empirisch forschen wollen bzw. müssen. Das ist sicherlich richtig. Dennoch benötigen sie die Kompetenz, empirische Ergebnisse und ihr Verhältnis zur Theorie erstens *verstehen* und zweitens *kritisch beurteilen* zu können. Ein möglicher positiver Nebeneffekt der Auseinandersetzung mit Methoden besteht darin, die negativen Vorurteile und auch einige ganz falsche Vorstellungen vom Vorgehen eines Forschers abzubauen. Solch eine Vorstellung besteht etwa darin, dass jemand, der eine Befragung plant, sich zunächst mit einem Blatt Papier hinsetzen und einen Fragebogen skizzieren würde – tatsächlich ist es so oder sollte es so sein, dass der Fragebogenentwicklung entscheidende Schritte vorausgehen, wie noch zu zeigen sein wird. Zentral ist jedoch, dies sei wiederholt, die kritische Lesekompetenz, die dieses Buch vermitteln möchte.

Um dieses Ziel zu erreichen, sind die einzelnen Abschnitte eng an Forschungsbeispiele gebunden. Dies gilt bereits für das *zweite Kapitel*, das zwei Beispiele für quantitative empirische Untersuchungen und speziell ihre Methoden vorstellt.

---

1 Im Folgenden wird mal die männliche, mal die weibliche Form für beide Geschlechter genutzt und damit der Anforderung auch an eine Fragebogenentwicklung nach größtmöglicher Verständlichkeit gefolgt.

Das dritte Kapitel gibt einen Überblick über die Kennzeichen quantitativer Methoden und den Ablauf eines Forschungsprozesses nach dieser Forschungslogik. Dabei wird auch kurz eine Abgrenzung zu qualitativen Methoden vorgenommen.

Das *vierte Kapitel* stellt die Forschungsschritte bis zur Datenerhebung näher vor, dies auch konkret im Hinblick auf verschiedene Erhebungsinstrumente: die Inhaltsanalyse, die Beobachtung und die Befragung sowie die Sekundäranalyse als Sonderform. Dabei kommt zur Sprache, welche methodischen Probleme auftauchen können, die der Forscher zu lösen hat und auf die die Leser empirischer Ergebnisse achten sollten. Das Erhebungsinstrument der Inhaltsanalyse wird am Beispiel der Analyse von Kontaktanzeigen präsentiert, im Abschnitt zur Beobachtung geht es um das Verhalten von Museumsbesuchern. Die Befragung greift ein Forschungsprojekt zur Einbindung von Individuen in verschiedene Lebensbereiche auf, und die Sekundäranalyse wird anhand der Thematik einer potenziell verunsicherten Mittelschicht dargeboten. Einige Anmerkungen zu Möglichkeiten der Methodenverknüpfung schließen das Kapitel ab.

Im *fünften Kapitel* geht es um ein Element im Forschungsprozess, das unabhängig vom Erhebungsinstrument eine Entscheidung vom Forscher fordert: Die Auswahl der Forschungsteilnehmer oder Untersuchungsobjekte (z. B. Befragte für Interviews oder Zeitungsartikel für eine Inhaltsanalyse).

Das *sechste Kapitel* schließlich behandelt die Statistik, das Hilfsmittel schlechthin zur (quantitativen) Auswertung erhobener Daten. Dabei geht es nicht um statistische Verfahren im engeren Sinne, sondern nach einem Überblick über Aufgaben und Teilbereiche kommt es zur Diskussion ausgewählter Aspekte, die bei der Anwendung statistischer Verfahren sowie der Deutung und Darstellung statistischer Ergebnisse zu beachten sind. Diese Schwerpunktsetzung folgt damit konsequent der Zielsetzung, in erster Linie empirische Lesekompetenz zu vermitteln. Zur Vertiefung der Themen gibt es am Ende jedes Kapitels gezielte Literaturhinweise.

Dieses Buch zeichnet sich folglich dadurch aus, dass
- man in kompakter Form einen Überblick über die Forschungsschritte von Untersuchungen mit quantitativen Methoden erhält,
- anschauliche Beispiele aus der Forschungspraxis dabei sowohl die Verständlichkeit als auch die Reflexion typischer methodischer Probleme unterstützen, und
- man mit großer Wahrscheinlichkeit nach der Lektüre des Buches Forschungsergebnisse, sei es in der Fachliteratur oder auch in Zeitungen und Zeitschriften, mit »methodischeren« Augen sehen wird als zuvor.

Ich danke Sonja Rothländer von UVK, Jennifer Eickelmann, Silke Kohrs und Stefanie Weber von der TU Dortmund für die kritische Durchsicht des Buches und schließlich Ronald Hitzler dafür, dass er meine methodische Perspektive nie zu selbstverständlich werden lässt.

2 Beispiele für quantitative empirische Studien

Den beiden im Folgenden vorgestellten Studien ist gemeinsam, dass sie, mit unterschiedlicher Schwerpunktsetzung, ungleichheits- und kultursoziologische Ansätze miteinander verknüpfen: J. Gerhards untersucht, ob und wodurch sich längerfristig verändert, welche Vornamen Eltern ihren Kindern geben. P. Bourdieu fragt danach, ob Geschmack und Lebensstile heutzutage durch die soziale Klassenzugehörigkeit geprägt sind. Außerdem setzen beide Werke theoretische Konzepte empirisch um und überprüfen sie. Sie wurden aus dem nahezu unbegrenzten Pool an thematischen und theoretischen Ansätzen sowie konkret verwendeten Methoden unter anderem deshalb ausgewählt, weil sie die Anwendung der grundlegenden Erhebungsinstrumente illustrieren.

2.1 Die Moderne und ihre Vornamen

2.1.1 Forschungsfrage

Sagt es etwas über Eltern aus, ob sie ihr Kind Dörte oder Denise, Henry oder Benjamin nennen? Jürgen Gerhards nimmt dies an. Er geht davon aus, dass die Vornamensgebung und insbesondere der Wandel von Namensgebungen in den letzten 100 Jahren Prozesse kulturellen Wandels abbilden. Woran orientieren sich Eltern, wenn sie für ihr Kind einen Namen auswählen? Wenngleich Eltern selbst oft nur diffuse Gründe angeben können (z.B. der Name klinge schön), lassen sich im Zeitverlauf bei der Betrachtung vieler Namensgebungen doch bestimmte Trends ausmachen, von denen Gerhards einige näher in Augenschein nimmt: In welchem Maße etwa orientieren sich Eltern an Traditionen, z.B. aus der Religion, der Nation oder der Verwandtschaft und Familie? Sind Vornamen, obwohl ihre Wahl nicht vom Einkommen oder anderen materiellen Ressourcen abhängt, schichtspezifisch, oder haben sie sich individualisiert? Welche Rolle spielen Moden? Schlägt sich Globalisierung bei den Vornamen nieder? Auf welche Weise markieren Vornamen im Zeitverlauf das Geschlecht des Kindes?

Die Fragen deuten auf den kultursoziologischen Gehalt der Thematik hin: Vornamensgebungen im Zeitverlauf – so die These – zeigen einen kulturellen Wandel (oder auch Stabilität) an, da Eltern Namen nicht »zufällig« vergeben, sondern sich an bestimmten kulturellen Faktoren orientieren.

Wenn ein Elternpaar seinem Kind etwa einen deutschen, angloamerikanischen oder christlichen Namen gibt, kann dies im Einzelnen viele Gründe oder auch keinen direkt angebbaren Grund haben. Wenn es aber bei der Betrachtung einer großen Zahl von Namensvergaben beispielsweise zwischen 1933 und 1942 zu einer besonderen Steigerungsrate bei der Wahl deutscher Namen kommt, liegt eine »Prägekraft kultureller Kontexte« nahe, die sich somit auch und gerade für »einen der privatesten Bereiche« zeigt (Gerhards 2003: 28).

Versucht man, die Forschungsfrage danach zu systematisieren, was der Forscher erklären will und welche erklärenden Faktoren er heranzieht (im methodischen Sprachgebrauch heißt dies: Welche ist die abhängige, welche die unabhängige Variable), könnte man sagen: Erklärt werden soll die Vornamensgebung als Zeichen kulturellen Wandels. Mögliche Erklärungsfaktoren sind kulturelle Orientierungen und Prägungen (und nicht allein individuelle Vorlieben unabhängig davon), die wiederum von anderen, unter anderem sozialstrukturellen Faktoren abhängen. Gerhards hat damit nicht allein einen beschreibenden Anspruch (Welche Namen kommen wie häufig vor?), sondern er möchte die Trends auch erklären. Er verbindet dabei – ein in der Soziologie generell wichtiger Aspekt – das Handeln von Akteuren (die »Mikro«-Ebene) mit gesellschaftlichen Strukturen (der »Makro«-Ebene). Allerdings findet diese Verknüpfung allein auf einer kollektiven bzw. aggregierten Ebene statt. Damit ist gemeint, dass Gerhards z. B. die Häufung deutscher Vornamen in den 1930er-Jahren auf das politische System zurückführt. Man weiß aber nicht, warum einzelne Eltern ihren Kindern einen bestimmten Vornamen gegeben haben, oder ob gerade Anhänger des NS-Regimes deutsche Namen bevorzugt haben. Ein anderes Beispiel: Dass Kinder ab dem Ende der 1950er-Jahre seltener den Vornamen ihrer Eltern erhalten, bringt Gerhards damit in Verbindung, dass weniger Familien in der Landwirtschaft tätig sind, eine Hofübergabe an das Kind, insbesondere den Sohn, also wegfällt und damit diese Art der Tradition nicht gewahrt werden muss. Gerhards führt selbst an, dass der zwischen beiden Faktoren bestehende statistische Zusammenhang nicht zwingend einen ursächlichen Zusammenhang bedeutet, doch »leider stehen uns … keine Daten zur Verfügung, die eine Überprüfung auf der Individualebene zuließen. Uns bleibt allein die Möglichkeit auf theoretischer Ebene zu argumentieren, warum unserer Ansicht nach die aufgezeigten statistischen Zusammenhänge auf der Kollektivebene auch auf der Individualebene gegeben sind« (Gerhards 2003: 97). Trotz der Beschränkung des erklärenden Anspruchs auf Plausibilität lässt sich festhalten, dass die Studie zumindest mehrere erste Erklärungsansätze dafür liefert, wodurch die Namensgebung beeinflusst ist, warum und wie sich also ein kultureller Wandel in diesem Bereich vollzieht.

2.1.2 Methoden

Als Erhebungsinstrument wählt Gerhards die Inhaltsanalyse. Dabei wertet er Geburtsregister von Standesämtern aus zwei deutschen Kleinstädten aus, zum einen aus dem überwiegend katholischen Gerolstein in Westdeutschland, zum anderen aus dem protestantischen, später eher konfessionslosen Grimma in Ostdeutschland. Die Auswahl von nur zwei Gemeinden sichert keine Verallgemeinerbarkeit, doch zieht der Autor zum Vergleich Forschungsergebnisse aus anderen Regionen heran. Sie zeigen ähnliche Trends, was die Reichweite bzw. Generalisierbarkeit der Ergebnisse Gerhards' wiederum stärkt.

Was genau hat Gerhards nun erhoben? In einem vier- bzw. zweijährigen Abstand erfasste er jeweils die 100 ersten Geburten eines jeden Jahrgangs zwischen 1894 und 1994 bzw. 1998. Die Information zu jeder Geburt enthielt die Merkmale Geburtsdatum, Vorname(n), Geschlecht, außerdem von den Eltern die Vornamen, die Religionszugehörigkeit und den Beruf. Im Nachhinein ergänzte er dieses Raster durch den Kulturkreis, aus dem die Vornamen stammten, anhand von Namenshandbüchern; außerdem teilte er die Berufe in drei Gruppen ein (unqualifiziert, qualifiziert, hoch qualifiziert). Die Zuordnung zu einem Kulturkreis ist dabei nicht ganz unproblematisch. Ausschlaggebend war der zeitlich letzte Kulturkreis, so zählt etwa beim Namen Martin der Bezug zu dem Heiligen Martin, dem Bischof von Tours, nicht der lateinische Ursprung »Mars«. Dem liegt die (nicht bewiesene) Annahme zugrunde, dass der zeitlich letzte der für Eltern bekanntere oder jedenfalls bedeutsamere Kulturkreis ist.

Eine zusätzliche kleine Befragung von Müttern in Entbindungsstationen spielt in dem weiteren Forschungsbericht leider nur am Rande eine Rolle, so dass dieses Element einer »Mikro-Ebene« nachrangig bleibt.

Die erhobenen Merkmale bilden nun Hinweise (»Indikatoren«) für die Prüfung verschiedener Trends bei der Namensgebung. Die folgende Auflistung zeigt einige Beispiele auf (siehe Tab. 2.1).

Manchmal wären weitere Untersuchungen sowohl auf der Ebene der Fragestellungen als auch der Indikatoren denkbar, die zum Teil mit der vorliegenden Datenbasis nicht durchgeführt werden konnten, so gab es für die Prüfung der Facette Verwandtschaftsbeziehungen keine Informationen über die Namen der Großeltern und Paten. Es wurde ebenfalls nicht gefragt, ob Eltern mehrerer Kinder ihren »Vorlieben« treu blieben. Bei der Heterogenisierung wäre es bei entsprechender Datenbasis interessant gewesen, welcher Anteil der Eltern einen Namen aus den »Top 10« des (Vor-)Jahres wählt etc. Ebenfalls wäre zu überlegen, ob pro »Trend« nicht in einigen Fällen mehrere Indikatoren sinnvoll gewesen wären. Positiv ist hervorzuheben, dass der Autor in jedem Kapitel die Fragestellung und die Indikatoren klar benennt.

Tab. 2.1: Dimensionen und Indikatoren in der Studie von Gerhards

Einfluss von	Indikator
religiösen Bindungen bzw. Säkularisierung	Anteil der christlichen Vornamen an der Gesamtmenge der Vornamen (laut Namenshandbuch)
nationaler Orientierung	Anteil der deutschen Vornamen an der Gesamtmenge der Vornamen
Verwandtschaftsbeziehungen	Anteil der Weitergabe der elterlichen Vornamen auf den Namen des Kindes an der Gesamtmenge der Vornamen
Individualisierung	Heterogenisierung, gemessen am Anteil unterschiedlicher Namen an der Gesamtzahl der Namen
Schichtspezifik	Anteil der Namen, die von allen Schichten vergeben wurden (ein zunehmender Anteil würde auf Entschichtung hinweisen). Schicht ist dabei operationalisiert als Berufe der Eltern[2]
Globalisierung bzw. Transnationalisierung	Anteil nicht christlicher und nicht deutscher Namen bzw. Anteil der Namen aus romanischem und anglo-amerikanischem Kulturkreis

Im zweiten Teil der jeweiligen Prüfungen zieht Gerhards weitere Merkmale hinzu, die nun nicht mehr aus der eigenen Erhebung, sondern aus der Literatur entnommenen Daten stammen, z. B. der erwähnte Rückgang der in der Landwirtschaft Tätigen. Diese Merkmale dienen der (heuristischen) Erklärung, *warum* z. B. die Eltern ihre eigenen Vornamen ab einem bestimmten Zeitpunkt seltener an die Kinder weitergeben.

2.1.3 Ergebnisse

Die Ergebnisdarstellung der Namensentwicklung erfolgt in erster Linie durch Kurvendiagramme wie dieses, teilweise auch weiter differenziert (z. B. eine Kurve pro Gemeinde) (siehe Abb. 2.1).

---

[2] Etwas unklar ist, welche Zuordnung gewählt wird, wenn Vater und Mutter nicht in der gleichen Schicht sind, eventuell der Beruf des Vaters (Gerhards 2003: 120).

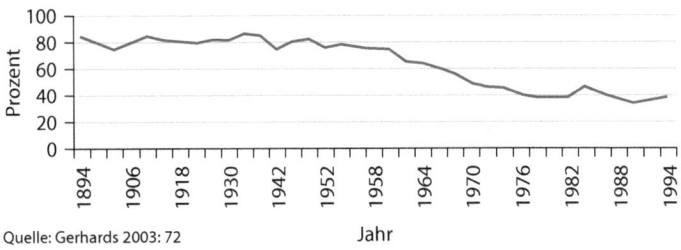

Quelle: Gerhards 2003: 72

Abb. 2.1: Enttraditionalisierung (Entwicklung des Anteils deutscher und christlicher Namen)

Inhaltlich ergeben sich folgende Trends: Orientierungen an Traditionen auf der Basis von Religion, Staat und Verwandtschaft nehmen im Zeitverlauf ab. Dagegen spielt die Schichtzugehörigkeit weiterhin eine Rolle. Individualisierung gab es, doch ist sie bereits in den 1950er-Jahren abgeschlossen, was anderen theoretischen Ansätzen zu diesem Thema (z. B. Beck 1986) widerspricht. Man könnte hier weiter nachhaken: Vielleicht ist Heterogenität allein kein so guter Indikator. Oder hängt das Ende weiterer Heterogenisierung mit dem ebenfalls konstatierten zunehmenden Einfluss von Moden zusammen? Ohne näher auf die Inhalte von Individualisierung einzugehen, kann dieser Punkt hier nicht verfolgt werden, wichtig ist jedoch, dass die Leser aufgerufen sind, empirische Ergebnisse – ob sie plausibel erscheinen oder nicht – immer kritisch zu reflektieren. Zurück zu den Ergebnissen: Nach dem Zweiten Weltkrieg gab es einen Anstieg der Namen aus einem anderen, insbesondere dem angloamerikanischen und romanischen Kulturkreis (übrigens auch in der DDR). Gerhards führt dies unter anderem auf den Einfluss des Fernsehens zurück. Als relativ wandlungsresistent erwiesen sich geschlechtsspezifische Unterschiede, etwa eine stärkere Traditionsgebundenheit bei Jungennamen. Als Erklärungsfaktoren für diese Entwicklungen nennt Gerhards unter anderem Veränderungen der Sozialstruktur (z. B. die Bildungsexpansion) und des politischen Systems.

Zusammengefasst zeigt Gerhards die Prägung des »Mikrophänomens« Vornamensgebung durch kulturelle Orientierungen und ihren Wandel anhand verschiedener Indikatoren auf. Er beschreibt nicht allein den Wandel der Vornamen in verschiedenen Hinsichten, sondern verknüpft diesen auch mit »plausibilisierenden« Erklärungen. Es gibt die oben geschilderten Einschränkungen sowohl des Erklärungsanspruchs als auch bezüglich methodischer Details. Diese Grenzen der Reichweite werden teilweise selbstreflexiv in der Studie genannt, zum Teil sind die Leserinnen aufgefordert und durch die systematische Darstellung auch in der Lage, selbst über die Grenzen der Aussagekraft nachzudenken.

2.2 Klassenzugehörigkeit und Geschmack

2.2.1 Forschungsfrage

Pierre Bourdieu hinterfragt die im Alltag geläufige Annahme, dass der Geschmack, z. B. bei der Kleidung, der Musik oder Möbeln, allein auf die individuellen Vorlieben zurückgeht und dass man mit seinem Geschmack einen ganz individuellen Lebensstil ausdrückt. Stattdessen geht er davon aus, dass die Klassenzugehörigkeit einen bestimmten Habitus, also eine Grundhaltung mit spezifischen Wahrnehmungsweisen und Handlungsmustern mit sich bringt, der wiederum auch den »individuellen« Geschmack prägt. Dies bedeutet nicht Determinismus, also dass etwa alle Angehörigen einer Klasse hundertprozentig übereinstimmende Vorlieben haben; der Habitus steckt eher einen typischen Rahmen ab. Diese Prägung muss den Einzelnen nicht bewusst sein, nichtsdestoweniger besteht dieser Zusammenhang – so die Theorie Bourdieus –, und somit ist der Einfluss sozialer Ungleichheiten auf alle Bereiche auch des Alltagslebens nach wie vor groß. Die »feinen Unterschiede« symbolisieren die »groben« sozialen Ungleichheiten. Dabei konzeptioniert Bourdieu die Klassenzugehörigkeit recht komplex, so spielen neben dem ökonomischen Kapital das kulturelle Kapital (Wissen, Bildungstitel, kulturelle Güter) sowie das soziale Kapital (die richtigen »connections«) eine wichtige Rolle. Die herrschenden Klassen haben dabei die Macht, ihre »Kultur« als die »legitime« zu definieren und sich durch ihren entsprechenden Lebensstil von den unteren Klassen abzugrenzen.

Die Untersuchung hat den Anspruch, ein theoretisches Konzept (das an dieser Stelle nur höchst verkürzt dargestellt wird, vgl. ausführlicher z. B. Burzan 2011: Kap. 6) zur sozialen Ungleichheit vorzulegen, das einerseits den fortbestehenden Einfluss sozialer Klassen aufzeigt, andererseits aber auch soziale Entwicklungen der letzten Jahrzehnte berücksichtigt, die zu mehr Differenzierung und Wahlfreiheiten für die Einzelnen geführt haben. Zudem verknüpft das Konzept wiederum eine strukturelle Makro-Ebene (die sozialen Klassen) durch den Habitus mit der Mikro-Handlungsebene (Lebensstil und Geschmack). Dieses theoretische Konzept untermauert Bourdieu durch eine empirische Untersuchung mit Daten, die er bereits in den 1960er-Jahren in Frankreich erhoben hat.

2.2.2 Methoden

Dabei kommt ein *Methodenmix* zum Einsatz: Zum einen wurden nach einer Vorerhebung mittels Intensivinterviews und Beobachtungen mehr als 1000 Personen mit einem standardisierten Fragebogen befragt, zum anderen hatten die Interviewer auch die Aufgabe, bestimmte standardisierte Beobachtungen durchzuführen, und schließlich zog Bourdieu zahlreiche Daten zur Sekundäranalyse (die Nutzung bereits existierender Datensätze) heran.

Im Einzelnen ging es in dem *Fragebogen* um Vorlieben bei der Wohnungseinrichtung, Kleidung, Musik, Küche, Lektüre, Film, Malerei, Radiosendungen etc. zur Erhebung des Lebensstils und Geschmacks, außerdem um Angaben zum Beruf, Einkommen und andere sozioökonomische und -demografische Angaben zur Erhebung der sozialen Position. Beispielsweise sollten die Befragten ihre Möbel einem Stil zuordnen (modern, antik oder rustikal) und Attribute für die Wunscheinrichtung vergeben (z. B. komfortabel oder pflegeleicht), ebenso dafür, wie sie sich am liebsten kleiden. Sie wurden dazu befragt, welche Art Bücher sie gern lesen bzw. welche Art Filme sie gern schauen, welche Filme aus einer Liste sie gesehen haben und welche Musikstücke sie kennen etc. Etwa die Hälfte der Befragten kam aus Paris, die andere aus der »Provinz«.

Die *Beobachtung* umfasste die Dimensionen Wohnverhältnisse, Kleidung, Frisur und Sprache (der Befragten), z. B. »Schuhe von Frauen: mit hohen Absätzen, mit flachen Absätzen, Hausschuhe« (vgl. Kap. 4.4).

Bei der *Sekundäranalyse* bezog Bourdieu sich unter anderem auf Daten des INSEE (»Institut national de la statistique et des études économiques«, es entspricht in etwa dem Statistischen Bundesamt) zu den Bereichen Haushaltseinkommen, Ausbildung und berufliche Qualifizierung, Lebensbedingungen und Verbrauch in Haushalten sowie Freizeitverhalten (eine Auflistung der Sekundärdaten befindet sich in Bourdieu 1982: Anhang II).

Bei der *Auswertung* verwendete Bourdieu neben anderen Verfahren wie der Erstellung von Kreuztabellen eine Methode, die seitdem mit dieser Arbeit oft eng verknüpft wird: die Korrespondenzanalyse. Charakteristisch ist hier eine grafische Darstellung in Form eines Koordinatensystems, bei dem räumlich nah beieinander liegende Merkmale auch tatsächliche Ähnlichkeiten und Zusammenhänge symbolisieren (genauer zur Anwendung und Interpretation s. Blasius 2001, Blasius/Georg 1992). Am Beispiel der Nahrungsmittel ließ sich etwa zeigen, dass gehobene Klassen eher Rind, Fisch und Obst, insgesamt feine und leichte Speisen bevorzugten, untere Klassen eher Wurstwaren, Schweinefleisch und Brot, insgesamt eher fette, schwerere Kost.

Bourdieu reflektiert auch die Grenzen seines methodischen Vorgehens (1982: Anhang I). So waren in der Auswahl der Befragten die Ober- und

Mittelklassen gegenüber der Arbeiterklasse überrepräsentiert. Der Fragebogen konnte für die einzelnen Bereiche (z. B. Musik) jeweils nur wenige Fragen und dazu nur wenig über die Art und Weise von Praktiken enthalten (tut man etwas gelangweilt oder leidenschaftlich, demonstrativ oder unauffällig etc.?), und die Fragen der sekundäranalytisch untersuchten Befragungen passten oft nur unvollkommen zu Bourdieus eigener Fragestellung.

2.2.3 Ergebnisse

Bourdieu arbeitet drei soziale Klassen (mit Differenzierungen, von denen hier abgesehen wird) mit einem jeweils typischen Geschmack heraus:
- Die herrschende Klasse hat den »legitimen Geschmack«, der sich durch Sinn für Abgrenzung (Distinktion) und teilweise durch Vorliebe für Luxusartikel auszeichnet.
- Die Mittelklasse oder das Kleinbürgertum hat einen »prätentiösen« Geschmack und eifert den oberen Klassen nach (durch Kultur- und Bildungsbeflissenheit), ohne jemals deren Selbstsicherheit oder Gelassenheit erlangen zu können. Der Kleinbürger ist der typische Abnehmer von Massenkultur.
- Der Notwendigkeitsgeschmack der unteren Klassen schließlich orientiert sich am Praktischen. Sie haben nicht etwa eine angeborene Unfähigkeit (z. B. der ästhetischen Wahrnehmung), ihnen fehlt vielmehr kulturelles und ökonomisches Kapital.

Ein Beispiel für die Ergebnisdarstellung einer Korrespondenzanalyse zur Veranschaulichung von Geschmacksrichtungen zeigt Abbildung 2.2. Es geht hier nicht darum, die Methode der Korrespondenzanalyse anhand der Grafik vollständig nachzuvollziehen, sondern darum, grobe Zuordnungen vornehmen zu können. Beispielsweise bevorzugen insbesondere Menschen mit hoher Kapitalausstattung Impressionisten, und vor allem jene, deren kulturelles Kapital tendenziell höher ist als ihr ökonomisches Kapital.

Sowohl Bourdieus theoretischer Ansatz als auch die empirische Untersuchung sind eingehend auch in Deutschland diskutiert worden. Im Rahmen der sozialen Ungleichheit, etwa bei der Erforschung von Bildungsbenachteiligungen, wird das Konzept nach wie vor herangezogen – unter anderem scheint es einige Schwächen anderer Ansätze zu umgehen –, jedoch andererseits nicht unkritisch betrachtet. Ob und wie die empirischen Ergebnisse auf Deutschland im 21. Jahrhundert übertragbar sind, ist eine eher offene und nicht einfach zu klärende Frage. Blasius und Winkler hatten 1989 eine bedingte Übertragbarkeit auf Deutschland konstatiert, bestimmte Milieuansätze (Vester et al. 2001) übernehmen Teile von Bourdieus Konzept, verschie-

Korrespondenzanalyse. Vereinfachte Darstellung der 1. und 3. Trägheitsachse

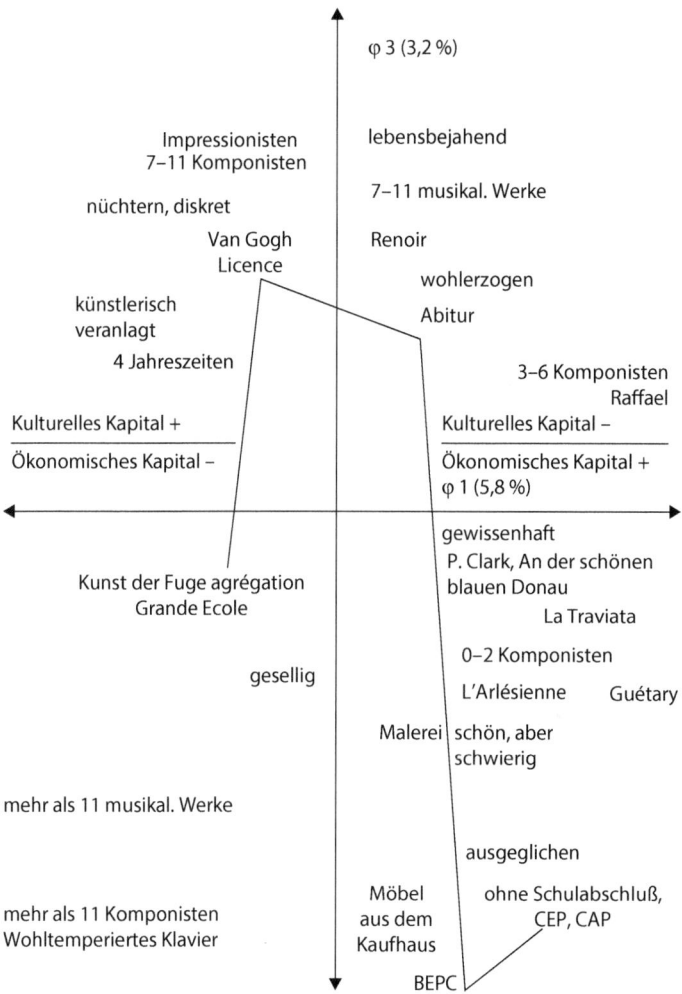

Dieses vereinfachte Schema gibt nur Variablen wieder mit einem Anteil von ≥ 1,5. Von der illustrierenden Variablen wird nur der Schulabschluß wiedergegeben.

Quelle: Bourdieu 1982: 414

Abb. 2.2: Varianten des herrschenden Geschmacks

dene empirische Untersuchungen sowohl etwa aus der Bildungssoziologie als auch aus der Netzwerkanalyse arbeiten mit den Konzepten z. B. des ökonomischen, kulturellen und/oder sozialen Kapitals.

Nach diesem ersten Einblick in die Anwendung quantitativer empirischer Methoden soll es im Folgenden um die Frage gehen, welche Forschungslogik und welcher Forschungsablauf für diese Methoden charakteristisch sind. Damit stehen im nächsten Kapitel die methodischen Prinzipien hinter den empirischen Untersuchungen im Zentrum der Aufmerksamkeit.

Literatur

Gerhards, Jürgen (2003): Die Moderne und ihre Vornamen. Eine Einladung in die Kultursoziologie, Wiesbaden: Westdeutscher Verlag (2. Aufl. VS 2010).

Bourdieu, Pierre (1982): Die feinen Unterschiede. Kritik der gesellschaftlichen Urteilskraft, Frankfurt a. M.: Suhrkamp, 9. Aufl. der TB-Ausgabe 1997. (frz. Original 1979)

Übungsaufgabe

Recherchieren Sie weitere empirische Untersuchungen, die quantitative Methoden verwendet haben.

3 Der quantitative Forschungsprozess: Logik und Forschungsschritte

3.1 Die Logik quantitativer Forschung

Was ist das Charakteristische an der quantitativen Forschungstradition, die sich als einer der beiden Hauptstränge »quantitativer« und »qualitativer« Forschung herausgebildet hat und sich von der »anderen« Seite nicht selten strikt abgrenzt (wie auch umgekehrt)? Studienanfänger könnten hier spontan meinen, dass es um Zählen und Rechnen gehe. Wenn jemand mit Zahlen arbeitet, reine Häufigkeiten von etwas betrachtet, forsche er quantitativ, wenn er sich aber dann, in die Tiefe gehend, den Inhalten zuwende, sei er ein qualitativ Forschender. Diese Ansicht ist arg verkürzt, man könnte auch sagen: *falsch*! Im Folgenden sollen demgegenüber die Charakteristika der quantitativen Forschung vorgestellt werden, die sich vor allem durch eine bestimmte *Forschungslogik* auszeichnen.

- Das Ziel empirischer Forschung besteht ganz allgemein darin, Zusammenhänge zu *beschreiben* und zu *erklären*: Sind beispielsweise polnische Migrantinnen besser in den Arbeitsmarkt integriert als türkische? Forschende untersuchen solche Zusammenhänge mit quantitativen Methoden, indem sie herausarbeiten, *welche Muster sich in vielen Fällen zeigen*, die dann als Hinweis für Ursache-Wirkungs-Zusammenhänge dienen. Wenn etwa in sehr vielen Fällen die Herkunft aus bestimmten Ländern und die Erfahrung von Arbeitslosigkeit miteinander einhergehen, nimmt man an, dass dieses Ergebnis nicht zufällig zustande gekommen ist, sondern dass bestimmte Merkmale (der Migrantinnen, des Arbeitsmarkts, der Personalrekrutierung etc.) für diesen Zusammenhang mitverantwortlich sind, was sich wiederum empirisch überprüfen lässt.
- Die Basis der quantitativen Forschung besteht daher in möglichst *vielen Untersuchungsfällen*, um solche Muster zu erkennen und um möglichst allgemeine, für große Zielgruppen *repräsentative Aussagen* treffen zu können. Der Forscher will etwa nicht nur etwas über 300 Befragte aussagen, sondern über seine Zielgruppe, z. B. Migrantinnen in Deutschland, insgesamt (s. dazu Kap. 5).
- Forschende gehen nach der quantitativen Forschungslogik dabei so vor, dass sie sich *vor der Datenerhebung* überlegen, welche Aspekte und welche Erklärungsfaktoren wichtig sind. Sie präzisieren und strukturieren ihre

Forschungsfrage auf der Grundlage des bisherigen Forschungsstands, formulieren konkrete Fragestellungen und *Hypothesen* und entwickeln aus dieser Systematik heraus ein Erhebungsinstrument wie einen Fragebogen. Die erst dann erhobenen Daten werden im Anschluss so ausgewertet, dass man die Hypothesen überprüfen und daraus Schlussfolgerungen für die Forschungsfragen ziehen kann. Der Schwerpunkt liegt darin, theoretische Annahmen und Erklärungen an konkreten Forschungsgegenständen zu überprüfen, weniger darin, Theorien erst durch die empirische Arbeit im Forschungsfeld zu entwickeln.

- Es ergibt sich ein vergleichsweise *linearer Forschungsablauf*, in dem bestimmte Schritte nach einem Regelgerüst nacheinander folgen. Dies bedeutet nicht, dass der Forscher keine methodischen Entscheidungen mehr zu treffen hätte, denn die allgemeinen Faustregeln müssen ja jeweils auf das Forschungsthema angewendet werden, wie Beispiele noch genauer zeigen werden.
- Weiterhin sind die *Datenerhebungsinstrumente standardisiert*, das heißt, in einer Befragung sind die Fragen und ihre Reihenfolge sowie (meist) die Antwortmöglichkeiten vorgegeben; bei einer Beobachtung und Inhaltsanalyse werden die relevanten Informationen in ein vorab ausgearbeitetes Kategoriensystem eingetragen. Eine Interviewerin sollte also z. B. nicht spontan den Fragebogen an die von ihr vermutete Sprache des befragten Jugendlichen anpassen, ein Beobachter keine Kategorien durch andere ersetzen. Die Standardisierung soll die *Vergleichbarkeit* der Daten erhöhen, zu einer möglichst großen *Objektivität* des Vorgehens beitragen und schließlich im Fall von Befragungen den Teilnehmenden eine Antwort durch die Vorgabe von Aspekten und Antwortmöglichkeiten erleichtern.
- Die *Datenauswertung* erfolgt typischerweise mit Hilfe *statistischer Verfahren*. Tabellen mit Prozentangaben, grafische Darstellungen, Mittelwerte und andere Maßzahlen gehören hierzu. Wichtig ist, dass der Forscher die Ergebnisse systematisch auf die zuvor erarbeiteten Hypothesen bezieht. Andernfalls ist die Gefahr eines ungewollten »Datenfriedhofs« mit vielen Detailinformationen ohne hinreichenden Bezug zur Fragestellung groß.

Dieses hypothesenprüfende Vorgehen folgt wissenschaftstheoretisch – das kann hier nur als kurzer Exkurs angedeutet werden – einer *deduktiven* Logik und dem damit verbundenen *Falsifikationsprinzip* des *Kritischen Rationalismus*. Der Forscher schließt deduktiv vom Allgemeinen, der Hypothese/Theorie, auf das Besondere, die Einzelfälle und nicht induktiv von Einzelfällen auf eine allgemeine Regel. In den Naturwissenschaften ist diese Logik weniger umstritten als in den Sozialwissenschaften, weil Forscher dort oft Gesetze aufstellen können: Äpfel fallen vom Baum auf den Boden aufgrund der

Schwerkraft. Dabei kann der Forscher vom Gesetz auf jeden einzelnen Apfel schließen. Bei sozialen Phänomenen und Prozessen sind Zusammenhänge weniger deterministisch. Wenn etwa Frauen in der Regel eine längere Lebenserwartung als Männer haben, bedeutet das nicht, dass jede Frau länger lebt als ihr gleichaltriger Partner. Dennoch gilt die deduktive Logik als Prinzip der quantitativen Methoden: Der Forscher prüft eine allgemeine These an Einzelfällen. Die Empirie kann die These – ein methodisch sauberes Vorgehen vorausgesetzt – bestätigen. Oder sie kann sie widerlegen, »*falsifizieren*«. In diesem Fall muss der Forscher die Hypothese modifizieren. Wenn die These bestätigt wird, kann er sie unter »härteren« Bedingungen weiter testen, z. B. mit einem größeren Geltungskreis, etwa nicht nur in Bayern, sondern in Deutschland oder weltweit. Nach dem Ansatz des »Kritischen Rationalismus« (vgl. als klassischen Text Popper 2002 [1934]) lassen sich Hypothesen nicht verifizieren, d. h. als wahr beweisen, weil nie alle denkbaren Fälle, Orte und Zeitpunkte untersucht werden können. Für eine Falsifikation ist dagegen grundsätzlich nur ein einziger widersprüchlicher Fall notwendig. Zumindest kann der Forscher festlegen, wann die Hypothese als falsifiziert gilt, etwa wenn die Lebenserwartung von Frauen nicht »statistisch signifikant« höher ist als von Männern. Aus der Falsifikation von Theorien oder andererseits ihrer Bewährung lassen sich aus dieser Sicht eindeutigere Erkenntnisse gewinnen als aus einem Versuch der Verifikation.

Die folgende Tabelle fasst in der linken Spalte die Merkmale der quantitativen Forschungslogik nochmals zusammen. Es wird deutlich, dass diese Merkmale zwar auch den Umgang mit Zahlen beinhalten (z. B. durch die Anwendung statistischer Verfahren, Häufigkeitsverteilungen als Befunde), sich aber keineswegs darin erschöpfen.

Die rechte Spalte zeigt spiegelbildlich die Charakteristika qualitativer Forschungslogik, die in dieser Einführung nicht vertieft werden können (s. dazu z. B. Flick 2007, Przyborski/Wohlrab-Sahr 2013). Typisch dafür sind unter anderem nicht standardisierte Erhebungsinstrumente (offene Interviews in Gesprächsform, unstrukturierte Beobachtungen etc). Ein wichtiger Aspekt besteht darin, dass der Forscher offen an die Fragestellung herangeht. Dies bedeutet nicht, dass er gar nicht erst eine Fragestellung formulieren müsste. Aber er ist offen für Aspekte, die sich erst aus dem Material ergeben, die er nicht durch Vorab-Überlegungen bereits vor der Erhebung festgelegt hat. Entsprechend besteht ein häufiges Ziel qualitativer Verfahren darin, ein theoretisches Konzept zu entwickeln (nicht zu prüfen), das zugleich bereits auf empirische Daten bezogen ist. Damit streben auch qualitative Untersuchungen die Formulierung allgemeinerer theoretischer Aussagen an. Aufgrund der Forschungslogik und des konkreten Vorgehens verallgemeinern sie jedoch

Tab. 3.1: Die Forschungslogik quantitativer und qualitativer Methoden

Quantitative Methoden	Qualitative Methoden
Schwerpunkt: Beschreibung oder theoriegeleitete Erklärung	Schwerpunkt: Beschreibung oder Theorieentwicklung
Herausarbeitung von Mustern und Regelmäßigkeiten durch die Betrachtung vieler Fälle	Untersuchung von Zusammenhängen im Kontext jeweils von Einzelfällen bei eher wenigen Fällen
Eher linearer Forschungsablauf nach Regelgerüst; u. a. Klärung vor der Datenerhebung, was man wozu erhebt → Ergebnisse können Hypothesen oder Forschungsfragen zugeordnet werden	Eher nicht linearer Forschungsablauf; u. a. Offenheit für Aspekte, die sich während der Forschung ergeben, z. B. Prioritäten der Befragten oder Kontexteffekte
Trennung von Datenerhebung und Auswertung	Trennung dieser Schritte nicht unbedingt, auch Hin-und-Her-Bewegung möglich
Standardisierte Datenerhebung	Nicht standardisierte Datenerhebung
Auswertung oft mit statistischen Verfahren	Statistik untypisch (stattdessen z. B. hermeneutische Verfahren)
Meist statistische Repräsentativität angestrebt	Kein Anspruch auf Repräsentativität, Verallgemeinerung z. B. durch Typenbildung oder Erkennen einer allgemeinen Struktur am Einzelfall

auf anderen Wegen als durch statistische Repräsentativität. Qualitative und quantitative Forschung unterscheiden sich nicht allein durch das methodische Vorgehen im engeren Sinne, sondern bereits durch methodologische bzw. erkenntnistheoretische Herangehensweisen, das heißt durch Grundannahmen, die die Methoden beeinflussen (z. B. Annahmen dazu, welche Rolle die Situation und generell der Kontext für Verhaltensweisen einnehmen und wie man sie berücksichtigt).

Oft wird eine Trennlinie nicht zwischen quantitativen und qualitativen Methoden gezogen, sondern präziser zwischen quantitativer/qualitativer Forschung einerseits und interpretativer Forschung andererseits. Letztere zeichnet sich dadurch aus, dass sie fallrekonstruktiv vorgeht, dass sie also Sinnzusammenhänge im Kontext am Einzelfall herausarbeitet und erst dann

z. B. im Fallvergleich Typen konstruiert (vgl. z. B. die Beiträge in Mey/ Mruck 2014, insbesondere von Hans-Georg Soeffner und von Ronald Hitzler; Keller 2012).

Es geht dabei nicht darum, sich zu entscheiden, welche Forschungslogik man prinzipiell »besser« findet. Vertreter der Richtungen haben verschiedene Vorwürfe gegen die jeweils andere Richtung vorgetragen. So pauschal stimmen sie jedoch auf beiden Seiten nicht. Weder ist beispielsweise die qualitative bzw. die interpretative Forschung per se »lebensnäher« (bzw. in diesem Ziel erschöpft sich die Forschung nicht), noch ist die quantitative Forschung per se aussagekräftiger auf der Basis von Standardisierung und statistischer Repräsentativität. Somit ist keine Forschungsrichtung einer anderen grundsätzlich überlegen, sie haben zum einen ihre jeweiligen Anwendungsbereiche – je nach der Art der Forschungsfrage –, zum anderen gibt es unter Umständen Verknüpfungsmöglichkeiten verschiedener Vorgehensweisen (vgl. Kap. 4.7). Eine gute Kenntnis quantitativer, qualitativer *und* interpretativer Forschungslogiken ist daher eine sinnvolle Basis für eine methodologisch reflektierte und methodisch sauber vorgehende empirische Sozialforschung.

3.2 Forschungsschritte und Gütekriterien

In einer Übersicht sieht ein Ablaufschema der quantitativen Forschungsschritte so aus (siehe Tab. 3.2).

Diese Schritte werden in den folgenden Kapiteln näher, auch im Kontext der verschiedenen Erhebungsinstrumente und an Beispielen vorgestellt. Im Überblick lässt sich vorab sagen, dass Forschende in der *Präzisierungsphase* ausformulieren, *was* genau sie wissen wollen. Man erfindet dabei das Rad kaum neu, sondern stützt sich auf Fachliteratur zum Thema, um wichtige Dimensionen herauszuarbeiten, Begriffe zu konkretisieren und Hypothesen zu formulieren. In der *Operationalisierungsphase* hat die Forscherin daraufhin die Aufgabe, festzulegen, *wie* die präzisierten Sachverhalte gemessen bzw. wie die Forschungsfragen und Hypothesen in empirische Prozeduren übersetzt werden sollen. Eine Herausforderung besteht darin, den klaren roten Faden beizubehalten: Es geht nicht darum, welche Aspekte man zur groben Themenstellung potenziell erheben könnte, sondern wie sich die Hypothesen und konkreten Forschungsfragen ganz genau empirisch umsetzen lassen. Der Forscher reflektiert also im Idealfall seine methodischen Entscheidungen daraufhin, was er eigentlich wissen will und ob die methodischen Entscheidungen dazu beitragen. Am Ende dieses Schritts stehen ein anwendungsbereites Erhebungsinstrument und genaue Planungen dazu, wann, wo, bei wem, in welcher Situation das Instrument einzusetzen ist. Ein

Tab. 3.2: Forschungsschritte der quantitativen Sozialforschung

---

Thema

↓

Präzisierung des Themas

u. a. mit Hilfe theoretischer und empirischer Literatur
- wichtige Dimensionen sammeln und systematisieren
- Begriffe im Forschungszusammenhang definieren
- Hypothesen bilden, Forschungsfragen stellen

↓

Operationalisierung

Übersetzung in Erhebungsprozeduren, Verbindung von Hypothesen/
Forschungsfragen und Beobachtungsaussagen
- Methode auswählen
- Indikatoren bilden
- Instrument verfeinern (Fragebogen oder Beobachtungskategorien entwerfen, Messvorschriften festlegen etc.)
- Weitere Entscheidungen treffen, z. B. zum Auswahlverfahren und zur Erhebungssituation

Hierbei ist es wichtig, den roten Faden der Fragestellung nicht aus dem Auge zu verlieren.

↓

Pretest

zur Überprüfung der Operationalisierung: u. a. Eindeutigkeit der Begriffe, Praktikabilität der Durchführung

↓

Datenerhebung

↓

Datenaufbereitung und Interpretation

u. a. Prüfung der Hypothesen, Folgerungen zum Erkenntnisgewinn

↓

Veröffentlichung der Ergebnisse, ggf. praktische Umsetzung

Pretest prüft die Praxistauglichkeit des Instruments, bevor es in der *Haupterhebung* bei einer größeren Zahl von Fällen eingesetzt wird. In der Phase der *Auswertung und Interpretation* werden die Befunde systematisch auf die Hypothesen, die Forschungsfrage insgesamt zurückbezogen und Schlussfolgerungen für einen Erkenntnisgewinn im Rahmen des bisherigen Forschungsstands gezogen. Eine empirische Untersuchung endet also keineswegs mit der statistischen Auswertung, sondern der Forscher bündelt die Ergebnisse und zieht Schlussfolgerungen, was er in verschiedenen Formen tun kann, etwa durch einen Forschungsbericht, Fachpublikationen, bei anwendungsorientierten Forschungen (z. B. der Evaluation neuer Arbeitszeitregelungen in Betrieben) etwa auch einschließlich praktischer Umsetzungsempfehlungen.

Diese Linearität des Forschungsablaufs ist ein grundsätzliches Merkmal der quantitativen Forschung. Dennoch handelt es sich um ein *idealtypisches Ablaufschema*, das in der Praxis im Einzelnen auch durchbrochen wird. So wird ein Forscher schon früh damit beginnen, seinen Zugang zum Feld zu klären, nicht erst nach dem Abschluss des Pretests (erklären sich z. B. Unternehmen dazu bereit, dass man die Mitarbeitenden befragt, will der Betriebsrat den Fragebogen vorab sehen etc.). Und andererseits hindert den Forscher prinzipiell nichts daran, Auswertungen vorzunehmen – und so Hypothesenprüfungen zu ergänzen oder zu differenzieren –, die er nicht bereits vor oder spätestens während der Operationalisierung formuliert hatte. Dies funktioniert allerdings nur dann, wenn er die dafür notwendigen Daten auch erhoben hat.

Ein zentraler Punkt im gesamten Forschungsprozess besteht schließlich in der Beachtung von *Gütekriterien*. Der Forscher sollte empirisch so arbeiten, dass das methodische Vorgehen und die erzielten Ergebnisse einer kritischen Überprüfung standhalten. Dies wäre beispielsweise *nicht* der Fall, wenn ein Forscher wichtige Dimensionen des Themas außen vor ließe (in der Präzisierungsphase), wenn er willkürlich einige Studierende zur Befragung auswählen, seine Ergebnisse dann aber für alle Studierenden in Deutschland verallgemeinern würde, oder wenn er suggestive Fragen formulieren und damit die späteren Antworten von Befragten beeinflussen würde (in der Operationalisierungsphase). Weiterhin wäre es eine Einschränkung, wenn bei Telefoninterviews nur diejenigen befragt würden, die beim ersten Kontaktversuch erreichbar waren (Erhebungsphase) oder wenn unangemessene statistische Verfahren genutzt oder spekulative Schlussfolgerungen gezogen würden (Auswertungsphase). »Fehler« können also in jeder Forschungsphase auftreten. Zugunsten möglichst »guter« empirischer Ergebnisse sollte der quantitativ vorgehende Forscher[3] die folgenden Gütekriterien stets im Blick haben:

---

3 Diese Gütekriterien sind nicht umstandslos auf qualitative Methoden übertragbar, vgl. Steinke 2000.

1. Gültigkeit (Validität): Gültig sind Ergebnisse dann, wenn man das gemessen hat, was man messen wollte. Dies bedeutet, dass man angemessene Indikatoren verwendet hat und dass das Instrument und die Erhebungssituation (z. B. die Anwesenheit Dritter bei einer Befragung) die Ergebnisse nicht systematisch verfälschen. Was »Indikatoren« sind, wird später (Kap. 4.2) genauer erläutert. Kurz gesagt zeigen sie den Sachverhalt, den man erheben will, direkt an. Beispielsweise könnte der »Schulabschluss« ein Indikator für die Dimension »Bildung« sein. Die Gültigkeit des Indikators »Note in der letzten Mathearbeit« für die Erfassung von »Bildung« wäre dagegen wohl nicht gegeben, weil allein Mathematikkenntnisse, die lediglich im Ergebnis der letzten Klassenarbeit zum Ausdruck kommen (die leicht oder schwer gewesen sein kann und bei der der Schüler einen guten oder schlechten Tag hatte) einen zu kleinen Teil der Dimension »Bildung« messen.

Teilweise werden verschiedene Arten von Gültigkeit (z. B. Inhalts-, Kriteriums- Konstruktvalidität) unterschieden (vgl. z. B. Diekmann 2007), die sich unter diese Grundbedeutung subsummieren lassen. Prüfen lässt sich Gültigkeit kaum durch bestimmte Verfahren, sondern nur durch die Hinterfragung des empirischen Vorgehens vor dem Hintergrund des theoretischen Konzepts der Forschungsfrage.

2. Zuverlässigkeit (Reliabilität): Bei wiederholter Anwendung des Instruments und des Messkonzepts sollte ein Forscher das gleiche Ergebnis erzielen; die Ergebnisse der Messung sind also zuverlässig, *wenn sie reproduzierbar sind*. Mit anderen Worten sind Befunde (z. B. Antworten bei einer Befragung) stabil unabhängig davon, wer gemessen hat, wann genau er gemessen und prinzipiell auch, mit welchem Instrument er gemessen hat.

So sollte es für die Ergebnisse keinen Unterschied machen, ob der Interviewer braune oder grüne Haare hat, jung oder alt ist, oder ob ein Beobachter eine Situation unter sonst gleichen Bedingungen dienstags oder mittwochs beobachtet hat. Ebenso sollte die gleiche Zahl herauskommen, wenn man jemanden fragt, wie viele Bücher er gerade aus der Universitätsbibliothek ausgeliehen hat oder dies mit seiner Zustimmung im Computersystem der Bibliothek recherchiert. Man will also Einstellungen oder typisches Verhalten und nicht unkontrollierte Situationseinflüsse bei der Erhebung messen.

Die Zuverlässigkeit eines Instruments lässt sich etwa dadurch testen, dass man – beispielsweise bei einer Beobachtung oder Inhaltsanalyse – verschiedene Personen (oder die gleiche Person zu verschiedenen Zeitpunkten) die gleiche Situation oder Quelle in ein Kategoriensystem eintragen lässt. Eine hohe Übereinstimmung spricht für die Zuverlässigkeit, man spricht auch von Inter- bzw. Intracoder-Reliabilität.

Es gibt einen wichtigen *Zusammenhang* von Zuverlässigkeit und Gültigkeit: Ein Ergebnis, das nicht zuverlässig ist, kann auch nicht gültig sein. Wenn das Ergebnis davon abhängt, dass Befragte einer jungen Frau andere Antworten zum Thema politische Einstellungen gegeben haben, als sie es gegenüber einem älteren Mann getan hätten, hat man eben nicht gemessen, was man messen wollte, und zwar die politischen Einstellungen. Andererseits ist ein zuverlässiges Ergebnis nicht zwingend gültig. Wenn eine Frage im Fragebogen suggestiv gestellt ist, kann man zuverlässig immer wieder verzerrte und damit ungültige Befunde erzielen. Somit ist Zuverlässigkeit eine notwendige, aber nicht hinreichende Bedingung für Gültigkeit.

3. Objektivität/Intersubjektivität: Versteht man Objektivität in diesem Kontext als Unabhängigkeit von subjektiven Eigenschaften und (Wert-)Haltungen des Betrachters bzw. des Forschers, so ist es unmöglich, einen Forschungsgegenstand vollständig objektiv wahrzunehmen und zu untersuchen. Zur Annäherung an dieses Ideal können Forscher jedoch ihr Vorgehen für andere klar dokumentieren, ihre Forscherrolle dabei reflektieren und so ihre Untersuchung für andere intersubjektiv nachvollziehbar, kontrollierbar, damit kritisierbar machen.

Die Güte der Befunde steigt danach, wenn die *scientific community* die Ergebnisse zustimmend nachvollzieht. Standardisierte Instrumente dienen in der quantitativen Forschung als ein Mittel, diese Intersubjektivität zu fördern.

4. Repräsentativität: Repräsentativität richtet sich auf die Reichweite der Ergebnisse und bedeutet, dass eine Stichprobe ein verkleinertes Abbild einer Grundgesamtheit darstellt, dass die Ergebnisse aus der Stichprobe also auf diese angebbare Grundgesamtheit verallgemeinerbar sind.

Die Grundgesamtheit umfasst alle Fälle, über die eine Untersuchung Aussagen treffen will. Ob die Ergebnisse der Stichprobe repräsentativ sind, hängt neben der Größe der Stichprobe und der Ausschöpfung zentral vom Auswahlverfahren ab, wobei insbesondere Zufallsauswahlen zu für die Grundgesamtheit repräsentativen Ergebnissen führen (s. u. Kap. 5).

Welche Herausforderungen sich im Zuge der einzelnen Forschungsschritte stellen, um diese Gütekriterien möglichst optimal einzuhalten, zeigen die folgenden Kapitel.

 **Literatur**

Vgl. hierzu die Hinweise auf Einführungen am Beginn des Literaturverzeichnisses (z. B. Diekmann 2007).
Zum wissenschaftstheoretischen Hintergrund:
Chalmers, Alan F. (2007): Wege der Wissenschaft: Einführung in die Wissenschaftstheorie, 6. Aufl., Berlin/Heidelberg: Springer.

 Übungsaufgabe

Entwerfen Sie eine Forschungsskizze anhand der Schritte in Tab. 3.2 zum Thema »Ist die Wohnungseinrichtung von der sozialen Lage (z. B. Einkommen, Bildung oder Alter) abhängig?«

4 Der Forschungsprozess mit verschiedenen Erhebungsinstrumenten

4.1 Vom Thema zur strukturierten Forschungsfrage

Dieser Abschnitt stellt die Anfangsschritte einer empirischen Untersuchung zunächst unabhängig vom Erhebungsinstrument vor. Der Forscher legt hier fest, um welches Forschungsdesign es sich bei seiner Fragestellung handelt und führt die Schritte der Präzisierungsphase durch: die Sammlung und Systematisierung von Dimensionen, die Definition von Begriffen im Forschungskontext sowie die Formulierung von Hypothesen bzw. konkreten Forschungsfragen. Im Abschnitt wird zudem begründet, inwiefern die Präzisierungsphase eine wichtige Rolle im Forschungsprozess spielt.

4.1.1 Das Forschungsdesign

Arten und Inhalte von Forschungsthemen können vielfältig sein. Manchmal beginnt der Forscher mit einem allgemeinen Thema, das noch viele Konkretisierungsmöglichkeiten aber auch -anforderungen beinhaltet, z. B. die Bedeutung sozialer Netzwerke im Internet für Jugendliche oder die Veränderung des Eltern-Kind-Verhältnisses in den letzten Jahrzehnten. In anderen Fällen steht ein bestimmter Ursache-Wirkungs-Zusammenhang schon stärker im Mittelpunkt, etwa bei der Frage, wie sich Armut auf den Alltag von Kindern auswirkt. Armut wird hier als wichtiger Einflussfaktor angesehen, verschiedene – noch zu bestimmende – Aspekte des Alltagslebens sind das Phänomen, das der Forscher erklären möchte. Haben diese Themen den Schwerpunkt der *Beschreibung* und somit zunächst allenfalls eine lockere Anbindung an theoretische Ansätze, richten sich andere Forschungsfragen wiederum darauf, eine *Theorie zu überprüfen*: Trifft etwa die Individualisierungsthese (Beck 1986) zu, die unter anderem eine Freisetzung der Individuen aus traditionellen Bindungen wie der sozialen Herkunftsklasse seit den 1960/70er Jahren postuliert?

Ein wiederum anderes potenzielles Forschungsziel besteht in einer *Evaluation* (vgl. Stockmann/Meyer 2014). Hierbei werden oft Maßnahmen (z. B. in der Politik oder in Unternehmen, wie etwa neue Familienförderungs- oder Arbeitszeitkonzepte) daraufhin überprüft, ob sie ihre Ziele erreichen – falls ja, mit welchen Kosten und »Nebenwirkungen«, falls nicht oder nur teilweise, aus welchen Gründen dies so ist. Eine Evaluation ist zugleich ein Beispiel für ein Forschungsdesign, das stärker anwendungsorientiert ist, während etwa eine Untersuchung dazu, welche kulturellen Bindungen die Vornamenvergabe durch Eltern aufweist (Gerhards 2003), eher der Grundlagenforschung zuzuordnen ist.

Die Formulierung solcher Untersuchungsziele ist Bestandteil des *Forschungsdesigns*. Damit ist ein übergreifender Forschungsplan gemeint, der neben dem Ziel der Untersuchung unter anderem ihre raum-zeitliche Einordnung und ein grundsätzliches Konzept des Vorgehens beinhaltet. Das Ziel der Untersuchung unterscheidet sich also danach, ob die Deskription (Beschreibung), die Überprüfung einer Theorie oder ein Anwendungsbezug wie z. B. bei einer Evaluation im Vordergrund steht. Die zeitliche Einordnung richtet sich darauf, ob es einen oder mehrere Messzeitpunkte geben soll, ob es sich also um eine Querschnitt- oder um eine Längsschnittuntersuchung handelt. Führt der Forscher eine Momentaufnahme durch, etwa zur Situation von Hartz-IV-Empfängern in Sachsen, oder ist er an einem Verlauf interessiert? Im letzteren Fall muss er gegebenenfalls von Beginn an mehrere Datenerhebungen einplanen und Befragte darauf vorbereiten, dass er sie nach einiger Zeit möglichst nochmals interviewen möchte. Die räumliche Einordnung legt fest, ob die Studie beispielsweise Aussagen über eine Region oder mehrere Staaten im Vergleich treffen soll.

Warum ist es für den Forscher wichtig, sich vorab Gedanken zum Forschungsdesign zu machen, und warum sollte er im Weiteren akribisch die weiteren Schritte der Präzisierungsphase durchführen? Man könnte doch auch direkt mit der Formulierung von Fragebogenfragen oder Kategorien für eine Inhaltsanalyse bzw. Beobachtung beginnen? Zu den oben beispielhaft genannten Themen fallen einem sicherlich spontan auch schon einige Fragen ein. Doch es sei ganz deutlich gesagt: Das »Überspringen« der Präzisierungsphase ist eine gravierende methodische »Sünde«, die sich spätestens im Ergebnis der Studie rächen wird. Die Gründe dafür sind folgende:

- Aspekte, die in der Präzisierungsphase nicht berücksichtigt wurden, drohen im Zuge der späteren »Kleinarbeit« der Instrumentenentwicklung, der Datenerhebung und der statistischen Auswertung unterzugehen. Bei einer Befragung wird es etwa nicht praktikabel sein, 1.000 Befragte nochmals anzurufen und ihnen drei Fragen zu stellen, die in der ersten Fragebogenversion nicht enthalten waren.
- Der Forscher erspart sich durch ein von Beginn an systematisches Vorgehen einige Probleme der weiteren Forschungsschritte. Überlegt er beispielsweise, wie er einen bestimmten Sachverhalt genau messen soll, ist es hilfreich, auf eine Definition zurückgreifen zu können. Forscht er etwa über Gewalt an Schulen, erleichtert die Festlegung, ob es um physische,

seelische und/oder verbale Gewalt geht und worum es sich dabei jeweils handelt, die Bestimmung von Beobachtungskategorien (gehört etwa das kurze Anrempeln auf dem Schulhof dazu oder nicht?). Auch die Auswertung kann sich ohne systematisches Konzept schnell in die Handhabung eines unübersichtlichen Datenbergs verwandeln. Folglich besteht ohne Präzisierungsschritte die Gefahr, am Ende unsystematische Ergebnisse zu erhalten, die mehr Fragen offen lassen als beantworten.

4.1.2 Schritte der Präzisierungsphase

Die Schritte der Präzisierungsphase sind folgende:
1. Sammlung relevanter Dimensionen
2. Systematisierung und Auswahl der Dimensionen
3. Definition wichtiger Begriffe im Forschungskontext
4. Formulierung von Hypothesen oder konkreten Forschungsfragen

Schritt 1: Sammlung relevanter Dimensionen

In diesem Schritt geht es darum, relevante Dimensionen, das heißt Aspekte des Themas – zunächst noch ungeordnet – festzulegen. Das konkrete Vorgehen hängt hier auch vom gewählten Forschungsdesign ab: Bei einem deskriptiven Design können die Quellen zur Sammlung von Dimensionen vielfältig sein, von bisherigen Studien zu diesem oder einem ähnlichen Thema bis zu theoretischen Überlegungen aus verschiedenen Bereichen: Forscht man z. B. über Berufspendler, könnten mindestens die Arbeits- die Familien-, die Stadt- und die Ungleichheitssoziologie wichtige Konzepte liefern. Im Falle einer Theorieüberprüfung sind wichtige Aspekte durch die Theorie bereits vorgegeben und müssen nun auf ein Anwendungsbeispiel bezogen werden: Was bedeuten z. B. Individualisierung und Freisetzung im Ansatz von Beck im Hinblick auf die Berufswahl? Bei einer Evaluation müssen zunächst die Ziele der Maßnahme bestimmt werden, um ihr Eintreffen überprüfen zu können: Sollte z. B. das neue Arbeitszeitmodell die Effizienz der Abläufe steigern oder vielleicht auch das Betriebsklima verbessern? In jedem Fall stellt die Erarbeitung des bisherigen Forschungsstands an dieser Stelle eine unverzichtbare Vorarbeit und Basis dar.

Beispiel: Familienfreundlichkeit von Städten und Landkreisen

Bei diesem Beispiel handelt es sich um ein deskriptives Design. Im »Familienatlas 2012« sollte die Familienfreundlichkeit von 402 Kreisen und kreisfreien Städten im Vergleich bestimmt werden (Bundesministerium für Familie, Senioren, Frauen und Jugend 2012). Nur eine Auswahl aus einem

möglichen Brainstorming hierzu wäre etwa (ohne jeden Anspruch auf Vollständigkeit):
Spielplätze und Grünanlagen, Kinderbetreuungsmöglichkeiten, Verkehrsanbindung, Zahl verschiedener Schulen, Kinderärztinnen und Jugendzentren, familienfreundliche Regelungen in Betrieben, Kinderfreundlichkeit der Bevölkerung, Anzahl für Familien geeigneter Wohnungen, die wirtschaftliche Lage der Kommune etc.
Solch ein Brainstorming ließe sich beispielsweise auch in Form einer »Mind Map« erstellen.

Schritt 2: Systematisierung und Auswahl von Dimensionen

In diesem Schritt besteht die Aufgabe darin, die gesammelten Dimensionen zu systematisieren und dadurch die Fragestellung weiter zuzuspitzen. Möglicherweise fallen einige der zuvor aufgeführten Dimensionen begründet auch wieder fort. Eine Systematisierung kann sich auf verschiedene Schwerpunkte richten. Beispielsweise können *Ober- und Unterdimensionen* festgelegt werden – etwa Spielplätze und Jugendzentren als Unterdimensionen von Freizeitangeboten für Kinder und Jugendliche. *Zeitliche Abläufe* können ein weiterer Fokus sein (z. B. Aspekte der bisherigen Berufsbiografie, der aktuellen Erwerbssituation und der beruflichen Zukunftsaussichten). Dimensionen einer Evaluation ließen sich etwa gliedern in *Ziele, Umsetzung, positive und negative Wirkungen* einer Maßnahme. Eine grundsätzlich zentrale Systematisierung ist die Einteilung in *erklärende und zu erklärende Faktoren*: Welches Phänomen ist die zu beschreibende Wirkung (z. B. der Privatschulbesuch von Mittelschichtkindern), und welche Ursachen werden dafür vermutet (z. B. bestimmte Ressourcen und Werthaltungen in der Mittelschicht)? Gläser und Laudel (2001: 47 f.) halten eine Fragestellung erst dann für eine (soziologische) Forschungsfrage, wenn sie mit Blick auf einen Erkenntnisgewinn nach einem allgemeinen Zusammenhang fragt. Eine Beschreibung ohne die Zuordnung von Erklärungsfaktoren und Bedingungskonstellationen wäre danach nicht ausreichend.

Beispiel: Familienfreundlichkeit von Städten und Landkreisen

Es lassen sich zunächst Ober- und Unterdimensionen unterscheiden. Eine Oberdimension könnte etwa Spielplätze, Grünanlagen und Jugendzentren zu »Freizeitangeboten« zusammenfassen, eine andere die Verkehrsanbindung und die Zahl der Kinderärzt/innen zur »Infrastruktur«. Die wirtschaftliche Lage der Kommune beschreibt nicht die Familienfreundlichkeit selbst, sondern gehört zu zentralen Erklärungsfaktoren dafür, warum sich Kommunen in ihrem Grad der Familienfreundlichkeit unterscheiden, etwa wenn sich »reichere« Kommunen eher ein breites Freizeitangebot leisten können. Die Forscher könnten sich weiterhin dafür entscheiden, die Dimension »Kinderfreundlichkeit der Bevölkerung« nicht aufzunehmen. Die Begründung lautet: Es handelt sich um eine Dimension, die Kommunen nur schwer bzw. indirekt beeinflussen können, während die Steuerungsmöglichkeiten bei Kinderbetreuungsplätzen größer sind. Die Dimensionen im Familienatlas 2012 – dort Handlungsfelder genannt – lauten (BMFSFJ 2012: 8):

Handlungsfelder:
1. Vereinbarkeit von Familie und Beruf (Unterdimensionen: Kinderbetreuungsangebot, Beschäftigungschancen für Eltern, familienbewusste Arbeitgeber)
2. Wohnsituation und Wohnumfeld (Unterdimensionen: Angebot an preisgünstigem Wohnraum, Freiräumen, Infrastruktur und Sicherheit, organisierte Sportangebote)
3. Bildung (Unterdimensionen: Qualität der allgemeinen Schulbildung, Ausbildungschancen für Jugendliche, frühe Förderung, Angebote der Familienbildung, Bildungschancen für Kinder und Jugendliche mit Migrationshintergrund)
4. Angebote und Organisation der regionalen Familienpolitik (Unterdimensionen: ausgewählte Angebote für Familien und Maßnahmen zur Berücksichtigung von Familienbelangen in der Verwaltung)

Hinzu kommen zwei Erklärungsfaktoren (Rahmenbedingungen):
1. Demografische Rahmenbedingungen (Altersstruktur, Geburten, Zu- und Fortzüge von Familien)
2. Wirtschaftliche Rahmenbedingungen (Beschäftigungssituation/Arbeitsmarkt)

Grafisch wären die Zusammenhänge dann so darstellbar:

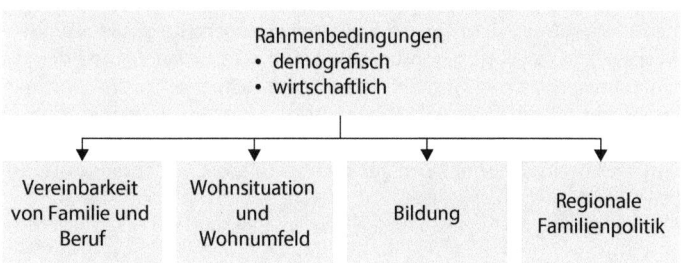

Abb. 4.1: Dimensionen zum Thema »Familienfreundlichkeit von Kommunen«

Dies ist nur eine Möglichkeit der Systematisierung; andere Dimensionen oder Zuordnungen kämen ebenfalls in Frage, wie nicht zuletzt die leicht veränderten Dimensionen im Vergleich zum Familienatlas 2007 zeigen. So hieß 2007 etwa das Handlungsfeld 4 noch »Freizeit- und Kulturangebote«, dessen Unterdimensionen in Teilen zum neuen Handlungsfeld 4 gehören; Sportangebote sind nun Handlungsfeld 2 zugeordnet. Die Begründung ist vor allem pragmatisch: Zu den Angeboten gab es teilweise keine aktuellen Daten. Außerdem sei der Vergleich 2007 und 2012 ohnehin durch einige Kreisgebietsreformen eingeschränkt (BMFSFJ 2012: 9).

Schritt 3: Definition wichtiger Begriffe im Forschungskontext

Ein zentraler Punkt dieser Begriffsbestimmung besteht darin, hier nicht quasi als Pflichtaufgabe einige allgemeine Lexikondefinitionen einzufügen, um dann im weiteren Verlauf nicht mehr darauf zurückzukommen, sondern die Begriffe im Forschungskontext zu bestimmen, so dass sich die weiteren Forschungsschritte daran orientieren können. Gefragt ist also eine für die Problemstellung möglichst zweckmäßige Definition. Der Forscher muss dafür seine Ziele, den theoretischen Hintergrund und den Forschungsstand in den Blick nehmen. Gerade beim Forschungsdesign des Theorietests wird man hierbei auf wichtige Begriffe der zu prüfenden Theorie und ihre dortige Bestimmung zurückgreifen.

Beispiel: Familienfreundlichkeit von Städten und Landkreisen

Um zumindest ansatzweise eine Vorstellung dieses Forschungsschritts zu vermitteln, könnte man beispielsweise sagen, dass eine »*Familie*« im Kontext der Familienfreundlichkeit von Kommunen vor allem private Lebensformen von mindestens einem Elternteil (leibliche, Adoptiv- oder Stiefeltern) mit minderjährigen Kindern in den Blick nimmt. Demgegenüber wären etwa Konstellationen von Mehrgenerationenhaushalten mit pflegebedürftigen Großeltern für die Fragestellung nachrangig. Die »*Familienfreundlichkeit*« richtet sich insbesondere auf solche Handlungsfelder, die kommunalpolitisch »zum guten Teil direkt gestaltbar oder zumindest mittelbar beeinflussbar sind« (BMFSFJ 2012: 7). Ob Restaurantbesucher in Oldenburg es eher als in Landshut tolerieren, wenn Kinder am Nachbartisch laut sind, wäre daher ein weniger wichtiger Aspekt aus kommunalpolitischer Sicht.

Schritt 4: Formulierung von Hypothesen oder konkreten Forschungsfragen

Die Präzisierungsphase schließt ab mit der Formulierung konkreter Hypothesen oder Fragestellungen. Stand gegebenenfalls am Anfang zunächst ein grobes Thema, sollte der Forscher nun genauer wissen, welche Bedingungskonstellationen er untersuchen, welches Forschungsrätsel er lösen möchte. Eine Zuspitzung seiner bisherigen Überlegungen ermöglicht es ihm zudem, seine Aufmerksamkeit in der Operationalisierungsphase darauf zu richten, wie die zu untersuchenden Sachverhalte gemessen werden sollen – und nicht mehr darauf, was überhaupt wichtig ist, auf welche Ebene es gehört etc.

Hypothesen können solche Zuspitzungen sein, das heißt Behauptungen, die Dinge in einen (kausalen) Zusammenhang stellen. Gemäß den Prinzipien des Kritischen Rationalismus (vgl. Kap. 3) müssen diese Behauptungen falsifizierbar, also widerlegbar sein (ein Gegenbeispiel wäre: »Kommunen sind mehr oder weniger familienfreundlich«). Die inhaltlichen Begründungen dazu, wie der Forscher zu seinen Vermutungen kommt, erschließen sich entweder aus den vorigen Schritten oder müssen spätestens jetzt in einem Forschungsprojekt (dagegen nicht in diesem Methodenlehrbuch) ausdrücklich formuliert werden. Am klarsten erfolgt dieser Schritt bei einer streng theoriegeleiteten Untersuchung, die möglicherweise sogar zwei Theorien gegenüberstellt, im Stil von: »Trifft Theorie A zu, müsste unter bestimmten Bedingungen Befund x eintreten; trifft jedoch Theorie B zu, ist unter gleichen Bedingungen Befund y zu erwarten«. Hypothesen können unterschiedlichen Informationswert haben. Wenn jemand widerlegt, dass Kommunen vollständig familienfeindlich sind, ist das ein schönes Ergebnis, aber allzu viel an Informationen hat man noch nicht gewonnen. Die Aussagekraft ist höher, wenn man genauere Ursache-Wirkungs-Zusammenhänge ausmachen kann.

Nicht in jedem Forschungskontext lassen sich klare Hypothesen formulieren, das heißt Richtungen von Zusammenhängen benennen. Dies gilt insbesondere für deskriptiv angelegte Forschungsdesigns. In diesem Fall kann der Forscher zumindest *Forschungsfragen* formulieren, die deutlich konkreter und systematischer geordnet sind als die Fragen zu Beginn der Präzisierungsphase. Sowohl für Hypothesen als auch für Forschungsfragen gilt jedoch, dass nun nicht noch einmal ganz andere Dimensionen und Begriffe auftauchen sollten als die, die in den vorigen Präzisierungsschritten als relevant herausgearbeitet wurden.

> **Beispiel: Familienfreundlichkeit von Städten und Landkreisen**
>
> Im Beispiel der Familienfreundlichkeit von Städten und Kreisen würde der Forscher vielleicht nicht vorab postulieren wollen, dass das Wohnumfeld in Dresden besser ist als in Münster oder umgekehrt. Auch der Zusammenhang mit den demografischen Strukturen kann in unterschiedliche Richtungen gehen. Einerseits könnte man annehmen, Städte mit wenigen Geburten würden angesichts des fehlenden Bedarfs nur in geringem Maße in die Kinderbetreuung investieren. Andererseits könnte es aber auch gerade umgekehrt sein, als Maßnahme, um Familien in die Region zu locken. Konkrete Forschungsfragen könnten entsprechend lauten:
> 1. Wie familienfreundlich sind Städte und Kreise im Hinblick auf die vier Handlungsfelder? Kumulieren oder kompensieren sich Stärken und Schwächen in den Handlungsfeldern? (Ziel ist ein Ranking der Familienfreundlichkeit, das die Kommunen vergleicht).
> 2. In welchem Zusammenhang steht der Platz im Ranking der Familienfreundlichkeit mit wirtschaftlichen und demografischen Faktoren im Kreis/in der Stadt?

An dieser Stelle hat der Forscher nun im Idealfall sein Forschungsthema soweit strukturiert und konkretisiert, dass er im nächsten Schritt – der Operationalisierung – überlegen kann, wie er die Elemente der Hypothesen und Forschungsfragen messbar macht. Mit dieser Forschungsphase beschäftigt sich der folgende Abschnitt.

4.1.3 Zusammenfassung

- Das Forschungsdesign ist ein übergreifender Forschungsplan, der das Ziel der Untersuchung und ein grundsätzliches Konzept des weiteren Vorgehens bestimmt. Solche Ziele sind z. B. die Deskription, der Theorietest oder die Evaluation. Das Forschungsdesign beeinflusst den Ablauf der Präzisierungsschritte.
- Die Präzisierungsphase ist bedeutsam, um die Berücksichtigung zentraler Aspekte sicherzustellen und um durch ein systematisches Vorgehen die weiteren Forschungsschritte anzuleiten.
- Die Präzisierungsphase strukturiert die Forschungsfrage in vier Schritten: 1) Sammlung relevanter Dimensionen; 2) Systematisierung und Auswahl der Dimensionen – insbesondere nach zu erklärenden Sachverhalten und ihren Erklärungsfaktoren; 3) Definition wichtiger Begriffe im Forschungskontext; 4) Formulierung von Hypothesen oder konkreten Forschungsfragen.

4.2 Die Operationalisierungsphase

Die Aufgabe der Operationalisierung besteht darin festzulegen, *wie* die strukturierte Forschungsfrage empirisch beantwortet werden soll. Sie übersetzt damit theoretische Konstrukte in messbare Variablen und Erhebungsanweisungen. Am Ende hat man ein fertiges Erhebungsinstrument, das im Feld zum Einsatz kommen kann. Auch hier lassen sich vier Schritte unterscheiden:
1. Begründung der Erhebungsmethode
2. Festlegung von Indikatoren und Korrespondenzregeln
3. Entwicklung des Erhebungsinstruments
4. Treffen weiterer Entscheidungen, z. B. zum Auswahlverfahren und zur Erhebungssituation

Zu Schritt 1 und 2 liefert dieser Abschnitt zunächst einige allgemeine Hinweise. Weitere Ausführungen sowie Konkretisierungen zu Schritt 3 und 4 enthalten die weiteren Kapitel.

Schritt 1: Begründung der Erhebungsmethode
Bereits bei Überlegungen zum Forschungsdesign hat die Forscherin wahrscheinlich eine Vorstellung dazu, mit welchen Arten der Datenerhebung sie arbeiten möchte. So liegt bei der Analyse der Entwicklung von Vornamen eine Inhaltsanalyse von Registern nahe, Lebensziele erfährt man eventuell am besten durch eine Befragung etc. Dennoch sollte der Forscher an dieser Stelle im Forschungsprozess noch einmal ausdrücklich begründen, welche Erhebungsinstrumente er wählt. Denn von der Fragestellung hängen die möglichen Instrumente, von der Entscheidung dafür aber auch die weitere Übersetzung in Messoperationen ab. Hat man sich beispielsweise erst einmal für eine telefonische Befragung entschieden, kann man den Befragten nicht mehr problemlos Fotos von prominenten Politikern und Künstlern zeigen und fragen, ob sie wissen, um wen es sich handelt. Die begründete Wahl des Instruments bzw. der Instrumente gehört somit zu einem reflektierten und transparenten Vorgehen.

> **Beispiel**
>
> Der *Familienatlas 2012* etwa basierte zum einen auf Daten, die die Verwaltungen zur Verfügung stellen konnten (sogenannte »prozessproduzierte Daten«). Mehrheitlich handelte es sich um Angaben vom Statistischen Bundesamt, den Statistischen Landesämtern, der Bundesagentur für Arbeit und dem Bundesamt für Bauwesen und Raumordnung. Zum anderen wurden (für Informationen zum Handlungsfeld 4) Verwaltungsleitungen der Kreise und kreisfreien Städte schriftlich befragt (BMFSFJ 2012: 11).

Schritt 2: Festlegung von Indikatoren und Korrespondenzregeln

Hier handelt es sich um ein Kernstück der Operationalisierung. Zunächst zu Klärung wichtiger Begriffe (vgl. auch Burzan 2014):

Indikatoren sind Anzeiger für Sachverhalte. Sie haben die Eigenschaft, direkt beobachtet oder gemessen werden zu können und weisen auf Sachverhalte – Dimensionen und Begriffe aus den Forschungsfragen und Hypothesen – hin, die selbst nicht direkt beobachtbar sind.

Ein Indikator für die Dimension »Armut« einer Person könnte z. B. das bei Mehrpersonenhaushalten gewichtete »Haushaltsnettoeinkommen« des letzten Jahres sein.

Korrespondenzregeln verbinden den Indikator mit dem Sachverhalt, den diese anzeigen. Während der Indikator bestimmt, *was* den Sachverhalt anzeigt (im Beispiel das Haushaltseinkommen), legt die Korrespondenzregel fest, *wie* der Indikator mit dem Sachverhalt verbunden ist. Dies geschieht oft durch Wenn-dann- oder Je-desto-Verknüpfungen.

Im genannten Beispiel könnte die Regel lauten: »Wenn jemand ein Haushaltseinkommen unter X Euro hat, dann definiert die Studie ihn als arm.« Diese Korrespondenzregeln sind Festlegungen, die den Forschungsprozess transparent machen und zeigen, dass die Messungen sinnvoll mit der Forschungsfrage verknüpft sind. Es sollte nicht passieren, dass der Forscher nicht so recht weiß, was es für seine Forschungsfrage bedeutet, wenn 60 Prozent der Befragten einem Item zugestimmt haben, sondern er sollte z. B. festlegen: Je mehr Befragte dem Item zustimmen, desto zufriedener sind sie mit XY. Die Korrespondenzregeln werden selbst nicht empirisch überprüft: In einer Studie wird die einmal getroffene Festlegung einer Armutsschwelle z. B. nicht dadurch beeinflusst, ob sich jemand mit einem darunter liegenden Einkommen arm fühlt. Das kann der Forscher zwar erheben, doch wäre dies eine zusätzliche Information, so dass er aussagen könnte, dass sich X Prozent der Einkommensarmen nicht arm fühlen. Hätte er zuvor nicht festgelegt, wer einkommensarm ist, hätte er diese Aussage nicht treffen können. Falls sich allerdings ein auffällig hoher Anteil Einkommensarmer nicht arm fühlt, sollte der Forscher seinen Indikator und konkret die Armutsschwelle überdenken. Die Festlegung der Indikatoren und Korrespondenzregeln ist dabei also immer eng mit theoretisch-konzeptionellen Entscheidungen der Forschenden verknüpft.

Manchmal ist es nicht möglich, einen Sachverhalt durch einen einzigen Indikator angemessen darzustellen. Fügt man mehrere Indikatoren zu einem Sachverhalt zusammen, spricht man von einem *Index*.

So könnte Armut auch durch verschiedene Indikatoren gemessen werden, z. B. durch das Einkommen, die finanziellen Rücklagen und die Ausstattung der Wohnung mit moderner Dämmung und Heizung. Der Forscher benötigt dann eine Idee, in welcher Weise er die Teilindikatoren verknüpft, ob sie alle gleichermaßen oder unterschiedlich gewichtet werden.

Teilweise scheint der Indikator recht banal bzw. der Zwischenschritt der Indikatorenbildung zwischen Sachverhalt und Fragebogenfrage kaum notwendig zu sein. Beispielsweise ist es keine aufwändige Übersetzungsarbeit, wenn der Sachverhalt »Geschlecht der befragten Person« mit den üblichen binären (aber auch hier: hinterfragbaren) Antwortkategorien weiblich und männlich gemessen wird. In vielen Fällen ist es jedoch zugunsten der Systematik des Vorgehens hilfreich, Indikatoren und Korrespondenzregeln *vor* der detaillierten Entwicklung des Erhebungsinstruments festzulegen, am besten in systematischer tabellarischer Form mit der Zuordnung zu den entsprechenden Sachverhalten aus den Hypothesen bzw. Forschungsfragen. Diese Systematik kommt wiederum den weiteren Forschungsschritten und der Transparenz der Untersuchung zugute. Wie im Zusammenhang mit den Gütekriterien schon angesprochen wurde, ist die Angemessenheit der Indikatoren zudem ein zentrales Kriterium für die *Gültigkeit* der Ergebnisse.

Beispiel

Der *Familienatlas 2012* dient noch einmal als empirisches Beispiel. Ob Städte oder Landkreise familienfreundlich sind, hängt nicht nur davon ab, welche Dimensionen überhaupt Berücksichtigung finden, sondern auch, wodurch sie gemessen werden. In der Studie wurden für das Handlungsfeld »Wohnsituation und Wohnumfeld« folgende Indikatoren festgelegt: Erschwinglichkeit von Wohneigentum (Kaufkraft/Baulandpreis), Entfernung zu Mittelzentren, Freifläche und Erholungsfläche je Einwohner, Anteil Familienwohnungen (mehr als 3 Räume), Anteil der unter 18-Jährigen, die Mitglied in Sportvereinen sind, verunglückte Kinder im Straßenverkehr, Kriminalitätsrate (Körperverletzung und Einbrüche) sowie die Kinderarztdichte.
Um diese Indikatoren in der Verwaltung abrufen zu können, bedurfte es teilweise noch konkreterer Festlegungen, so wurde die Entfernung zum nächsten Mittelzentrum als durchschnittliche Pkw-Fahrzeit ermittelt (a. a. O.: 50–52).
Korrespondenzregeln lauten dann etwa: »Je mehr Erholungsflächen es gibt, desto familienfreundlicher ist das Wohnumfeld«, zugleich aber auch »je größer die Entfernung zum nächsten Mittelzentrum, desto weniger familienfreundlich ist das Wohnumfeld«. Optimale Einschätzungen erreichten also weder per se ländliche Gemeinden im Grünen noch zentral gelegene Großstädte.
Zudem erfolgte für den Index »Wohnsituation und Wohnumfeld« die Festlegung, dass die drei letztgenannten Indikatoren im Vergleich zu den anderen

geringer gewichtet werden (Faktor je 0,5), weil sie als weniger zentral für die Wohndimension angesehen wurden als z. B. die Verfügbarkeit von preiswerten größeren Wohnungen. Eine Stadt oder ein Kreis erhält nun zunächst pro Indikator einen Rangplatz und dann durch den Durchschnitt der Rangwerte der Einzelindikatoren mit Berücksichtigung der Gewichtungen einen Rangplatz für das gesamte Handlungsfeld. Auf diese Weise kam etwa der Landkreis Dingolfing-Landau auf Rang 1 in diesem Handlungsfeld, hatte also nach diesen Indikatoren die familienfreundlichsten Wohnsituationen und -umfelder aufzuweisen (a. a. O.: 20). So schuf man eine gewisse Vergleichbarkeit der Städte und Kreise. Im letzten Schritt wurden die Regionen im oberen, mittleren und unteren Drittel der Rangplätze über alle Handlungsfelder hinweg daraufhin geprüft, welche demografischen und wirtschaftlichen Randbedingungen sie typischerweise hatten. Jede Stadt, jeden Kreis konnte man so in einem Spektrum zwischen Top-Regionen (dazu gehört z. B. Potsdam) und strukturschwachen Regionen (wie z. B. Duisburg) verorten (a. a. O.: 38) und auf diese Weise die Fragestellungen aus der Präzisierungsphase beantworten.
Solche Zusammenfassungen sind natürlich immer mit Einschränkungen zu interpretieren, die hier nicht im Einzelnen diskutiert werden können. Beispielsweise haben Familien mit Kindern im Vorschulalter andere Bedürfnisse der Familienfreundlichkeit als Familien mit älteren Kindern.

Man sieht, dass mit jeder Konkretisierung von Indikatoren Kritikmöglichkeiten einhergehen oder auch Stellschrauben, um eine Situation zu beschönigen oder zu dramatisieren. Es gibt jedoch nicht die eine »objektive« Möglichkeit, die Familienfreundlichkeit eines Wohnumfeldes oder einer Stadt zu messen. Der Forscher muss sich möglichst konzeptionell stringent für eine empirische Umsetzung entscheiden. Wichtig ist dabei, dass er seine methodischen Entscheidungen transparent macht, damit man nachvollziehen kann, unter welchen Bedingungen er zu seinen Ergebnissen gekommen ist.

Zusammenfassend »übersetzt« die Operationalisierung konkrete Forschungsfragen in Erhebungsprozeduren. Dazu müssen zunächst die Erhebungsmethode begründet festgelegt sowie Indikatoren und dazugehörige Korrespondenzregeln gefunden werden. Dabei sind die stringente Orientierung an den Forschungsfragen und dem theoretischen Konzept sowie die Beachtung der Gütekriterien (hier insbesondere der Gültigkeit und der Intersubjektivität) zentrale Aufgaben. Was den Operationalisierungsprozess im Hinblick auf die Erhebungsmethoden Inhaltsanalyse, Beobachtung und Befragung sowie eine Sekundäranalyse jeweils kennzeichnet, zeigen die folgenden Abschnitte.

Literatur zu 4.1 und 4.2

Bundesministerium für Familie, Senioren, Frauen und Jugend (Hrsg.) (2012): Familienatlas 2012. Regionale Chancen im demografischen Wandel sichern. http://www.prognos.com/fileadmin/pdf/Atlanten/Familienatlas_12/Familienatlas_2012.pdf (Zugriff 1.9.14).

Burzan, Nicole (2014): Indikatoren, in: Baur, Nina; Blasius, Jörg (Hrsg.): Handbuch Methoden der empirischen Sozialforschung, Wiesbaden: Springer VS, 1029–1036.
(neben Erläuterungen zur Präzisierung und Operationalisierung in Methodenbüchern ist es hier vor allem auch sinnvoll, empirische Studien aus einer methodischen Perspektive zu betrachten.).

Übungsaufgabe zu 4.1 und 4.2

Führen Sie – soweit ohne ausgiebiges Studium der Fachliteratur möglich – die Schritte der Präzisierungsphase und die ersten beiden Schritte der Operationalisierungsphase für folgendes Forschungsthema durch: »Der Einfluss der sozialen Herkunft auf den Studienerfolg von Studierenden der Fächer Germanistik und Maschinenbau«.

4.3 Die Inhaltsanalyse

4.3.1 Das Instrument und seine Anwendungsmöglichkeiten

Ein Instrument der Sozialforschung ist die Inhaltsanalyse, zum einen von Texten verschiedener Art wie Romanen, Aufsätzen, Zeitungsartikeln, Einkaufslisten, Tagebüchern, Werbeslogans, zum anderen von anderen Quellen wie Filmen, Fotos oder Internetseiten. Solche Inhaltsanalysen gibt es im Ansatz auch im Alltag: Jemand, der eine Arbeitsstelle sucht, »kategorisiert« etwa Stellenanzeigen in der Zeitung danach, welche für seine Qualifikation in Frage kommen, welche Bezahlung, Entfernung zum Arbeitsplatz mit der Stelle verbunden sind usw. Er ordnet damit die Angaben in den Annoncen bestimmten Oberbegriffen zu.

Die Inhaltsanalyse als Erhebungsinstrument geht in vielen Hinsichten ähnlich, allerdings systematischer vor. Der Forscher hat eine Fragestellung und entwirft zu ihrer Beantwortung oder zur Prüfung von Hypothesen ein Kategoriensystem, in das nun die Aussagen der Texte, die analysiert werden sollen, eingeordnet werden. Das »ausgefüllte« Kategoriensystem sollte dann die Grundlage für die Beantwortung der Forschungsfrage sein können. Es handelt sich also – so eine *Definition* – um eine Methode der »systematischen, intersubjektiv nachvollziehbaren Beschreibung inhaltlicher und formaler Merkmale von Mitteilungen« (Früh 2001: 25). Insofern das Kategoriensystem erst »Quellen« in kategorisierte »Daten« umsetzt, handelt es sich auch bei der Inhaltsanalyse um ein Datenerhebungsinstrument.

Beispiele für Themen, die mit Hilfe der Inhaltsanalyse untersucht werden können, sind folgende:
- Die Studie von J. Gerhards (2010) zur Vergabe von Vornamen (vgl. Kap. 2) basiert auf einer Inhaltsanalyse von Listen aus Standesämtern.
- C. Wouters (1999) stützt sich auf die Theorie des Zivilisationsprozesses nach N. Elias (1976), wonach sich ab dem 15. Jahrhundert langfristige Prozesse einer zunehmenden Affektkontrolle vollzogen haben, und fragt, ob es im 20. Jahrhundert demgegenüber Informalisierungswellen gibt. Wie Elias benutzt er Anstandsbücher, außerdem z. B. auch Ratgeberrubriken aus Zeitschriften und ministerielle Stellungnahmen. Er deutet die Befunde so, dass sich Zivilisationsprozess und Informalisierung nicht widersprechen.
- Werden Frauen in der Sportberichterstattung anders dargestellt als Männer? Man kann z. B. die Häufigkeit der Berichterstattung über Männer/Frauen untersuchen, Unterschiede in der Nennung körperlicher Merkmale oder die Häufigkeit, mit der Journalisten außersportliche Rollen (z. B. die der Ehefrau) gegenüber den sportlichen Leistungen erwähnen etc. (Rulofs 2003).
- Welche Spezifika weist die Onlinekommunikation auf, bei Facebook, Twitter, in Foren oder Chats? Inhaltlich sind hier vielfältige Bezüge denkbar, z. B. wie sich dadurch die Kommunikation zwischen politischen Parteien und Bürgerinnen verändert (vgl. z. B. Heimrich 2012, Elter 2013) oder wie Dynamiken von Empörungswellen (›Shitstorms‹) aussehen (Eickelmann 2014).
- Haben sich Kontaktanzeigen im Laufe der Zeit gewandelt? Sieht etwa der Traumpartner oder die Traumpartnerin heute ganz anders aus als vor 25 Jahren (z. B. Gern 1992, Buchmann/Eisner 2001)? Erhalten Frauen und Männer mit unterschiedlichen Eigenschaften und Wünschen für die Beziehung auch unterschiedlich oft Antworten in einer Onlinekontaktbörse? (hierzu muss man die Angaben der Inserent/innen und anonymi-

sierte Informationen durch den Anbieter der Kontaktbörse zur Anzahl von Onlinekontakten kombinieren; Schmitz 2009).

Welche *Anwendungsmöglichkeiten* bietet die Inhaltsanalyse allgemeiner gesehen? Unter der Bedingung, dass geeignete Quellen vorliegen, können Forschende Daten aus unterschiedlichen Zeiträumen untersuchen und vergleichen. Beobachtungen kann man nur von Dingen und Prozessen durchführen, die gerade, das heißt »in Echtzeit« ablaufen (es sei denn, man »beobachtet« z. B. ein Video). Bei Befragungen lässt sich Vergangenes nur insoweit erheben, als sich die Befragten daran erinnern. Dabei kann die heutige Perspektive auch bei Menschen mit gutem Gedächtnis das Vergangene durchaus verändern. Einige Zeit nach einer bestandenen Prüfung könnte jemand z. B. die Belastungen, die sich durch die Vorbereitungen dafür ergeben haben, anders beurteilen als während der Lernphase selbst. Welche Einschätzung ist da die »richtige«? Dieses Problem stellt sich bei der Inhaltsanalyse so nicht. Das Instrument der Inhaltsanalyse ist also »*nicht reaktiv*« (vgl. Kap. 4.4), weil es keine Forschungsteilnehmer gibt, die direkt auf die Datenerhebung »reagieren« und das Ergebnis dadurch ggf. verzerren würden.

Viele Quellen sind auch etliche Jahre nach ihrem Erscheinen noch erhältlich: Zeitschriften in Bibliotheken oder (Online-)Archiven, Eintragungen von Vornamen bei Standesämtern etc. Bei vergleichbaren Quellen für verschiedene Zeitpunkte ist dann ein Vergleich im Wandel der Zeit möglich, z. B. anhand von Angaben zu Vornamen oder Kontaktanzeigen aus verschiedenen Jahrzehnten. Dies setzt, wie die Bedingung der Verfügbarkeit andeutete, jedoch voraus, dass es für die Fragestellung geeignete Quellen gibt, die (für die früheren Zeitpunkte) dazu auch noch aufbewahrt wurden und nun einem Forscher zur Verfügung gestellt werden. Wenn man etwas über Gefühle am Anfang einer Partnerschaft in den 1950er-Jahren und heute herausfinden möchte, könnte ein Forscher z. B. auf die Idee kommen, Liebesbriefe zu untersuchen. Er muss sich nun mehrere Fragen stellen: 1. Sind die Liebesbriefe wirklich ein geeigneter Hinweis bzw. Indikator für die Gefühle? Möglicherweise schrieben und schreiben nur bestimmte Bevölkerungsgruppen Liebesbriefe, von Zweifeln und Kompromissen steht in diesen Schreiben vermutlich selten etwas, und vielleicht spiegeln solche Briefe teilweise eher ein taktisches Vorgehen, um sich selbst oder den/die Liebste(n) von seinen Gefühlen zu überzeugen, als die Gefühle selbst. 2. Gibt es die Liebesbriefe noch? Gerade für den Fall, dass die Beziehung (tränenreich) beendet wurde, könnten die Briefe im Feuer oder, weniger dramatisch, im Papierkorb gelandet sein. 3. Wer möchte den sehr persönlichen Briefwechsel zwischen Karl und Karla einem Forscher zur Verfügung stellen, selbst wenn bekannt ist, dass ein Forscher Liebesbriefe sucht? Dieses Problem gilt für Briefe neueren

Datums wahrscheinlich fast noch stärker als für die 50 Jahre alten Briefe. 4. Geht man vom Idealfall aus, dass ein gut bestücktes »Liebesbriefarchiv« existierte, stellt sich die Frage nach der Interpretation. Könnte man etwa alle Wörter mit dem Wortstamm »Liebe« zählen und von dieser Häufigkeit auf die Intensität des Gefühls schließen? Zu diesen Auswertungsproblemen später mehr. Zunächst lässt sich festhalten: Den *Anwendungsmöglichkeiten*,
- Quellen aus unterschiedlichen, auch länger vergangenen Zeiten
- bei großen Textmengen untersuchen zu können und dies,
- ohne dass im Nachhinein noch Veränderungen an der Darstellung von Ereignissen und ihren damaligen Deutungen möglich wären oder die Forscher auf die Kooperation von Befragten oder Beobachteten angewiesen wären,

stehen also auch *Grenzen der Methode* gegenüber:
- Die Daten können nicht auf die Forschungsfrage zugeschnitten produziert werden wie z. B. bei einer Befragung, sondern der Forscher muss auf vorhandene Quellen zurückgreifen. Insbesondere, wenn er die Quelle als Indikator, als Hinweis für etwas anderes nutzt (z. B. Stellenannoncen für Arbeitsmarktchancen oder Vornamen für die Orientierung der Eltern an Traditionen) muss er prüfen, ob er mit dem Indikator wirklich das Gewünschte misst, ob die Ergebnisse also »gültig« sind. Auch schriftliche zeitgenössische Quellen kann man nicht als »objektives« Abbild der Wirklichkeit ansehen, so gibt ein Zeitungsartikel immer auch den Standpunkt des Autors wieder und dient bestimmten Zwecken, etwa der Verbreitung von Neuigkeiten, die möglicherweise »besser« oder sensationeller sind als die Berichte der Konkurrenz.
- Die Quellen müssen außerdem systematisch für die Forscher verfügbar sein.

Um die Methode Inhaltsanalyse näher darzustellen, sollen die einzelnen Schritte im Folgenden zunächst allgemein und dann an einem Beispiel – der Analyse des Geschlechterverhältnisses anhand von Kontaktanzeigen – genauer nachvollzogen werden (die Beispiele sind an dieser Stelle nicht so ausführlich, wie dies in einer »realen« Studie der Fall wäre, da das Hauptaugenmerk auf den Methoden liegt). Am Beispiel werden die methodischen Anforderungen und Probleme gerade dieses Instruments deutlich, die der Forscher lösen muss. Für den Leser einer empirischen Untersuchung liegt das Augenmerk darauf, was er beachten sollte, um die methodische Qualität der Studie beurteilen zu können. Diese Punkte werden daher jeweils abschließend aufgelistet.

4.3.2 Die Schritte einer quantitativen Inhaltsanalyse

Die Schritte der Inhaltsanalyse sind (der Auflistung in Kap. 3 folgend):
I. Fragestellung präzisieren
II. Hypothesen bilden oder konkrete Unterfragestellungen formulieren
III. Begründung der Methode inklusive Festlegung der Art der Daten, Überlegungen zur Verfügbarkeit
IV. Begriffe definieren, Indikatoren bestimmen und das Kategoriensystem entwerfen
V. Bestimmung der Analyse-/Codiereinheit
VI. Codierbogen und Codieranweisungen erstellen
VII. Pretest, insbesondere Prüfung der Zuverlässigkeit
VIII. Stichprobenziehung
IX. Haupterhebung (Codierung)
X. Datenaufbereitung, Interpretation einschließlich Prüfung der Gütekriterien

Diese Schritte sind, wie in Kap. 3.2 beschrieben, als idealtypisch zu verstehen. Vielleicht fallen dem Forscher beim Probe-Codieren weitere Hypothesen ein, auf die er das Kategoriensystem nochmals systematisch abstimmt. Rückbezüge und auch Vorausblicke auf das empirisch Machbare sind also durchaus möglich und üblich. Zudem geht ein Forscher nicht so vor, dass er sich sagt: »Ich würde gern eine Inhaltsanalyse machen, welches Thema eignet sich denn dafür?« Stattdessen sucht er umgekehrt die Methode(n) nach der Präzisierung seiner Fragestellung aus.

Zu I.: Fragestellung präzisieren
Vorgehen: Der Forscher präzisiert und systematisiert mit Hilfe der Fachliteratur, was genau er untersuchen möchte (vgl. Kap. 4.1). Dabei darf der Rückgriff auf den Forschungsstand nicht zu eng sein. Wenn sich etwa die Inhaltsanalyse von Kontaktanzeigen auf typische Geschlechtsrollen richtet, würde ein Forscher z. B. auch Literatur zur Arbeitsteilung sichten, um Merkmale herauszufiltern, die als typisch für Frauen und Männer gelten.

> **Beispiel**
>
> Buchmann und Eisner, die Heiratsinserate in zwei überregionalen Schweizer Zeitungen von 1900 bis 2000 analysieren, formulieren als Ziel ihrer Untersuchung die Klärung der Frage, »wie sich der langfristige Wandel von geschlechtsbezogenen Identitätsleitbildern vollzogen hat und welche gesellschaftlichen Prozesse ihre Konstruktion anleiten … Insofern Männer und Frauen in diesen Texten [Heiratsinseraten, N. B.] jene Eigenschaften,

Kompetenzen und Qualitäten hervorheben, von denen sie annehmen, dass sie vom gesuchten Anderen erwartet werden, geben sie hervorragenden Aufschluss über den historischen Wandel von kulturellen Geschlechtercodes im spezifischen Kontext privater (ehelicher) Beziehungen« (2001: 76). Es geht hier also, grob formuliert, um das Geschlechterverhältnis, um Rollenvorstellungen in einer (heterosexuellen) Partnerschaft, die in ihrem Wandel (im Laufe von »Modernisierung«) untersucht und erklärt werden sollen. Als Hinweis auf die Art des Geschlechterverhältnisses dient z. B. die Frage, welche Eigenschaften und Qualitäten welchem Geschlecht in der Selbst- und Wunschpartnerbeschreibung zugeordnet werden. Welche Vorstellungen von Partnerschaft (z. B. die einer strikten Arbeitsteilung mit der männlichen Zuständigkeit für den Beruf und der weiblichen für Haushalt und Familie) sind erkennbar? Die Frage nach dem historischen Wandel können etwa folgende Aspekte weiter konkretisieren: Welche Stereotypen sind besonders stabil oder verändern sich wann in welche Richtung? Wie stark sind die Unterschiede zwischen typischen Männer- und Fraueneigenschaften in welcher Phase? Unterscheiden sich die Zuschreibungen und ihr Wandel nach bestimmten sozialen Gruppen, z. B. höheren oder niedrigeren Schichten, ländlicher und städtischer Bevölkerung etc.?

Dies sind lediglich Beispiele für die Präzisierung der Fragestellung, andere wären ebenfalls denkbar. Wichtig ist, dass der Forscher nicht nur aufzählt, sondern auch *systematisiert*, was er auf der einen Seite beschreiben bzw. erklären will und welche Einflussfaktoren dafür er auf der anderen Seite annimmt. Im vorliegenden Beispiel könnte der Forscher als zu Erklärendes (abhängige Variablen) annehmen, welche unterschiedlichen Vorstellungen der eigenen Person, eines Wunschpartners und der Wunschbeziehung sich in Kontaktanzeigen ausdrücken. Diese Oberdimensionen können noch weitere Unterdimensionen haben (s. hier unter Schritt IV, z. B. könnte zur Dimension »Merkmale des Wunschpartners« die Unterdimension »Aussehen« gehören). Hinzu kommt die Präzisierung von vermuteten Kausalzusammenhängen. Beispielsweise ließe sich vermuten, dass es vom Zeitpunkt der Annonce (in den 1960er-Jahren oder heute), vom Geschlecht oder Alter der inserierenden Person abhängt, welche Merkmale sie von sich selbst angibt oder welche sie sich wünscht. Wichtig ist zu sehen, dass es bei diesem Schritt nicht um willkürliche Vermutungen geht, sondern diese aus dem Forschungsstand hergeleitet sind. Nicht das Vergehen von Zeit an sich verändert ja möglicherweise Geschlechtsrollen, sondern damit einhergehende Prozesse sozialen Wandels, unter anderem etwa die Bildungsexpansion und damit einhergehender Wertewandel.

Für manche Forschende ist es hilfreich, ihr Erklärungsmodell grafisch darzustellen, hier ein Beispiel:

Sozialer Wandel (Zeitverlauf)

Merkmale der inserierenden Person (z. B. Geschlecht, Alter)

Geschlechtsrollen: Männern/Frauen zugeordnete Selbstbeschreibungen/ Wunschpartnermerkmale, Beziehungsmerkmale

Weiterhin sind in der Präzisierungsphase wichtige Begriffe zu definieren. So richtet sich etwa das durch Kontaktanzeigen erschließbare »Geschlechterverhältnis« nicht auf die faktische Handlungspraxis (z. B.: Wer putzt das Bad?), sondern auf Rollenvorstellungen von Frauen und Männern. Wenn man etwa herausfinden würde, dass sich mehr Frauen als Männer als »warmherzig« bezeichnen, lässt sich daraus nicht schließen, dass Frauen die warmherzigeren Menschen sind, sondern dass Warmherzigkeit besonders für Frauen als ein positives Merkmal angesehen wird (Gern 1992: 62).

Was ist methodisch zu beachten?
Bereits hier ist es wichtig, die Fragestellung klar zu formulieren und sich nicht in Details zu verlieren. Es geht noch nicht um genaue Hypothesen oder Unterfragestellungen, sondern darum, worauf man mit seiner Untersuchung hinaus will; was man erklären möchte. Diese Überlegungen können durch ein Erklärungsmodell (z. B. auch grafisch) systematisiert werden.

Zu II.: Hypothesen bilden oder konkrete Unterfragen formulieren

Vorgehen: Auf der Basis der Überlegungen im ersten Schritt kann der Forscher konkrete Hypothesen oder Unterfragen formulieren, die er dann weiter empirisch umsetzt. Er sollte dabei den roten Faden der Fragestellung nicht aus dem Auge verlieren und nicht etwa mit ganz anderen Aspekten arbeiten, als er sie im ersten Schritt formuliert hatte. Dies hört sich banal an, ist es aber gerade bei komplexen Fragestellungen nicht. Durch die Konkretisierung in diesem Schritt zeigt sich beispielsweise, wie die Fragestellungen aus I. nun weiterverfolgt werden: etwa auf der Ebene einzelner Merkmale (z. B.: Wie vielen Inserenten ist »Treue« wichtig?) oder auf einer höheren Generalisierungsebene (z. B.: Bei wie vielen Merkmalen – erst einmal unabhängig davon, welche es sind – unterscheiden sich Frauen und Männer deutlich voneinander?). Manche Hypothesen oder Unterfragestellungen richten sich auf Beschreibungen, z. B. die am häufigsten bei einer Partnerin gesuchten Merkmale in jedem Jahrzehnt. Andere stellen – auf unterschiedlichem Erklärungsniveau – Zusammenhänge zwischen Merkmalen her, z. B. zwischen Merkmalen zur Selbstbeschreibung und dem Geschlecht und Alter der sich Beschreibenden.

Um die Verbindung zur allgemeinen Forschungsfrage zu verdeutlichen und um die in diesem Schritt vorgenommene weitere Konkretisierung zu plausibilisieren, sollte jede Hypothese oder Unterfrage zumindest kurz begründet und ggf. wichtigen Dimensionen zugeordnet werden.

Die Hypothesen oder Unterfragen sollten so konkret sein, dass sie eine überschaubare Anzahl von Aspekten beinhalten. Alternativ können auch sehr allgemeine Sachverhalte (z. B. »Geschlechterstereotype«) in späteren Schritten definiert und in Indikatoren »übersetzt« werden, doch ist die Bildung konkreter Hypothesen ein sinnvoller Zwischenschritt, um das Vorgehen für sich selbst und andere transparent zu machen. Dabei ist zudem zu reflektieren, dass jede Konkretisierung zugleich eine Einengung darstellt, die erstens andere Aspekte der Fragestellung (begründet) außen vor lässt und zweitens den forscherischen Blick lenkt. Postuliert eine Hypothese etwa Unterschiede zwischen den Geschlechtern, sollten dennoch auch potenzielle Gemeinsamkeiten in den Blick kommen können.

Beispiel

Bislang ging es unter anderem um Merkmale, die Inserentinnen und Inserenten von Kontaktanzeigen sich selbst, anderen und der gewünschten Partnerschaft zuschreiben. Eine kleine Auswahl möglicher Hypothesen zur Konkretisierung dieses Aspektes könnte so aussehen:
1. Die Geschlechterdifferenz (die Menge der Merkmale, die eher dem einem Geschlecht und nicht dem anderen zugeordnet werden) geht sowohl bei der Selbst- als auch bei der Wunschpartnerbeschreibung im Laufe des 20. Jahrhunderts zurück (eine These bei Buchmann/Eisner 2001: 89).

Diese These ist recht allgemein formuliert (es geht nicht um einzelne Merkmale), es handelt sich um eine Beschreibung im Zeitverlauf. Inhaltlich ist sie mit Modernisierungsansätzen verknüpft, die die Autoren zuvor näher ausgeführt haben.

2. Die gesuchten Merkmale und Eigenschaften ändern sich im Zeitverlauf, so gibt es seltener den Wunsch nach Ehrlichkeit und Treue.

Bei ähnlichem inhaltlichen Hintergrund wie in 1. geht es hier nun um die Beschreibung ganz bestimmter Merkmale (der Wunschpartnerbeschrei-

bung) im Zeitverlauf, ggf. auch um die Festlegung von abgrenzbaren Phasen.
3. Männer legen bei der Wunschpartnerin auf andere Merkmale Wert als Frauen bei ihrem Wunschpartner, z. B. nennen Männer häufiger körperliche Merkmale, Frauen häufiger Charaktereigenschaften.
4. Männer suchen eher gleichaltrige oder jüngere Frauen, Frauen eher gleichaltrige oder ältere Männer.
5. Männer machen Angaben zur materiellen Lage eher bei der Selbstbeschreibung, Frauen eher bei der Partnerbeschreibung (eine These von Gern 1992: 90).

Diese Thesen richten sich auf den Unterschied zwischen Frauen und Männern bei der Selbst- oder Wunschpartnerbeschreibung. Die Vermutungen gehen im Idealfall auf den Forschungsstand, etwa auf bestimmte Rollenbilder vom eigenen und anderen Geschlecht zurück (bei 5. etwa, dass beide Geschlechter Männer in höherem Maße als »zuständig« für die materielle Versorgung betrachten).

6. Die Zeitungen haben ein bestimmtes »Anzeigenprofil«, d.h. Suchende, Gesuchte und der Stil der Anzeigen sind je nach Zeitungsart (z.B. lokale oder überregionale Tageszeitung) unterschiedlich.

Diese These verweist auf die Datenquellen und spricht damit indirekt die Verallgemeinerbarkeit der Ergebnisse an. Sie geht davon aus, dass Zeitungen sich auf unterschiedliche Zielgruppen (mit in Inhalt und Form unterschiedlichen Selbst-, Fremd- und Partnerschaftsbeschreibungen) ausrichten, die die Forscher miteinander vergleichen können.

Was ist methodisch zu beachten?
Die Forscher sollten
- den »roten Faden« der Fragestellung systematisch weiterverfolgen, dazu die Thesen oder Fragen mindestens kurz einordnen und begründen;
- nicht zu viele Aspekte in einer Hypothese oder Frage unterbringen, sondern besser mehrere formulieren.

Zu III.: Begründung der Methode inklusive Festlegung der Art der Daten, Überlegungen zur Verfügbarkeit
Vorgehen: Zumeist hat ein Forscher bereits bei den vorigen Analyseschritten eine Quelle vor Augen, die sich zur Prüfung seiner Hypothesen eignet. Dennoch ist an dieser Stelle eine genauere Begründung und Bestimmung der Quellen notwendig.

Begründung meint, dass die Forscher spätestens hier ausdrücklich erläutern, warum sie überhaupt zur Beantwortung ihrer Frage auf die gewählte Methode, d. h. auf das Erhebungsinstrument Inhaltsanalyse und auf die Datenquelle (im Beispiel: Kontaktanzeigen) zurückgreifen. Wie bereits erwähnt, bilden Zeitvergleiche einen besonderen Anwendungsschwerpunkt von Inhaltsanalysen. Nochmals am *Beispiel* der Studie von Buchmann und Eisner kann eine Begründung speziell für Kontaktanzeigen etwa lauten: Heiratsinserate bilden »eine Kommunikationsform, die in hervorragender Weise einen Blick in die öffentliche Darstellung des privaten Selbst ermöglicht« (2001: 86), und zwar jenseits von Ausdrucksformen lediglich »kultureller und wissenschaftlicher Eliten« (ebd.) wie etwa Romanschriftstellerinnen. Sie sind zudem seit dem Ende des 19. Jahrhunderts für den Forscher in großer Zahl sowohl von weiblichen als auch männlichen Inserenten leicht verfügbar. Schließlich handelt es sich um eine »hochgradig verdichtete, standardisierte, und in ihrer Funktion über längere Zeiträume vergleichbare Textgattung mit einem relativ einheitlichen Textaufbau« (a. a. O.: 87).

Neben der Begründung der gewählten Datenquellen sind diese nun genauer zu bestimmen. Vielleicht genügte es im bisherigen Forschungsverlauf, von Printmedien auszugehen. Nun legt der Forscher fest, um welche Art von Printmedien (Tages-, Wochenzeitungen, regional oder überregional, Zeitschriften, Magazine etc.) aus welchem Zeitraum mit welchem Erscheinungsgebiet es sich in der Untersuchung handeln soll.

In diesem Schritt geht es noch nicht darum, eine Auswahl (Stichprobe) zu treffen, die dann tatsächlich zur Codierung verwendet wird, sondern der Forscher grenzt zunächst möglichst genau ein, von welchen Quellen er überhaupt ausgeht, aus denen er später ggf. eine Stichprobe ziehen kann. Das Ergebnis der empirischen Untersuchung beinhaltet entsprechend Aussagen über all diese Quellen, also z. B. entweder nur über Inhalte aus der XY-Zeitung oder aus überregionalen Tageszeitungen allgemein. Prinzipiell müssen diese Quellen verfügbar sein. Dazu recherchiert der Forscher etwa in Bibliotheken oder im Internet, er fragt bei Archiven oder öffentlichen Einrichtungen an (Daten- und Zeitungsarchive, Standesämter etc.) oder er veröffentlicht Aufrufe in Zeitungen oder Zeitschriften (z. B. »Stellen Sie uns Fotos von Ihren Familienfeiern zur Verfügung«).

Bei *Onlinequellen* wie Homepages gibt es spezifische Herausforderungen (vgl. Welker/Wünsch 2010) wie etwa deren Flüchtigkeit, die nicht lineare Verknüpfung verschiedener Datenformen (Text, Bilder, Videos, Links) oder Darstellungseffekte (z. B. Browsereinstellungen oder die Ansicht auf Smartphones vs. PC). Beispielsweise kann eine Homepage eine Woche später als zum ersten Codierzeitpunkt schon ganz anders aussehen, eine Momentaufnahme einer Seite würde etwa wechselnde Bilder oder Kommentare nicht einfangen etc. Daher ist klar zu definieren, welche Quelle in diesem Fall die Basis für die Inhaltsanalyse darstellt.

Wichtig ist es auch, *forschungsethische Aspekte* zu berücksichtigen. Unproblematisch ist in dieser Hinsicht die Analyse veröffentlichter Texte. Wenn die Texte jedoch erst für den Zweck der Analyse erstellt werden (z. B. Schüleraufsätze zu einem vorgegebenen Thema) oder eine private Herkunft haben (z. B. Briefe), ist darauf zu achten, die Autorinnen oder »Besitzer« der Quellen über die Forschung zu informieren und die Ergebnisse in anonymisierter Form zu veröffentlichen.

Beispiel

Man will private Kontaktanzeigen aus zwei Jahren vergleichen, etwa 1980 und 2015, die in deutschen Printmedien (nicht im Internet) erschienen sind. Diese Printmedien sollen insoweit eingegrenzt werden, dass sie in Deutschland und in deutscher Sprache erscheinen und folgende Arten umfassen: Überregionale Zeitungen, Lokalzeitungen (keine Anzeigenblätter) und Zeitschriften mit unterschiedlichem Adressatenkreis, die wöchentlich erscheinen (bei Zeitschriften auch monatliche Erscheinungsweise möglich), ggf. mit einer Mindestauflage. Die Zeitung oder Zeitschrift muss zu beiden Zeitpunkten erschienen sein und jeweils beide Male Kontaktanzeigen beinhalten, also eine Rubrik »Heiratsanzeigen«, »Kontakte«, »Ehewünsche und Bekanntschaften« o. Ä. Es soll sich um solche Anzeigen handeln, in denen eine Privatperson einen Partner bzw. eine Partnerin sucht, nicht Freizeitkontakte oder eine ausschließlich erotische Beziehung, was der Forscher anhand der Rubrik bestimmen kann. Auch sollen Annoncen kommerzieller Partnerschaftsvermittlungen ausgeschlossen sein.

Zur Verfügbarkeit: Überregionale Tageszeitungen sind teilweise in größeren Bibliotheken zu finden. Geht es um lokale Zeitungen und Zeitschriften, sind die Redaktionen selbst geeignete Ansprechpartner. Beide Arten kann man alternativ auch in Zeitungs-/Onlinearchiven recherchieren. Diese Prozedur ist jedoch nur für die Medien vorzunehmen, die später tatsächlich in die Stichprobe aufgenommen werden, damit kein unverhältnismäßiger Aufwand entsteht.

Was ist methodisch zu beachten?
- Hier sollte eine ausdrückliche Begründung der Erhebungsmethode und der gewählten Datenquellen erfolgen, zudem
- die genaue Festlegung der Quellen, damit die Reichweite der Ergebnisse deutlich ist, und
- die Sicherstellung der prinzipiellen Verfügbarkeit der Quellen.

Zu IV.: Begriffe definieren, Indikatoren bestimmen und das Kategoriensystem entwerfen

Vorgehen: Es gilt nun, die Dimensionen aus den Hypothesen und Fragestellungen in Kategorien umzusetzen. In dem Kategoriensystem entsprechen die Kategorien (mit entsprechenden Erläuterungen, Beispielen etc.) den Indikatoren, die den Sachverhalt anzeigen.

Die Kategorien müssen so eindeutig formuliert sein, dass eine Codiererin die Texte bzw. Quellen möglichst ohne Zweifel zuordnen kann. Im Beispiel der Kontaktanzeigen ist die Dimension »Geschlecht der suchenden Person« recht einfach festzulegen, nämlich als Verfasser bzw. Verfasserin in den Rubriken »Er sucht sie« oder »Sie sucht ihn«. Andere Kategorien benötigen eine Ergänzung durch Beispiele, Erläuterungen und Codierregeln für den Umgang mit Grenzfällen. So wäre etwa zu klären, ob die Angabe »mit Katze« eher auf die Lebenssituation des Inserenten oder auf seine Freizeitinteressen (Tiere) verweist.

Der Forscher beginnt also zunächst damit, die Sachverhalte aus den Hypothesen in Kategorien zu »übersetzen«. Dabei wird der erste Entwurf nicht mit der endgültigen Version übereinstimmen, bildet aber eine Basis für spätere Änderungen und Ergänzungen.

Beispiel

Erster Entwurf eines Kategorienschemas zu Hypothese 3: »Männer nennen häufiger körperliche Merkmale, Frauen häufiger Charaktereigenschaften als Wunschmerkmale für ihre Partnerin/ihren Partner.«

Mann als Suchender, Frau als Wunschpartnerin → Rubrik »Er sucht sie«
Frau als Suchende, Mann als Wunschpartner → Rubrik »Sie sucht ihn«
Merkmale der gesuchten Person → Unterkategorien:

- Aussehen: einzelne körperliche Merkmale (z. B. »langhaarig«) oder Gesamtbeschreibungen (z. B. »attraktiv«)
- Charaktereigenschaften im weiteren Sinne, z. B. aufgeschlossen, romantisch, mit Humor
- Merkmale der Lebenssituation, z. B. »gerne mit Kind«
- Interessen, z. B. Sport, Reisen, Kinobesuche
- Sonstige Merkmale der Person, z. B. Nennung des Sternzeichens, Nichtraucher

Eine andere Möglichkeit hätte darin bestanden, Merkmale der gesuchten Person nicht zu Oberkategorien wie »Charaktereigenschaften« zusammenzufassen, sondern für sich stehen zu lassen oder höchstens bedeutungsähnliche Adjektive wie »ehrlich« und »aufrichtig« zusammenzufassen. Dies hätte den Vorteil, nicht entscheiden zu müssen, zu welcher Kategorie ein genanntes Merkmal passt. Es hätte allerdings den Nachteil, dass der Vergleich der Wunschpartner von Männern und Frauen schwieriger würde. Ein Mittelweg besteht darin, eine überschaubare Anzahl an Unterkategorien zu bilden, z. B. beim Aussehen Angaben zur Figur, zur Größe etc.

Auf jeden Fall sollte der Forscher klären, *wie* die Kategorien mit der Hypothese zusammenhängen, um über solche Detailfragen nicht die Fragestellung aus dem Blick zu verlieren. Im Beispiel liegt der Zusammenhang recht nah, weil es in der Hypothese selbst um Häufigkeiten geht: Die These ist dann bestätigt, wenn Männer häufiger als Frauen das Aussehen als gesuchtes Merkmal nennen, und wenn Frauen häufiger als Männer Charaktereigenschaften nachfragen. Bei anderen Hypothesen muss der Zusammenhang erst ausdrücklich hergestellt werden. Bei Hypothese 6 etwa wäre zu klären, welche Merkmale der Kontaktanzeige für welchen »Stil« einer Zeitung stehen. Wichtig ist in jedem Fall die systematische Passung von Kategorien zu Hypothesen und damit der Forschungsfrage. Zur Prüfung allein von Hypothese 3 bräuchte man etwa nicht den sprachlichen Stil von Kontaktanzeigen zu kategorisieren. Allerdings sollte die Forscherin überlegen, ob sie nicht sogenannte Kontrollvariablen benötigt, um den vermuteten Zusammenhang (hier zwischen dem Geschlecht und gewünschten Partnermerkmalen) abzusichern. Wenn es etwa sein könnte, dass Unterschiede in den Wunschmerkmalen nicht am Geschlecht liegen, sondern sich dahinter Männer und Frauen unterschiedlichen Alters verbergen, wäre das ein Grund, um auch das Alter der Inserierenden als Kontrollvariable zu erfassen.

Vorgehen (Fortsetzung): Den Entwurf eines Kategorienschemas muss der Forscher im Weiteren nun auf mindestens drei Aspekte hin überprüfen:
a) Sind alle möglichen und sinnvollen Ausprägungen (hier: von Merkmalen) erfasst, lässt sich also jedes Wunschmerkmal zuordnen, d. h. ist das Kategorienschema *erschöpfend*?
b) Ist das Kategorienschema *differenziert* genug, um die Hypothesen zu prüfen bzw. um die Fragen zu beantworten? (Eine zu große Differenzierung ist demgegenüber für die Gültigkeit der Ergebnisse nicht weiter tragisch, sie wäre allerdings nicht sehr forschungsökonomisch.)
c) Lassen sich alle Merkmale eindeutig einer Kategorie zuordnen? Während unter a) die Gefahr angesprochen ist, dass es für ein Merkmal keine Kategorie gibt, besteht hier die Gefahr darin, dass man ein Merkmal mehreren

Kategorien zuordnen könnte. Es ist also zu fragen: Ist die Unterteilung in (Unter-)Kategorien *trennscharf*? Sollte der Forscher eventuell mehr oder andere Kategorien bilden? Die Aufteilung in Kategorien ist für die Ergebnisse entscheidend. Versteht ein Codierer z. B. viele Merkmale als Ausdruck des Charakters, während ein anderer sie auf das Aussehen bezieht (so ein Grenzfall ist z. B. das Merkmal »natürlich«), ergeben sich unterschiedliche Häufigkeiten in den einzelnen Kategorien. Das Ergebnis der Hypothesenprüfung könnte dann unterschiedlich ausfallen.

Wiederum am *Beispiel* lassen sich die möglichen Probleme zeigen:

Ad a) Erschöpfende Kategorien: Formal kann der Forscher immer auf die Kategorie »Sonstiges« zurückgreifen, hier sammelt sich alles sonst nicht Zuordenbare. Wenn die Häufigkeit in dieser Kategorie allerdings später z. B. 40 Prozent beträgt, ist dieser Ausweg bedenklich, da die Aussagekraft der Kategorie nur gering ist. Im Beispiel könnte man sich überlegen, ob es bereits eine Kategorie für das Merkmal »kommunikativ« gibt. Ist es eine Charaktereigenschaft, oder handelt es sich um eine neue Kategorie »Fähigkeiten«? Beim quantitativen Vorgehen ist es dabei wichtig, dass eine neue Kategorie »Fähigkeiten« einen Beitrag zur Prüfung der Hypothesen leistet. Tut sie dies nicht, gehört sie entweder nicht in das Kategoriensystem, oder der Forschende sollte dies zum Anlass nehmen, die Umsetzung seiner Forschungsfrage, u. a. die Hypothesen, nochmals zu überdenken oder zu ergänzen.

Ad b) Angemessene Differenziertheit: Vielleicht nennen sowohl Frauen als auch Männer für die gesuchte Person körperliche Wunschmerkmale in einem ähnlichen Ausmaß, aber es handelt sich jeweils um ganz andere Merkmale. Das bedeutet, man müsste die bisher gefundenen Kategorien weiter unterteilen, was auch für eine eindeutige Zuordnung (s. c) hilfreich sein kann. Konkret sähe das etwa so aus:

Aussehen →
Alter: z. B. »bis 30 Jahre«
Größe: z. B. klein, groß
Figur: z. B. schlank, mollig, XXL-Typ
Haare: z. B. blond, langhaarig
Kleidung: z. B. »zu Dir passen Jeans genauso wie das kleine Schwarze«
Sonstige Einzelmerkmale: z. B. »gerne tätowiert«
Gesamterscheinung: z. B. attraktiv, elegant, »auch außen jung geblieben«
Ausdrücklicher Hinweis: Aussehen egal, unwichtig

Andererseits ist darauf zu achten, keinen Datenfriedhof zu erzeugen, indem man in das Kategoriensystem immer differenziertere Kategorien einbaut. Würde man z. B. die Unterkategorie »Figur« weiter unterteilen in schlank (z. B. Kleidergröße S), ›normal‹ (z. B. weder dick noch dünn), mollig (z. B. XXL-Typ, »ein paar Kilo zu viel«) und sonstige Beschreibungen (z. B. Nennung von Größe und Gewicht), würde dies zwar einerseits Informationen aus den Kontaktanzeigen noch detaillierter erfassen. Andererseits ist dieses Vorgehen wiederum nicht sinnvoll, wenn die Forscherin keine Idee dazu hat, inwiefern diese Differenzierung zur Hypothese passt, wie sie die Daten also auswerten wird.

Ad c) Trennschärfe: Selbst auf den ersten Blick einfach erscheinende Merkmale können sich als knifflig herausstellen. Wie sieht es beispielsweise mit der Zuordnung des Merkmals »sportlich« aus? Handelt es sich hier um ein körperliches Merkmal oder um ein Interesse? Manchmal hilft der Kontext weiter, in dem das Wort steht, so deuten »sportliche Figur« oder »schlank und sportlich« auf eine Einordnung in die Kategorie »körperliches Merkmal« hin. Doch ist solch ein Kontext nicht immer gegeben. Hier ist also eine *Codierregel* erforderlich, damit die Codierer nicht willkürlich nach ihrem subjektiven Eindruck oder Geschmack, sondern möglichst einheitlich zuordnen.

Weiterhin kann es Textelemente geben, deren Zuordnung von vornherein schwieriger ist, weil es sich beispielsweise um ironisch-witzige oder bildhafte Ausdrücke handelt. Wie geht man beispielsweise mit »Mars sucht Venus« um? Beschreibt hier überhaupt ein Suchender körperliche Merkmale, und wenn ja, wie sehen diese konkret aus? »Gut aussehend« wäre dabei eine noch etwas weniger gewagte Deutung im Gegensatz zu genauen Zuordnungen (z. B. die Annahme einer bestimmten Figur). Denn es ist unklar, welchen Bezugspunkt der Inserent hatte: Dachte er an bestimmte Beschreibungen, Statuen oder Abbildungen von Venus, wollte er seinen Bildungshintergrund andeuten, oder fand er sich einfach originell?

Zu manifesten und latenten Inhalten, Zuverlässigkeit und Gültigkeit: Hier zeigt sich ein Grundproblem der Inhaltsanalyse, die in einem Spektrum zwischen zwei Polen liegt: Auf der einen Seite steht eine Auszählung *manifester* Häufigkeiten. Der Codierer hat so gut wie keinen Interpretationsspielraum, er zählt etwa, wie oft die Wörter »treu«, »Treue« oder bestimmte Wortkombinationen (z. B. »jung« und »geblieben«) in den Anzeigen vorkommen. Der Nachteil dieser Analyseart besteht darin, dass die Aussagekraft der Ergebnisse oft recht begrenzt ist, weil man nur in geringem Maße *latente* Bedeutungen oder Kontexte erfassen kann, in denen die Wörter stehen. Am anderen Pol ist eine möglicherweise größere Aussagekraft mit einem größeren Interpretationsspielraum verbunden, der die Standardisierung und damit die für die quantitative Forschungslogik wichtige *Zuverlässigkeit* (s. Kap. 3.2; die Stabilität der Ergebnisse unabhängig z. B. von der messenden Person oder dem genauen Messzeitpunkt) gefährdet. Diese Gefährdung besteht dann, wenn mehrere Codierer den gleichen Text nicht einheitlich zuordnen oder wenn ein Codierer im Laufe seiner Codierungen seine Maßstäbe verändert oder »dazulernt«, den gleichen Sachverhalt also anders einordnet, je nachdem, ob er in der 17. oder in der 153. Anzeige steht. Weiterhin kann eine Codierung dann komplexer werden, wenn nicht nur zu entscheiden ist, ob eine Codiereinheit zu einer bestimmten Kategorie gehört, sondern zusätzlich die Art und Weise einzuordnen ist. Beispielsweise könnte man Argumente in Zeitungskommentaren zu politischen Reformmaßnahmen danach codieren, ob sie die Maßnahme zustimmend, ablehnend oder neutral beurteilen. In solchen Fällen der Codierung latenter Inhalte muss der Forscher besonders darauf achten, durch klare Codiereranweisungen die Zuverlässigkeit zu gewährleisten.

Im Zweifelsfall muss der Forscher eine Textstelle oder Quelle, die Codierer nicht hinreichend zuverlässig zuordnen können, aus der Codierung ausschließen. Eine höchst uneinheitliche Zuordnung trotz Codierregeln deutet darauf hin, dass die Textstelle keinen *gültigen* Indikator für einen bestimmten Sachverhalt darstellt (zur Gültigkeit s. Kap. 3.2; es wurde das gemessen, was gemessen werden sollte). Ein klares Kategoriensystem mit Definitionen, Beispielen und Regeln kann jedoch grundsätzlich auch interpretationsbedürftige Inhalte codierbar machen. Dies sieht auch Früh (2001:112): »Es brauchen nicht alle Inhalte, die ein gewisses Maß an Interpretation erfordern, als angeblich inhaltsanalytisch nicht erfassbar ausgeklammert zu werden, sondern Interpretationsweisen sind durch präzise Umschreibungen und treffende Beispiele einzugrenzen und zugleich offen zu legen.« Wenn die Ergebnisse auf diese Weise zuverlässig erhoben werden können, »dann sind auch so genannte ›latente Inhalte‹ manifest und damit codierbar gemacht«.

Zusammengefasst lässt sich sagen: Prinzipiell kann die quantitative Inhaltsanalyse *manifeste* und *latente* Inhalte (grob gesagt Häufigkeiten von Wörtern und auch ihre Bedeutung und ihren Kontext) erschließen. Ein erschöpfendes und trennscharfes Kategoriensystem ist dafür erforderlich.

Um die genannten Problembeispiele »sportlich« und »Venus« handhabbar zu machen, könnten Regeln so lauten (wie sinnvoll die jeweilige Regel ist, kann nur im konkreten Forschungszusammenhang beurteilt werden, der Forscher sollte sich hier – wieder einmal – daran orientieren, welche Forschungsfrage er beantworten will):

- »Sportlich« wird nur dann körperlichen Merkmalen zugeordnet, wenn der Kontext (z. B. sportliche Figur) eine solche Zuordnung nahe legt.
- Bildhafte Inhalte werden immer nur der allgemeinsten Deutung unter den Deutungsmöglichkeiten zugeordnet. »Venus« würde unter den körper-

lichen Merkmalen z. B. der Kategorie »Gesamterscheinung« zugeordnet (der man dann eventuell die Unterkategorie »darunter mit dem Stilmittel: bildhafte Zuordnungen« hinzufügen könnte, um diese Eintragungen später wiederum mit entsprechender Vorsicht zu interpretieren).

An diesen exemplarisch gezeigten Problemen zeigt sich, wie wichtig die sorgfältige Erstellung eines Kategoriensystems – ggf. mit Definitionen, Beispielen, Codierregeln – ist. Die Güte der Daten, insbesondere die *Zuverlässigkeit* und *Gültigkeit*, hängt unmittelbar mit der Güte des Kategoriensystems zusammen. Nicht immer lässt sich allerdings mit der Zuverlässigkeit auch zugleich die Gültigkeit der Befunde erhöhen. Wenn jemand beispielsweise eine »Lady« sucht (s. die Übungsaufgabe zu diesem Kapitel), würde die Codierregel »Ordne ›Lady‹ immer dem Aussehen zu« die Zuverlässigkeit erhöhen, denn jeder Codierer wüsste zu jedem Zeitpunkt eindeutig, wie diese Beschreibung einzuordnen wäre. Allerdings würde diese schematische Zuordnung nicht berücksichtigen, dass der Verfasser mit »Lady« auch andere Vorstellungen als z. B. eine elegante Erscheinung verbunden haben könnte, etwa ein souveränes Auftreten. »Lady« wäre in diesem Fall kein gültiger Indikator für das Aussehen. Im Einzelfall ist zu entscheiden, ob eine Veränderung des Kategoriensystems oder Codierregeln eine zuverlässige und gültige Zuordnung ermöglichen könnten oder ob die Grenze der Aussagekraft von Kontaktanzeigen für Geschlechtsrollen hier erreicht ist – dann sollte die »Lady« eher in die Kategorie »Sonstiges« fallen.

Noch ein allgemeiner Hinweis: In einigen Lehrbüchern listen die Autoren verschiedene Arten inhaltsanalytischer Ansätze auf, die sich darauf richten, was das Kategoriensystem erschließt: z. B. Häufigkeiten (bestimmter Wörter oder Kategorien, »Frequenzanalyse«), Bewertungen (wird z. B. das Attribut »mollig« eher gewünscht oder gerade abgelehnt?, »Valenzanalyse«), die Intensität von Bewertungen (»Intensitätsanalyse«), zusammen vorkommende Wörter (kommen z. B. »natürlich« und »ehrlich« besonders oft in Kombination in einem Inserat vor?, »Kontingenzanalyse«) etc. (Beispiele bei Kromrey 2009: Kap. 7.1.5). Solche Auflistungen können sinnvoll sein, um Forschern Ideen zu liefern, indem sie verdeutlichen, dass es verschiedene Arten von Kategorien oder Kategorisierungen gibt. Natürlich beanspruchen solche Auflistungen nicht, vollständig die Möglichkeiten und Ebenen (z. B. die manifesten und latenten Bedeutungen) der quantitativen Inhaltsanalyse zu erfassen. Bei der Anwendung auf eine Forschungsfrage muss sich ein Forscher jedes Mal neu konkret fragen, was das Instrument der Inhaltsanalyse für sein Erkenntnisinteresse leisten kann und soll.

Was ist methodisch zu beachten?
- Das Kategoriensystem sollte erschöpfend, trennscharf und im Differenzierungsgrad der Hypothese angemessen sein.
- Eine Zuordnung von Kategorien zu den Hypothesen kann helfen, die Zweckmäßigkeit des Kategoriensystems zu reflektieren und insgesamt systematisch vorzugehen.
- Besteht ein Interpretationsspielraum bei der Codierung, so müssen Umschreibungen/Definitionen, Beispiele und Codierregeln (z. B. für den Umgang mit Grenzfällen) diesen Spielraum handhabbar machen.
- Auf diese Weise sollen die Zuverlässigkeit und die Gültigkeit der Daten erhöht werden.

Zu V.: Bestimmung der Analyse-/Codiereinheit

Vorgehen: In diesem Schritt bestimmt der Forscher die Analyse- und die Codiereinheit. Die *Analyseeinheit* ist das Element, über das er eine Aussage anstrebt: eine Kontaktanzeige, ein Zeitungsartikel etc. Die Ergebnisse beziehen sich auf diese Analyseeinheit, z. B. »in 85 Prozent der Kontaktanzeigen kommen Aussagen zum Alter vor«.

Die *Codiereinheit* ist die Einheit, auf die das Kategorienschema angewandt wird. Wenn man sich das Kategorienschema als Strichliste vorstellt, bedeutet dies: Pro Codiereinheit prüft der Codierer, welche Kategorie zutreffend ist und macht entsprechend einen Strich. Geht es etwa um eine Themenanalyse von Leitartikeln in Tageszeitungen, wird pro Artikel ein Thema (man könnte auch zwei Hauptthemen zulassen) codiert. Ist die Codiereinheit dagegen ein Abschnitt oder ein Satz, prüft der Forscher entsprechend pro Abschnitt oder Satz, welche Kategorie jeweils zutreffend ist. Ohne eine Bestimmung der Codiereinheit kann man nicht anfangen zu zählen, daher ist ihre Festlegung ein wichtiger Zwischenschritt.

Beispiel

Die einzelnen Kontaktanzeigen stellen die Analyseeinheit dar, über sie wird eine Aussage angestrebt. Bei manchen Kategorien ist die Anzeige als ganze auch die Codiereinheit (z. B.: Ist der Verfasser eine Frau oder ein Mann? → genau eine Codierung pro Codiereinheit). In anderen Fällen (z. B. Eigenschaften der suchenden oder gesuchten Person) muss man streng genommen alle »bedeutungstragenden« Wörter codieren, kann also pro Analyseeinheit Kontaktanzeige mehrere Kategorien codieren (z. B. schlank → Aussehen; humorvoll → Charakter).

Tab. 4.1: Analyse- und Codiereinheit bei Inhaltsanalysen

Beispiel	Analyseeinheit	Codiereinheit
	Darüber will man etwas aussagen, darauf beziehen sich die Ergebnisse	Darauf wird das Kategorienschema angewandt; pro Codiereinheit gibt es i. d. R. eine Codierung
Kategorie »Geschlecht der inserierenden Person«	Kontaktanzeige	Kontaktanzeige
Merkmale der Selbstbeschreibung	Kontaktanzeige	»bedeutungstragende« Wörter/Wortkombinationen

Die Wahl von einzelnen Wörtern oder kleinen Sinneinheiten als Codiereinheit kann man im Fall der Kontaktanzeigen so begründen, dass ein Inserent bei relativ knappem Annoncen-Platz, den er zur Verfügung hat, jedes Wort gut überlegen wird.

Was sind »bedeutungstragende« Wörter? Leichter lässt sich vielleicht bestimmen, was nicht bedeutungstragend ist, nämlich Wörter, die für die Fragestellung nicht interessant sind, etwa unbestimmte Artikel oder Präpositionen. Dabei engt man sich eher ein, wenn man sich – wie Kops (1984) – auf Adjektive als allein bedeutungstragend beschränkt. Häufig ergibt sich der gemeinte Sinn auch erst aus Wortkombinationen. Beispielsweise liefert das Wort »geblieben« noch keinen Aufschluss über die Codierung, wohl aber die Kombination »jung geblieben«. Wichtig ist die Beachtung von Wortkombinationen auch bei Verneinungen. Bei »lieber romantische Abende als Disco« dürfte man sicherlich nicht »Disco« als Freizeitinteresse kategorisieren. Die Regel lautet also: Wörter, die erst in Verbindung mit anderen ihren gemeinten Sinn ergeben, werden zu (Codier-)Einheiten zusammengefasst – man sieht, dass sich auch hier wieder ein *Interpretationsspielraum* ergibt.

Das Problem der Interpretationsspielräume, das bei der Erstellung des Kategorienschemas auftrat, zeigt sich hier nochmals in neuem Gewand: Entweder man definiert Codiereinheiten *formal* (ein Abschnitt, ein Satz etc.). Dann sind die Einheiten leicht zu identifizieren, allerdings schlagen sich dann stilistische Elemente im Ergebnis nieder. Angenommen, ein Forscher zählt pro Absatz als Codiereinheit einmal die Häufigkeit vorkommender Themen: In diesem Fall kommt ein Thema bei einem Verfasser, der viele Absätze verwendet, entsprechend häufiger vor als bei einem Verfasser, dessen

Text wenige, dafür längere Absätze aufweist. Dieses Ergebnis ist hinsichtlich seiner Gültigkeit sicherlich anzuzweifeln, weil es auch den Stil und nicht allein die Bedeutung bestimmter Inhalte zum Ausdruck bringt.

Alternativ kann man die Codiereinheiten *inhaltlich*, als Sinneinheit definieren. Dann beginnt die nächste Einheit, wenn ein neues Thema anfängt. Solch ein Vorgehen erscheint möglicherweise zunächst als gültiger, doch wächst auch der Spielraum der Codierer, womit die Zuverlässigkeit tendenziell gefährdet ist.

Auf das Beispiel der Kontaktanzeigen trifft dieses Problem nur in der Weise zu, dass auch hier teilweise statt einzelner Wörter Sinneinheiten zu codieren sind. Diese Sinneinheiten sind nicht formal bestimmt, sondern die Codierer müssen sie erst festlegen. Das ist in diesem Fall jedoch einfacher als z. B. bei Zeitungsartikeln, was sich bei der versuchsweisen Einteilung eines Zeitungsartikels und einer Kontaktanzeige in Sinneinheiten schnell feststellen lässt.

Einheiten sind in entsprechender Weise formal oder nach Sinneinheiten auch für Quellen festzulegen, die nicht in Textform vorliegen, also z. B. Fotos oder Videos (ggf. unter Zuhilfenahme von Software zur »Transkription« von Videodateien).

Was ist methodisch zu beachten?
- Analyse- und Codiereinheit sind eindeutig zu bestimmen. Die Entscheidung für formale vs. inhaltliche Codiereinheiten sollte der Forscher dabei sorgfältig abwägen.
- Falls es bei der Festlegung von Codiereinheiten als Sinneinheiten Interpretationsspielräume gibt, müssen ggf. Abgrenzungsregeln entsprechend den Codierregeln beim Kategoriensystem aufgestellt werden.

Zu VI.: Codierbogen und Codieranweisungen erstellen

Vorgehen: Hier ist nochmals eine Systematisierung der beiden vorigen Schritte gefragt. Wie sieht das konkrete Kategorienschema aus, welche Codieranweisungen sind zu befolgen? Die Codierer können einige Probecodierungen vornehmen, um zu prüfen, ob sie die Logik des Kategoriensystems verstanden haben.

Beispiel

Für die Selbst- und Fremdbeschreibung haben Buchmann und Eisner (2001: 103) das in Abb. 4.2 dargestellte Kategorienschema entwickelt. Die Baumstruktur weist auf die Ober- und Unterkategorien hin, die Unterkategorien werden durch Beispiele illustriert. Die Autoren geben an, dass sie

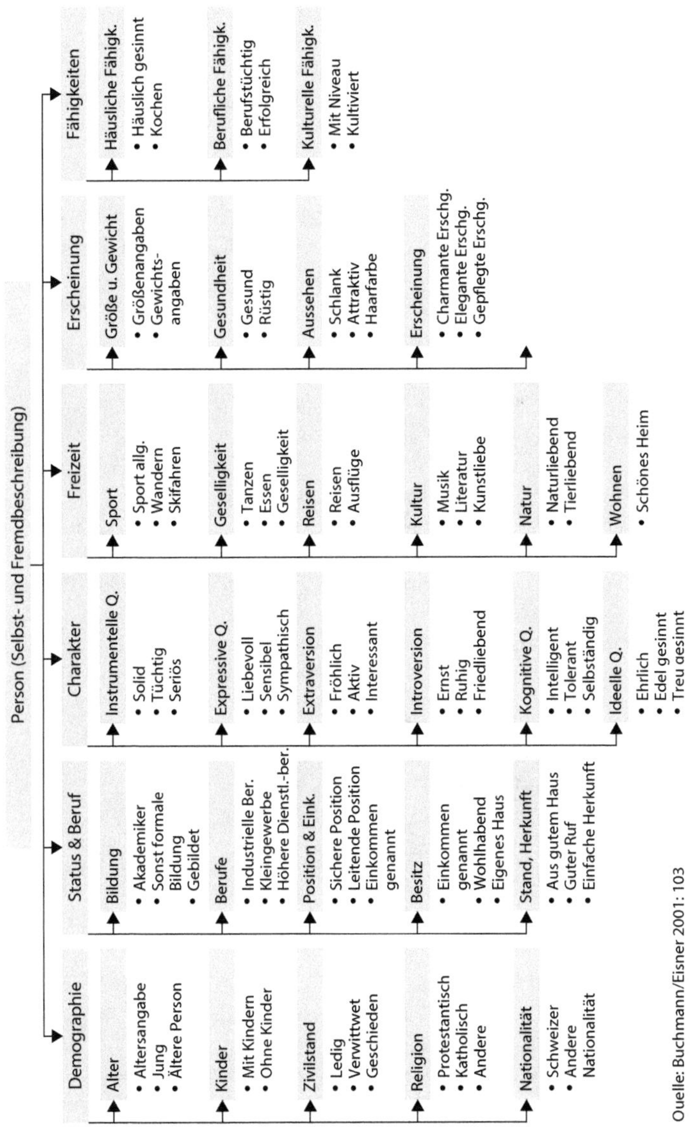

Person (Selbst- und Fremdbeschreibung)

Demographie	Status & Beruf	Charakter	Freizeit	Erscheinung	Fähigkeiten
Alter • Altersangabe • Jung • Ältere Person	**Bildung** • Akademiker • Sonst formale Bildung • Gebildet	**Instrumentelle Q.** • Solid • Tüchtig • Seriös	**Sport** • Sport allg. • Wandern • Skifahren	**Größe u. Gewicht** • Größenangaben • Gewichtsangaben	**Häusliche Fähigk.** • Häuslich gesinnt • Kochen
Kinder • Mit Kindern • Ohne Kinder	**Berufe** • Industrielle Ber. • Kleingewerbe • Höhere Dienstl.-ber.	**Expressive Q.** • Liebevoll • Sensibel • Sympathisch	**Geselligkeit** • Tanzen • Essen • Geselligkeit	**Gesundheit** • Gesund • Rüstig	**Berufliche Fähigk.** • Berufstüchtig • Erfolgreich
Zivilstand • Ledig • Verwittwet • Geschieden	**Position & Eink** • Sichere Position • Leitende Position • Einkommen genannt	**Extraversion** • Fröhlich • Aktiv • Interessant	**Reisen** • Reisen • Ausflüge	**Aussehen** • Schlank • Attraktiv • Haarfarbe	**Kulturelle Fähigk.** • Mit Niveau • Kultiviert
Religion • Protestantisch • Katholisch • Andere	**Besitz** • Einkommen genannt • Wohlhabend • Eigenes Haus	**Introversion** • Ernst • Ruhig • Friedliebend	**Kultur** • Musik • Literatur • Kunstliebe	**Erscheinung** • Charmante Erschg. • Elegante Erschg. • Gepflegte Erschg.	
Nationalität • Schweizer • Andere Nationalität	**Stand, Herkunft** • Aus gutem Haus • Guter Ruf • Einfache Herkunft	**Kognitive Q.** • Intelligent • Tolerant • Selbständig	**Natur** • Naturliebend • Tierliebend		
		Ideelle Q. • Ehrlich • Edel gesinnt • Treu gesinnt	**Wohnen** • Schönes Heim		

Quelle: Buchmann/Eisner 2001: 103

Abb. 4.2: Struktur eines inhaltsanalytischen Wörterbuchs
6 Identitätsfelder, 29 Attributsbereiche, 139 Attribute (Auswahl))

mit diesem Kategorienschema (und einigen demografischen Angaben) unter Nutzung der Software »Textpack« 95,5 Prozent des bedeutungstragenden Textes erfassen konnten (zum Programm vgl. http://www.gesis. org/unser-angebot/daten-analysieren/software/textpack/; Zugriff 24.8.14).

Ein weiteres Beispiel ist Kraemer (1998: 233 f.) entnommen, die deutsche und französische Kontaktanzeigen im Zeitvergleich untersucht. Während das Schema von Buchmann/Eisner einen guten Überblick gibt, geht dieses Kategoriensystem stärker ins Detail, wie bereits der kurze Auszug zeigt:

Kategorie 3: Körperattraktivität
In dieser Kategorie werden all jene Attribute erfasst, die das äußere Erscheinungsbild beschreiben, seien es allgemeine Angaben wie »vorzeigbar«, »gute Figur«, objektiv feststellbare Merkmale wie »blond«, »schlank«, exakte Gewichtsangaben, oder typbezogene Einschätzungen wie »elegant«, »sportlich«, »jungenhaft«. Sofern aus der Anzeige hervorgeht, dass das Attribut »sportlich« nicht als Typbezeichnung für die äußere Erscheinung (z. B. als Gegensatz zu »elegant«) zu verstehen ist, sondern als Hinweis auf die sportliche Aktivität in der Freizeit (z. B. »sportlich (Tennis, Ski, Radfahren)«), so wird es der Kategorie »Interessen/Freizeitaktivitäten/Hobbys« zugeordnet. Auch Altersangaben werden als Unterkategorie dieser Kategorie geführt, da sie häufig Hinweise auf die Körperattraktivität geben (z. B. »jünger aussehend«). Die Unterkategorie *Alter* hat dabei selbst wiederum weitere Unterkategorien:
- exakte Angaben (34 Jahre alt)
- Umschreibung (Endvierzigerin, jung, älterer)
- Altersdifferenz im Hinblick auf gewünschten Partner (bis 20 J. älter)
- Altersbereich, in dem das Alter des gewünschten Partners liegen sollte (35–40)
- Alter unbedeutend

Eine – diesmal fiktive – Darstellung eines konkreten Codierbogens, der nicht nur die Kategorien auflistet, sondern auch die auszufüllende Maske zeigt, könnte so aussehen (siehe Tab. 4.2).

In den Spalten sind die Kategorien zu finden, in den Zeilen die Fälle, hier also (bereits ausgefüllt) die Kontaktanzeigen Nr. 267 und 268. In manchen Spalten stehen die Zahlen für bestimmte Ausprägungen, also z. B. könnte »Zeitung 1« der »Lübecker Anzeiger« sein, für das Geschlecht wurde 1 für »weiblich« und 2 für »männlich« vergeben. In den anderen Spalten finden

Tab. 4.2: Kategorienschema für eine Inhaltsanalyse (fiktiv)

Zeitung	Ausgabe	Lfd. Nr. Anzeige	Geschlecht Inserent(in)	Eig. Aussehen: Größe	Eig. Aussehen: Figur	Eig. Interessen: Sport	...
1	15	267	1	1	1	2	
1	15	268	1	0	0	1	

sich die Zahlen für Häufigkeiten, so hat Inserentin Nr. 267 zwei Angaben zu eigenen sportlichen Interessen gemacht.

Wenn der Forscher solche Codierbögen elektronisch ausfüllt, kann er im Anschluss relativ komfortabel die Häufigkeiten der vorkommenden Kategorien zählen lassen. Manche Computerprogramme unterstützen den Codiervorgang noch stärker oder ersetzen ihn nahezu bei entsprechender Vorbereitung des Kategoriensystems. Diese computerunterstützte Inhaltsanalyse soll im Folgenden kurz dargestellt werden.

Exkurs zur computerunterstützten Inhaltsanalyse (CUI): Seit der Zugang zu PCs, Software und maschinenlesbaren Texten für forschende Wissenschaftler zunehmend einfacher geworden ist, zeigen sich die Vorteile der Computerunterstützung auch bei der Inhaltsanalyse: Ein Computerprogramm kann die konventionelle Codierung teilweise ersetzen oder zumindest ergänzen. Dies gilt insbesondere für sehr große Textmengen, bei denen der Computer schnell Ergebnisse liefert, nicht ermüdet, die Regeln der Codierung nicht unbewusst verändert etc. Ein entsprechendes Programm zählt zuverlässig und schnell, wie viele Wörter ein Text hat, wie oft – absolut und relativ – bestimmte Wörter darin vorkommen usw. So könnte per Computer problemlos festgestellt werden, wie oft in ausgewählten Kontaktanzeigen die Wörter »treu« bzw. »Treue« vorkommen.

In vielen Fällen erstellt der Forscher ein Kategoriensystem, das aus einem Wörterbuch, also Wortlisten und auch Codierregeln besteht. Das Programm ordnet dann Wörter oder Phrasen mit Hilfe dieser Wortlisten den Codes zu. Verfeinerungen dieses *»diktionärbasierten« Ansatzes* (vgl. Züll/Landmann 2002) ergeben sich beispielsweise dadurch, dass der Computer in den Wörtern ihre Grundform erkennen kann (also z. B. in ›kam‹ ›kommt‹ und

›gekommen‹ das Wort ›kommen‹) und entsprechend zuordnet (»Lemmatisierung«). Weiter gibt es Ansätze zur »Disambiguierung«. Dies bedeutet, dass das Programm die zutreffende Bedeutung eines Wortes durch den Zusammenhang bestimmt, in dem es steht. So kann eine Negation im Umfeld des Wortes (nicht, kein etc.) berücksichtigt und erkannt werden, dass eigentlich das Gegenteil gemeint ist (z. B. »ich bin kein Disco-Typ«).

Dennoch stößt die Computer-Codierung an Grenzen, wenn man allein an die – zugunsten der Aussagekraft für einige Fragestellungen unumgänglichen – Interpretationsspielräume von Codierern denkt, die manuell codieren. Es kommt hinzu, dass zwar die Codierung per Computer recht schnell und problemlos erfolgt, dass aber die Entwicklung eines einsatzfähigen Diktionärs durchaus großen Aufwand mit sich bringt. In Einzelfällen gibt es allgemein zugängliche Diktionäre zu bestimmten Themen (z. B. das »Dresdner Angstwörterbuch«). Früh bezweifelt jedoch den Nutzen solcher Wörterbücher. Zum einen sei es schwierig, bei spezifischen Fragestellungen mit allgemeinen Wortlisten zu arbeiten. Zum anderen seien solche Wörterbücher wenig flexibel z. B. gegenüber Veränderungen von Bedeutungen (2001: 268 f.). Eine andere Gruppe computergestützter Codieransätze arbeitet ohne solche Wörterbücher. Sie untersuchen z. B., welche Wörter oft gemeinsam vorkommen und ob sich daraus bestimmte Muster erkennen lassen (»*Co-Occurence-Ansatz*«). Allerdings können hier meist nur die am häufigsten vorkommenden Wörter in die Analyse einbezogen werden. Landmann und Züll (2004) zeigen die Variante am Beispiel von Kriegsberichterstattungen in zwei Zeitungen auf und kommen zu dem Schluss, dass der Co-Occurence-Ansatz ergänzend sinnvoll sein kann, Kategoriensysteme aber nicht ersetzt.

Die Ausführungen zeigen, dass der Computer Forscherarbeit nicht ersetzen kann (z. B. helfen Wortlisten bei Bild- statt Textquellen nicht weiter). Sie zeigen aber auch, dass es über das reine Zählen bestimmter Wörter hinaus Entwicklungsbestrebungen gibt, die einen ergänzenden Einsatz von Computerprogrammen möglich machen.

Was ist methodisch zu beachten?
- Der Codierbogen sollte übersichtlich sein, dem Kategorienschema vollständig entsprechen und insgesamt alle notwendigen Informationen enthalten; er sollte problemlos und eindeutig ausgefüllt werden können.
- Die Codierer sollten über den Zweck der Forschung gut informiert werden und sich mit dem Kategoriensystem vertraut machen.

Zu VII.: Pretest, insbesondere Prüfung der Zuverlässigkeit

Vorgehen: Beim Pretest, also Vor-Test, soll das Instrument einer Prüfung unterzogen werden. Fehler – etwa Ungenauigkeiten, Überschneidungen von Kategorien etc. – will der Forscher möglichst an dieser Stelle erkennen und beheben. Bei der Inhaltsanalyse zeigt sich hier ein Vorteil dieser Methode: Da man in der Regel auf Quellen zurückgreift, die es schon gibt, kann man die Codierung (sofern die Zeit vorhanden ist) prinzipiell wiederholen. Dies wäre bei einer Befragung problematischer, sicherlich wäre es nicht praktikabel, eine Person kurz nacheinander etliche Male mit jeweils nur leicht veränderten Fragebogenvarianten zu befragen. Codierer können die Codierungen jedoch so lange üben, bis sie sich sicher fühlen, auch im Umgang mit Grenzfällen. Dieses Vorgehen erhöht die Zuverlässigkeit. Vor dem Pretest erfolgt also eine *Schulung der Codierer*, bei der sie mit dem Thema und Ziel der Forschung, dem Kategoriensystem und den Codierregeln vertraut gemacht werden.

Die Zuverlässigkeit im Sinne der möglichst übereinstimmenden Codierung mehrerer Codierer kann man auch mit einer *Maßzahl* berechnen: Sofern Interpretationsspielraum besteht, ist es sicherlich ein gutes Ergebnis, wenn z. B. 89 Prozent aller Codierungen übereinstimmen – nach der Formel: 2 x Anzahl der übereinstimmenden Codierungen/(Anzahl der Codierungen von Codierer 1 + Anzahl der Codierungen von Codierer 2).

Bei der Inhaltsanalyse testen die Forscher vor allen Dingen das Instrument selbst, die Eignung der Kategorien. Wie später zu zeigen sein wird, hat der Pretest bei der Befragung weitere Funktionen, die mit der Befragungssituation zusammenhängen (Wie lange dauert die Befragung im Durchschnitt, wie soll sich der Interviewer verhalten etc.). Manchmal kann es sinnvoll sein, bereits die Ergebnisse des Pretests auszuwerten, um zu testen, ob die Hypothesen prinzipiell auch tatsächlich mit Hilfe der Ergebnisse überprüfbar sind.

Ist der Forscher mit dem Ergebnis des Pretests zufrieden, kann der Codierbogen endgültig erstellt und in ein entsprechendes Computerprogramm integriert werden.

Beispiel

Folgende willkürlich gewählte Anzeige in der Rubrik »Er sucht sie« soll zur Probe codiert werden (ein realer Pretest müsste natürlich mehrere Anzeigen umfassen):

»Gibt es nur Frauen, die nach dem Aussehen gehen? Du solltest mittelschlank, zwischen 29–44 J. sein. Hobbys: Flohmärkte, Rad fahren, schwimmen. Bin 41 J. und dunkelhaarig.«

Codierer Paul könnte in einem Schema wie in Tab. 4.2 nun sieben Codierungen vornehmen, zunächst den männlichen Inserenten, danach zur Selbstbeschreibung zwei Angaben zum Aussehen (Alter, Haare) und drei Angaben zu Interessen (Sport, Sport, Sonstiges), schließlich zwei Angaben zur Wunschbeschreibung in der Kategorie Aussehen (Figur, Alter). Diese Codierung impliziert unter anderem, dass er die anfängliche Frage rigoros weggelassen hat. Man könnte sie vielleicht so interpretieren, dass der Inserent aussagen möchte, dass er selbst nicht einem gängigen Schönheitsideal entspricht. Interessant ist, dass er selbst als Wünsche an seine potenzielle Partnerin nur körperliche Eigenschaften aufzählt. Doch es gilt: Gibt es keine Kategorie bzw. Codierregel, die eine eindeutige Zuordnung der Frage ermöglicht, fällt sie raus. Dies gilt ebenfalls für die Formulierung »du sollst«, die sicherlich rigider ist als z. B. »ich suche jemanden, der …«.

Angenommen, Codiererin Paula hätte bei dieser Probecodierung ganz ähnlich codiert, hätte aber die »Flohmärkte« nicht der Unterkategorie »Sonstiges«, sondern »Kultur« zugeordnet, so ließe sich das Maß für die Zuverlässigkeit nach obiger Formel berechnen:

2 x 6/(7+7) = 12/14 = 0,86
(6 = übereinstimmende Codierungen; erste 7 = Anzahl Codierungen Paul; zweite 7 = Anzahl Codierungen Paula).

Der Forscher sieht diese Übereinstimmung von 86 Prozent als hinreichend an, so dass der nächste Forschungsschritt nun folgen kann. Bei größeren Differenzen oder auch Unsicherheiten der Codierer müsste er zuvor das Kategoriensystem und/oder die Codierregeln überarbeiten. Entsprechend dieser »Inter-Coder-Reliabilität« lässt sich auch die »Intra-Coder-Reliabilität« bestimmen, ob also ein identischer Codierer zu einem späteren Zeitpunkt, um etliche Codiererfahrungen reicher, die gleiche Kontaktanzeige immer noch so einordnen würde wie zuvor.

Was ist methodisch zu beachten?
- Der Pretest überprüft nochmals die Gültigkeit und Zuverlässigkeit, insbesondere die Übereinstimmung bei mehreren Codierern.
- Hier auftretende Unklarheiten können durch zusätzliche Codierregeln berücksichtigt werden.
- Eine kritische Selbstreflexion ist besonders an dieser Stelle wichtig. Der Forscher sollte nicht zu schnell bereit sein, das Kategoriensystem (wegen der bisherigen Mühe und um endlich zur Haupterhebung zu kommen) »abzusegnen«. Denn es wäre aufwändiger, die Haupterhebung modifiziert wiederholen zu müssen.

Zu VIII.: Stichprobenziehung

Vorgehen: Kapitel 5 macht insgesamt mit den Grundlagen der Stichprobenziehung vertraut, die immer dann notwendig ist, wenn man keine Vollerhebung durchführt. In diesem Fall bedeutet die Stichprobenziehung, dass der Forscher eine Auswahl aus allen Kontaktanzeigen trifft, die 1980 und 2015 in deutschen, wöchentlich bzw. monatlich erscheinenden Printmedien mit einer Mindestauflage erschienen sind – so wurde weiter oben die Grundgesamtheit festgelegt. Die Forschenden wählen – begründet – ein Auswahlverfahren aus, führen die Auswahl durch und dokumentieren dabei ihr Vorgehen (z. B. kann es sein, dass bestimmte Zeitungsausgaben wider Erwarten doch nicht verfügbar sind; dies sollten sie festhalten). Häufig besteht ein Ziel der Auswahl darin, dass die Stichprobe »*repräsentativ*«, d. h. ein verkleinertes Abbild der Grundgesamtheit ist. Nur dann können die Ergebnisse auf die Grundgesamtheit verallgemeinert werden. Hat der Forscher die Verfügbarkeit der Quellen prinzipiell sichergestellt, zeigt sich ein Vorteil der Inhaltsanalyse gegenüber anderen Erhebungsinstrumenten: Prinzipiell lassen sich alle Untersuchungseinheiten aus einer Liste ziehen, d. h. eine solche Liste ist erstens erstellbar und zweitens gibt es unter den ausgewählten Quellen, im Gegensatz zu Befragungen, keine »Verweigerer«. Unter der Bedingung von verfügbaren Quellen ist eine Auswahl somit relativ problemlos durchzuführen. Man kann etwa aus einer Liste aller Quellen zufällig eine bestimmte Anzahl ziehen. Eine weitere Möglichkeit demonstriert das Beispiel.

Beispiel

Der Forscher möchte für seine Grundgesamtheit repräsentative Ergebnisse erzielen. Er bildet zunächst verschiedene Gruppen von Medienarten, die in der Auswahl vorkommen sollen: überregionale Zeitungen, Lokalzeitungen und Zeitschriften. In jeder dieser Gruppen geht er nun mehrstufig vor. Er zieht im ersten Schritt zufällig bestimmte Zeitungen und im zweiten Schritt, wieder zufällig, eine bestimmte Anzahl von Ausgaben mit Kontaktanzeigen aus den Jahren 1980 und 2015. Innerhalb dieser Ausgaben gelangen jeweils alle Inserate in die Auswahl. In den später erläuterten Fachtermini handelt es sich hier um eine *geschichtete, mehrstufige Zufallsauswahl*. Die Mehrstufigkeit erspart hier einen hohen Arbeitsaufwand, weil der Forscher nun nicht mehr aus allen Medien der Grundgesamtheit Ausgaben auflisten und »ziehen« muss.

Wir nehmen für das Beispiel nun an, dass der Forscher aus jeder Printmediengruppe nur ein Medium zöge (wenn er tatsächlich so vorginge, wäre die Repräsentativität allerdings eingeschränkt!). Angenommen, die Kontaktanzeigen erscheinen in Zeitungen einmal wöchentlich und in der Zeitschrift monatlich, hat man nun sowohl für 1980 als auch für 2015 (diese

Jahre waren schon zuvor festgelegt worden, s. o.) pro Zeitung im ersten Schritt 52 Ausgaben und für die Zeitschrift 12 Ausgaben ausgewählt. Darauf wählt der Forscher aus jedem Jahrgang und jeder Zeitung/Zeitschrift fünf Ausgaben aus. Insgesamt liegen also

2 (Jahre) x 3 (Medien) x 5 (Ausgaben) = 30 Ausgaben

vor, deren Kontaktanzeigenteile nun »physisch«, d. h. als Kopie oder als Datei, zu beschaffen wären. In diesen Ausgaben wären dann jeweils alle Kontaktanzeigen zu analysieren. Bei – fiktiven – 100 Anzeigen pro Ausgabe steht der Forscher also vor der Aufgabe, 3.000 Kontaktanzeigen zu analysieren.

Was ist methodisch zu beachten?
Hier sollte der Leser vor allem darauf achten, welches Auswahlverfahren der Forscher angewandt hat und ob die Auswahl – falls die Untersuchung dies beansprucht – repräsentativ (für welche Zielgruppe bzw. Grundgesamtheit?) ist. Die Forscher sollten entsprechend auch diesen Schritt gut dokumentieren.

Zu IX.: Haupterhebung
Nach diesen vorbereitenden Schritten kann nun endlich die eigentliche Datenerhebung, d. h. Codierung erfolgen, entweder manuell oder per Computer. Bei manueller Codierung – deren Aufwand die Länge dieses Abschnitts sicher nicht widerspiegelt – ist weiterhin darauf zu achten, ob nicht wider Erwarten doch noch größere Unsicherheiten bzw. neue Grenzfälle bei der Codierung auftreten. Bei der automatischen Codierung wird es möglicherweise einen kleinen Anteil an Codiereinheiten geben, den das Programm nicht zuordnen kann, diese müssten die Forscher dann ebenfalls nachcodieren. Auffälligkeiten dieser »Feldphase« sollten die Forscher zur Sicherstellung der Intersubjektivität dokumentieren.

Zu X.: Datenaufbereitung, Interpretation einschließlich Prüfung der Gütekriterien
Vorgehen: Die Datenaufbereitung hat der Forscher durch die Erstellung des Codierbogens vorbereitet. Die Häufigkeiten des Vorkommens der einzelnen Kategorien und Unterkategorien sollten klar erkennbar sein, d. h. zu der Codierung gehört neben der »Strichliste« auch eine Auszählung der Summen. Aus dieser »Urliste« sind nun weitere Darstellungen und statistische Prozeduren ableitbar, die bestimmte Ergebnisse akzentuieren, z. B. Tabellen, Grafiken oder Maßzahlen. Solche Darstellungen sind sinnvoll, wenn sie mit

den Hauptelementen der Auswertung (z. B. der Hypothesenprüfung) eng verbunden und zudem übersichtlich sind – also nicht nur erstellt werden, weil sie durch den Computer so einfach zu realisieren sind (zur Ergebnisdarstellung s. Kap. 6).

Zentral ist in diesem Schritt die Interpretation der Ergebnisse. Dies betrifft zunächst die Überprüfung der Hypothesen. Wenn das Kategoriensystem systematisch auf die Hypothesen gerichtet war – hieran sieht man nochmals, wie wichtig die Schritte *vor* der Datenerhebung sind – sollte der Forscher die Ergebnisse mit den Hypothesen verbinden und diese dadurch systematisch prüfen können. Im nächsten Schritt ist zu erläutern, was das Ergebnis für den Forschungsstand bedeutet, ob bisherige Ergebnisse bestätigt und ergänzt werden oder ob sie zu modifizieren sind.

Eines geschieht hoffentlich in dieser Forschungsphase nicht: Dass man feststellt, es wären weitere oder andere Kategorien notwendig gewesen. Zwar sind solche »Versäumnisse« bei einer Inhaltsanalyse prinzipiell durch eine Wiederholung aller Forschungsschritte nachholbar, sofern nicht ganz andere, ggf. nicht verfügbare Quellen benötigt werden. Ein solches Nachholen ist jedoch sehr aufwändig.

Die Interpretation der Ergebnisse sollte mit zwei weiteren Forschungsschritten verbunden werden: Zum einen sollte der Forscher – mit etwas Distanz zu den bisherigen Forschungsphasen – nochmals die Güte der Ergebnisse anhand der Gütekriterien reflektieren: Erscheinen z. B. auch im Nachhinein die Kategorien als angemessene Indikatoren, waren die Codierregeln im Sinne einer adäquaten Zuordnung formuliert (Gültigkeit), stimmen die Codierungen verschiedener Personen auch in der Haupterhebung hinreichend überein (Zuverlässigkeit), war die Auswahl der Quellen repräsentativ? Hat der Forscher die Forschungsschritte nachvollziehbar dokumentiert (Intersubjektivität)? Die Prüfung der Gütekriterien und damit die Zusammenfassung der Möglichkeiten und Grenzen des konkreten methodischen Vorgehens führen im zweiten Schritt dazu, die Reichweite der Ergebnisse (selbstkritisch) einzuschätzen und in bisher vorliegende theoretische und empirische Erkenntnisse einzuordnen. Mit diesem Rückbezug zum Forschungsstand schließt sich der Kreis zum ersten Forschungsschritt, in dem die Fragestellung präzise formuliert wurde.

Beispiel

Tab. 4.3 zeigt (fiktive) Ergebnisse zur Prüfung von Hypothese 3: »Männer legen bei der Wunschpartnerin auf andere Merkmale Wert als Frauen bei ihrem Wunschpartner, so nennen Männer häufiger körperliche Merkmale, Frauen häufiger Charaktereigenschaften.«

Tab. 4.3: Kreuztabelle Geschlecht * Wunschpartnereigenschaften

Alle Medienarten 2003	Suchende Männer		Suchende Frauen	
Gesuchte Partnereigenschaften	absolut	%	absolut	%
Körperliche Merkmale	321	39,6	212	25,2
Charakter, Fähigkeiten	296	36,5	372	44,3
Lebenssituation	54	6,7	63	7,5
Interessen	108	13,3	145	17,3
Sonstige Merkmale	31	3,8	48	5,7
SUMME	810	100	840	100

Nach diesen Befunden bestätigt sich Hypothese 3, da Männer prozentual häufiger Wert auf körperliche Merkmale legen als Frauen bei Männern; genau umgekehrt ist es bei den Charaktereigenschaften/Fähigkeiten. Die anderen Kategorien unterscheiden sich zwar auch voneinander, allerdings weniger stark. Zur Einschätzung des Unterschieds könnte man nun noch ein Zusammenhangsmaß berechnen (vgl. Kap. 6). Im Rahmen der Prüfung der Hypothese könnte man weitere Differenzierungen untersuchen, etwa welche körperlichen Merkmale (also welche Unterkategorien) besonders oft vorkommen, ob die Ergebnisse für alle Zeitungsarten, für 1980 und 2015 gleichermaßen zutreffen etc. Die Überprüfung der Reliabilität ergibt (ebenfalls fiktiv) eine Übereinstimmung der Codierer von 91 Prozent, was ein gutes Ergebnis darstellt. Die statistische Auswertung bedeutet nicht das Ende dieses Forschungsschritts, denn die Feststellung, dass sich z. B. relative Häufigkeiten unterscheiden oder angestiegen sind, ist als solche noch keine Lösung des Forschungsproblems, das sich beispielsweise auf den Wandel von Geschlechtsrollen bezog. Entsprechende Deutungen und Einordnungen kommen also zwingend hinzu.[4]

In diesem Rahmen können nicht alle Auswertungsmöglichkeiten demonstriert werden. Ein weiteres Beispiel (Abb. 4.3) zeigt jedoch ergänzend die

---

[4] Die weiteren Vorgehensschritte unter diesem Punkt können ohne genaueren Rückgriff auf das inhaltliche Thema und einschlägige Literatur nicht geleistet werden. Die Leser seien hierzu auf »echte« empirische Studien verwiesen.

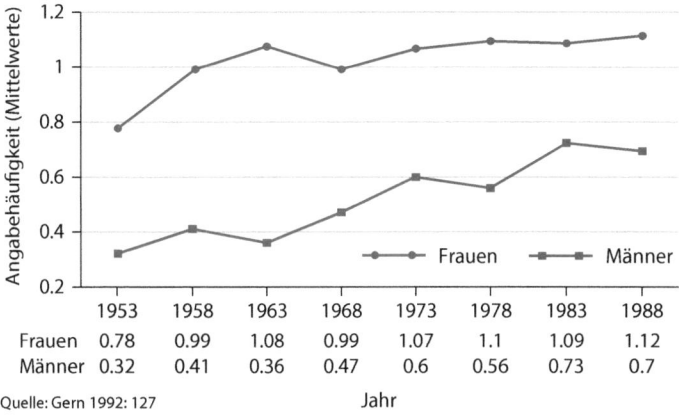

Quelle: Gern 1992: 127

Abb. 4.3: Entwicklung der Angaben zum Aussehen in Kontaktanzeigen

Darstellung eines Zeitvergleichs zu der Frage, wie häufig Männer und Frauen Angaben zu ihrem Äußeren machen. Klar wird, dass Frauen dies häufiger tun, die Häufigkeit im Zeitverlauf aber bei beiden Geschlechtern gestiegen ist.

Was ist methodisch zu beachten?
- Die Datenaufbereitung und die Interpretation sollten systematisch an die Prüfung der Hypothesen und die Beantwortung der Fragestellung geknüpft werden (keine Erzeugung von »Datenfriedhöfen« oder aneinander gereihten Beschreibungen ohne inhaltliche Diskussion und Einordnung).
- Die Prüfung der Güte und Reichweite der Ergebnisse sowie die Einordnung in bisherige theoretische und empirische Erkenntnisse sind ebenfalls Elemente dieser Forschungsphase.

4.3.3 Zusammenfassung

Eine Inhaltsanalyse »zieht« aus den Quellen Informationen, mit deren Hilfe der Forscher die Fragestellung beantworten kann. Ein zentrales Element ist das Kategorienschema, das die Informationen ordnet und systematisch mit den Untersuchungshypothesen verbindet. Ist dieses Kategorienschema nicht angemessen, zu ungenau, nicht praktikabel etc., dann ist die Gültigkeit der Ergebnisse gefährdet. Eine besondere Herausforderung stellt es – für die manuelle Codierung wie für die technische Variante per Computer – dar, auch »latente« Inhalte zu codieren.

Sofern geeignete Quellen vorliegen, hat die Inhaltsanalyse den methodischen Vorteil, dass der Forscher nicht auf die direkte Kooperation von Forschungsteilnehmern angewiesen ist und dass sich die Codierung im Zweifelsfall wiederholen lässt. Forschende sollten sich also durchaus fragen, ob eine Inhaltsanalyse zumindest für Teile ihrer Forschungsfrage aufschlussreiche Daten liefern kann und dabei ihrer Fantasie, welche (verfügbaren) Quellen nützlich sind, keine vorschnellen Grenzen setzen. Doch hat das Instrument Anwendungsgrenzen, insbesondere in Bezug auf die Passung zur konkreten Forschungsfrage und bei der Interpretation der Quellen: So kann die Forscherin die Kontaktanzeigen nicht ohne Weiteres mit Befragungen dazu kombinieren, welche Wunschpartnerin sich jemand vorgestellt hat oder mit Beobachtungsdaten dazu, mit wem sich jemand getroffen hat.

Das Beispiel hat für die Analyse von Kontaktanzeigen demonstriert, wie Forscher die Fragestellung nach Geschlechterrollen und ihrem Wandel methodisch umsetzen und welche methodischen Entscheidungen sie dabei treffen.

Ein Hinweis ist an dieser Stelle noch wichtig: Hier wurde mehr oder weniger idealtypisch das quantitative Vorgehen bei einer Inhaltsanalyse dargestellt. Bereits innerhalb dieses Methodenstrangs sind viele Differenzierungen höchstens angedeutet worden. Um nur ein Beispiel zu nennen: Wie ist das Kategorienschema zu entwerfen, wenn die Quelle ein Foto, Gemälde o. Ä. ist? Zudem gibt es auch in der qualitativen Forschung Inhaltsanalysen (z. B. von transkribierten Interviews), die den Texten gemäß der offenen und theorieentwickelnden Vorgehensweise allenfalls im Nachhinein Kategorien zuordnen. Die eher unangemessenen »Grabenkämpfe« zwischen quantitativem und qualitativem Methodenstrang wurden in Kapitel 3 bereits angesprochen. Gerade die Inhaltsanalyse ist ein gutes Beispiel dafür, dass die Grenzen zwischen beiden Vorgehensweisen auch fließend verlaufen können. Das quantitative Vorgehen umfasst nicht ein reines Wörterzählen, und beim qualitativen (nicht: interpretativen) Vorgehen gibt es einige Verfahrensweisen, bei denen sich der Forscher relativ schnell auf Kategorien festlegt und die damit der quantitativen Logik nahe kommen (was teilweise aus »rein qualitativer Sicht« ein wenig kritisch kommentiert wird; z. B. Flick 1995: 215). Anstelle solcher Abgrenzungen sollte jedoch die konkrete Methode passend zur Fragestellung ausgewählt werden, womit die Grenzziehung an Bedeutung verliert.

 **Literatur**

Zur Inhaltsanalyse allgemein:
Früh, Werner (2011): Inhaltsanalyse. Theorie und Praxis, 7. Aufl., Konstanz: UVK (UTB).
Rössler, Patrick (2010): Inhaltsanalyse, 2. Aufl., Konstanz: UVK/UTB basics. (mit Beispielen insbesondere zu Massenmedien als Quellen)

Zur computergestützten und Online-Inhaltsanalyse:
Welker, Martin; Wünsch, Carsten (Hrsg.) (2010): Die Online-Inhaltsanalyse. Forschungsobjekt Internet, Köln: Herbert von Halem.

Zur qualitativen Inhaltsanalyse:
Gläser, Jochen; Laudel, Grit (2010): Experteninterviews und qualitative Inhaltsanalyse, 4. Aufl., Wiesbaden: VS.
Mayring, Philipp (2010): Qualitative Inhaltsanalyse. Grundlagen und Techniken, 11. Aufl., Weinheim/Basel: Beltz.

 Übungsaufgaben

Aufgabe 1
Erstellen Sie ein Kategoriensystem zu folgender Hypothese: »Die in Kontaktanzeigen genannten eigenen Merkmale und die des Wunschpartners unterscheiden sich nach dem Alter.«

Aufgabe 2
Codieren Sie die folgenden Kontaktanzeigen nach diesem Schema (dabei geht es nicht um die Prüfung der Hypothese, sondern um die Codierung als solche).
Er sucht sie: »Nur wo Liebe ist, ist das Leben erfüllt! Akad., 60/176/72, lieb u. sinnl., gepfl. u. charmant, Natur- u. Pferdefreund, internat. Kapazität, sucht aufregende, feminine, natürl. Lady bis 51 J.«
Sie sucht ihn: »Wenn Du ein Langweiler, Öko oder Fußballfan bist, dann melde Dich bitte nicht! Attr. Sie, 29/163/59, NR, sportl., humorvoll, o. Altlasten, aber mit Katze, sucht gepfl., intellig. Mann m. Niveau, ca. 1,80 m, mit Spaß an Fitness, Skifahren, Reisen, Ausgehen … Trau' Dich und schreib' mir! BmB!«

4.4 Die Beobachtung

4.4.1 Das Instrument und seine Anwendungsmöglichkeiten

Was unterscheidet die Beobachtung von der Inhaltsanalyse? In vieler Hinsicht gleichen sich die Erhebungsmethoden, denn in beiden Fällen codiert der quantitativ arbeitende Forscher mit Hilfe eines Kategoriensystems. Der wesentliche Unterschied besteht darin, dass er bei der Beobachtung einen Prozess untersucht, der gerade im Moment abläuft: beispielsweise Arbeitsabläufe oder die Kontaktaufnahme sich bisher fremder Personen auf einer Party oder im Zug. Der Forscher kann die Beobachtung nicht identisch für eine nochmalige Erhebung wiederholen (z. B. zur Absicherung oder für neue Schwerpunktsetzungen).

Die schnell vorübergehende Momentaufnahme lässt sich teilweise dadurch entschärfen, dass einige Situationen – wenn man z. B. an die Arbeitsabläufe denkt – immer wieder ähnlich sein können. In (Feld-)Experimenten forciert der Forscher diese Vergleichbarkeit sogar. Solch ein Feldexperiment besteht darin, in eigentlich natürlicher Umgebung (also im »Feld«) »künstliche« Reize zu setzen. Beispielsweise könnte der Forscher vermeintlich versehentlich einen Stapel Zeitschriften auf einem öffentlichen Gehweg fallen lassen, um die Hilfsbereitschaft der Vorbeigehenden zu beobachten.[5] In anderen Fällen unterliegen die Beobachtungsobjekte keiner raschen Veränderung. So sollten in der Studie von Bourdieu die Beobachter unter anderem die Wohnungseinrichtung und den Kleidungsstil der Befragten festhalten (vgl. Kap. 2 und das Beobachtungsschema am Ende dieses Kapitels).

Zur Wiederholung von bestimmten Beobachtungen gibt es außerdem die Möglichkeit, Situationen mit einer *Kamera* aufzunehmen. Doch besteht oft die Gefahr, durch die Aufnahme das Ergebnis zu verändern (alle verhalten sich plötzlich besonders »korrekt«) oder sogar die Einwilligung der Beobachteten zu ihrer »Erforschung« zu verlieren. Zudem beobachtet man per Kamera immer aus einem bestimmten Blickwinkel, so dass sich die Komplexität der Situation selbst mit mehreren Kameras nicht sicher einfangen lässt. Auch andere technische Hilfsmittel haben ihre entsprechenden Einsatzmöglichkeiten und Grenzen (z. B. GPS-Systeme zur Erhebung von Bewegungsabläufen; vgl. Czaplicki 2012).

---

5   Streng genommen handelt es sich um ein Quasi-Experiment, Feldexperimente arbeiten in natürlicher Umgebung gezielt mit Versuchs- und Kontrollgruppen, s. u.

Die Nichtwiederholbarkeit sich verändernder Situationen ist deshalb gravierend, weil die Wahrnehmung der Beobachter notwendigerweise *selektiv* ist. Es ist unmöglich (und ja auch gar nicht im Sinne der Fragestellung), wirklich das gesamte Geschehen in einer Situation wahrzunehmen. Will man z. B. die Aufmerksamkeit von Studierenden im Seminar beobachten und dazu feststellen, ob sich jemand Notizen macht, wäre es dafür nicht relevant zu beobachten, mit welcher Art Stift die Person dabei schreibt.

Abgesehen von der Wahrnehmung kann zudem die *Interpretation* dessen, was der Beobachter sieht, falsch sein. Wie »wahrscheinlich« das ist, hängt wiederum von der Komplexität der Fragestellung ab. Levine (1998) beispielsweise hat sich mit dem Umgang mit Zeit in verschiedenen Ländern beschäftigt. Die Beobachtungen, die er als Indikatoren nahm, waren dabei unterschiedlich stark »fehleranfällig«. Er prüfte das Tempo des Lebens in einer Stadt etwa dadurch, wie schnell die Menschen im Innenstadtbereich eine Strecke von 20 Metern zurücklegten und ob die öffentlichen Uhren die exakte Uhrzeit anzeigten. Beides ließ sich noch recht gut standardisieren, obwohl bereits hier Hindernisse vorstellbar sind. Es wäre ja etwa denkbar, dass in einer bestimmten Region die Menschen auch bei wiederholter Messung schnell unterwegs sind, weil es dort häufig regnet, während sie in überdachten Räumlichkeiten viel langsamer gehen. Der Forscher müsste also z. B. klare Sommertage als Untersuchungsbedingung voraussetzen.[6] Vielleicht hatte sich der Beobachter – so eine fiktive Annahme – auch neben einer U-Bahn-Station postiert, wo viele Beobachtete noch schnell die nächste Bahn erreichen wollten. Eine durchschnittliche nationale Gehgeschwindigkeit hätte er dann nicht erhoben, der Indikator wäre ungültig. Ein weiterer, sicherlich ebenfalls fehleranfälliger Indikator bestand darin festzustellen, wie lange der Verkauf einer Standardbriefmarke am Schalter dauert. Levine selbst verweist auf die unterschiedlichen Gepflogenheiten, beispielsweise begann der Händler in Indonesien mit dem Käufer ein Gespräch (a. a. O.: 188 f.) – die Vergleichbarkeit wird dann schnell hinfällig.

---

6   Levine dokumentiert folgendes Beobachtungs-Setting: »Die Messungen wurden an klaren Sommertagen während der Hauptgeschäftszeit, normalerweise vormittags, an wenigstens zwei verschiedenen wichtigen Ladenstraßen der Innenstadt vorgenommen. Die ausgewählten Strecken waren eben, ohne Hindernisse, hatten breite Gehsteige und waren leer genug, dass die Fußgänger in ihrer bevorzugten Gehgeschwindigkeit gehen konnten. Um die Effekte der Geselligkeit auszuschalten, wurden nur die Zeiten einzelner Fußgänger ausgewertet. Weder Personen mit erkennbaren körperlichen Behinderungen noch solche, die offensichtlich einen Schaufensterbummel machten, wurden in die Auswertung einbezogen« (Levine 1998: 37).

Die Beobachtung zeichnet sich also meist dadurch aus, dass
- sie sich auf gerade ablaufende Prozesse richtet;
- sie nicht identisch wiederholbar ist;
- sie notwendig selektiv ist hinsichtlich der wahrgenommenen Ausschnitte des Geschehens;
- die Angemessenheit der Interpretation (was sieht der Beobachter?) falsch sein kann; außerdem kann damit der »Lerneffekt« des Beobachters (der ggf. am Anfang anders kategorisiert als später) weniger als bei der Inhaltsanalyse kontrolliert werden.

Wo liegen die besonderen *Stärken* der Anwendung einer Beobachtung?

Sie ist immer dann mindestens als ergänzende Methode der Datenerhebung angebracht, wenn man unabhängig von den subjektiven Einschätzungen und Erinnerungen von Befragten deren Verhalten erheben will. Teilweise sind den Befragten bestimmte Verhaltensweisen und Abläufe nicht bewusst bzw. sie sind schwer verbalisierbar, oder es geht um »Gegenstände«, die erst im Zusammenwirken mehrerer Menschen oder in bestimmten Situationen entstehen (z. B. der Umgang mit Konflikten in einer Gruppe). Weiterhin kann das Verhalten von Personen in unterschiedlichen Situationen verglichen werden. Diekmann geht sogar weiter: »Wo immer möglich und vertretbar, empfiehlt es sich, das *Verhalten* durch Beobachtung zu erheben« (1996: 479 f., Hervorhebung N. B.).

Beispiele für eine Beobachtung sind:
- Die Beobachtung von Abläufen in ihrem Kontext, z. B. der Arbeit in einem Frisiersalon, dem »Tempo« in einer Stadt etc. Dabei sind unter Umständen auch internationale Vergleiche eher möglich als bei Befragungen, weil der Forscher das Hindernis der Übersetzung umgeht. andererseits sind natürlich verschiedene Bedeutungen gleicher Handlungsweisen durchaus denkbar.
- Die Beobachtung von Interaktionen, z. B. wie lösen Ehepaare gemeinsam ein Problem, oder wie gestaltet sich das Betriebsklima in einem Steuerberaterbüro? Bei der Beobachtung von Gruppen kann auch die Gruppendynamik selbst ein Forschungsgegenstand sein, wenn z. B. Führungskräfte einen Bewerber für eine Arbeitsstelle auswählen sollen. Fragen können unter anderem lauten: Wer entscheidet letztlich, wer lässt sich überzeugen?.

Wenn ein Forscher die Beobachtung ohne das Wissen der Beobachteten durchführt (ohne andererseits forschungsethische Grenzen zu überschreiten), beispielsweise in der Öffentlichkeit, entgeht er dem Problem, dass die Forschungsteilnehmer auf die »Messung« reagieren, eine verdeckte Beobachtung ist also »*nicht reaktiv*«. In solchen Fällen kommt dann kein – für die Forschungssituation demonstriertes – sozial erwünschtes Verhalten vor. Diekmann nennt das Beispiel einer Untersuchung, bei der 98 Prozent der befragten älteren Fußgänger sagten, sie bedankten sich stets, wenn sie ein Fahrzeuglenker über die Straße ließe. Bei einer entsprechenden Beobachtung taten es allerdings nur 18 Prozent – eine doch erhebliche Differenz, die in diesem Fall für die Anwendung der Erhebungsmethode »Beobachtung« spricht (1996: 479).

Unter *nicht reaktiven Methoden* versteht man allgemein also Erhebungsinstrumente, bei denen sich die »Beforschten« dieser Erhebung nicht bewusst werden, sie reagieren nicht auf die Erhebungssituation. Beispiele sind die verdeckte Beobachtung oder die Inhaltsanalyse. Forscher erhoffen sich davon, dass die Ergebnisse weniger verzerrt sind (Befragte antworten nicht sozial erwünscht oder Passanten oder Berufstätige verhalten sich nicht in künstlicher Weise korrekt). Jedoch sind nicht reaktive Methoden nicht unproblematisch. Es gibt Grenzen durch die Art der Fragestellungen, für die sie geeignet sind, ebenso forschungsethische Grenzen – man denke etwa an die Beantwortung einer Kontaktanzeige mit anschließendem Treffen nur zu Forschungszwecken; zudem ist die Gültigkeit der Indikatoren oft skeptisch zu beurteilen (sind z. B. wirklich nur die Menschen hilfsbereit, die dem Forscher beim Aufsammeln seiner heruntergefallenen Zeitschriften helfen?).

Den oben genannten Problemen der selektiven Wahrnehmung und der Fehlinterpretation kann der Forscher entgegensteuern, etwa durch ein klares Beobachtungsschema (das den Beobachter in möglichst wenige Entscheidungszwänge bringt), Beobachterschulung und den Einsatz mehrerer Beobachter (wobei er bei widersprüchlichen Aussagen entscheiden müsste, ob und wie er diese Ergebnisse weiter verwertet) sowie technischer Hilfsmittel, falls möglich und sinnvoll.

Grenzen hat die Beobachtung jedoch unter anderem
- in privaten Situationen, in denen keine Einwilligung der Forschungsteilnehmer vorliegt;
- wenn zu lange Beobachtungen nötig wären (z. B. seltene Ereignisse betreffend);
- bei subjektiven Deutungen und Einstellungen, die sich nicht unmittelbar in Handlungen äußern;
- bei vergangenen Ereignissen und ihrer Deutung (z. B. die Lebensgeschichte aus der Sicht des Individuums);
- wenn der Forscher das Beobachtete ohne weitere Informationen nicht hinreichend interpretieren kann (z. B. ein bestimmtes Verhalten in Sub-

kulturen) und somit die Beobachtung zumindest durch andere Erhebungsmethoden, z. B. Befragungen, zu ergänzen ist.[7]

Wie bei anderen Erhebungsmethoden auch, muss man zusätzlich klären, ob sich aus den Beobachtungen Schlussfolgerungen für die Forschungsfrage ziehen lassen. Die Antwort darauf ergibt sich nicht allein aus der Beobachtung selbst, es sind immer auch theoretische Annahmen nötig. Ein Beispiel: Die Gehgeschwindigkeit zu messen, ist ein Vorgehen, das bereits Jahoda et al. in der klassischen Studie »Die Arbeitslosen von Marienthal« von 1933 angewandt haben. Die Forscher untersuchten 1931/32 ein österreichisches Dorf, dessen Bewohner durch die Schließung der ortsansässigen Fabrik fast alle unmittelbar oder mittelbar von Arbeitslosigkeit betroffen waren. Sie verwandten verschiedene qualitative und quantitative Methoden, unter anderem Interviews, Beobachtungen, Zeitverwendungsbögen, die Inhaltsanalyse von Schüleraufsätzen, statistischen Daten etc. (Jahoda et al. 1975). Eine der Methoden bestand darin, die Gehgeschwindigkeit auf 300 Metern der Ortsstraße zur Mittagszeit zu ermitteln sowie zu dokumentieren, wie oft die Personen stehen blieben. Es ergab sich, dass gut zwei Drittel der Männer, aber nur etwa ein Sechstel der Frauen mindestens zweimal stehen blieben (1975: 83). Im Zusammenhang mit anderen empirischen Ergebnissen (Zeittagebüchern, Tragen einer Uhr, offene Beobachtungen des Lebens im Dorf etc.) zogen die Forscher dann den theoretischen Schluss, dass »die Arbeiter die materiellen und moralischen Fähigkeiten eingebüßt [haben], die Zeit zu verwenden« (1975: 83). Insgesamt handelte es sich bei den Marienthalern um eine »müde Gemeinschaft« (1975: 55–64). Dies ist eine Schlussfolgerung, die – Jahrzehnte später, d. h. auch unter ganz anderen sozialen Bedingungen – Levine allein aus der Gehgeschwindigkeit nicht gezogen hat und auch nicht hätte ziehen dürfen.

Der Forscher sieht sich – nun wieder allgemein ausgedrückt – vor die Aufgabe gestellt, einerseits nicht nur »reine« Verhaltensbeschreibungen zu liefern, andererseits aber auch keine spekulativen Schlussfolgerungen zu ziehen, so dass die Gültigkeit der Ergebnisse möglichst hoch ist.

---

7   Ein schönes fiktionales Beispiel dazu stellt der norwegische Spielfilm »Kitchen Stories« aus dem Jahr 2003 dar. Schwedische Forscher beobachten darin das Bewegungsverhalten norwegischer Junggesellen in der Küche mit dem Ziel, Anordnungen von Möbeln und Geräten zu optimieren. Den Zuschauern erscheint die »Erhebungssituation« höchst skurril, in der die Beobachter mit einem Beobachtungsbogen auf einer Art Hochsitz in der Küche sitzen und nicht mit ihren ›Gastgebern‹ sprechen dürfen.

In den bisherigen Ausführungen wurden bereits zwei verschiedene *Arten der Beobachtung* erwähnt.
- Zum einen ging es um die Entscheidung, *offen* oder *verdeckt* zu beobachten, d. h. ob man die »Beforschten« über die Untersuchung informiert oder nicht. Forschungsethische Grenzen sind hier auf jeden Fall zu beachten.
- Zum anderen beobachten die Forscher in *natürlichen* Situationen oder *»künstlich«* im Labor (z. B. bei psychologischen Experimenten). Bei einem *Experiment* werden Forschungsteilnehmer zufällig einer Experimental- oder Kontrollgruppe zugeordnet. Dann wird systematisch die vermutete Ursache eines Phänomens variiert, um jenseits von Störfaktoren, wie sie in natürlichen Situationen auftreten, Kausalzusammenhänge zu bestimmen (vgl. z. B. Diekmann 2007: Kap. VIII; Atteslander 2010: Kap. 2.3). Ein Vorteil liegt in der relativ klaren Zuordnungsmöglichkeit ursächlicher Faktoren, eine Schwäche in der Skepsis, ob sich die Befunde auf Situationen im »normalen« Leben übertragen lassen. Eine Zwischenform zwischen natürlicher und künstlicher Beobachtung ist das *Feldexperiment*, bei dem der Untersuchungsleiter und sein Team gezielte Reize in die ansonsten natürliche Umgebung der Beobachteten geben. So könnte man etwa zwei Parallelklassen in einem Fach mit unterschiedlichen didaktischen Konzepten unterrichten. Ein weiteres Beispiel: Jungbauer-Gans et al. (2005) untersuchten, ob sich Verkäuferinnen und Verkäufer je nach sozialen Merkmalen von Kunden unterschiedlich verhalten. Zu diesem Zweck gingen Studentinnen und Studenten mit gewissem zeitlichen Abstand in unterschiedlicher Kleidung (»studentisch« vs. »elegant, formell«) in ein Geschäft und ließen sich (nach klaren Regeln, wie sie sich als Kunden verhalten sollten) beraten. Wenn die Verkäufer die Person offensichtlich wiedererkannten, schied der Fall aus der Auswertung aus. Das Ergebnis: Elegant Gekleidete warteten kürzer, wurden länger beraten und bekamen häufiger Serviceangebote (z. B. Kleidung zurückzulegen) (a. a. O.: 317) – ein Befund, der sich durch eine Befragung wohl nicht hätte erzielen lassen.

Zwei weitere Arten lassen sich unterscheiden:
- *Teilnehmende* oder *nicht teilnehmende* Beobachtung: Der teilnehmende Beobachter hat selbst eine Rolle in der Beobachtungssituation inne, z. B. arbeitet er als Praktikant in einem Betrieb, den er untersucht. Der Vorteil ist offensichtlich: Der Forscher erhofft sich mehr Informationen über das »Innenleben« des Betriebs. Zudem wirkt die Beobachtung weniger künstlich, so dass sich die Beobachteten – so die Hoffnung – entsprechend nicht dauerhaft künstlich verhalten. Die teilnehmende Beobachtung

bringt jedoch auch Risiken mit sich: Zunächst muss der Beobachter überhaupt eine Rolle finden, in der er das Geschehen wenig beeinflusst, aber viele Informationen erhält. Weiterhin muss er das Problem klären, wie er sich trotz seiner Teilnahme möglichst zeitnah (sonst verblasst schnell die Erinnerung) Notizen machen oder einen Beobachtungsbogen ausfüllen kann. Außerdem besteht die Gefahr, im Laufe einer längeren Beobachtung die Beobachterdistanz zu verlieren und ähnlich wie die »Insider« viele Dinge für selbstverständlich zu halten und nicht mehr wahrzunehmen. Dies kann sogar zu Rollenkonflikten zwischen dem Beobachter und dem Teilnehmer in einer Person führen.

William F. Whyte, der – in einer weiteren klassischen Feldstudie von 1943 (»Die Street Corner Society«) – in einer mehrjährigen teilnehmenden Beobachtung ein Italienerviertel in Boston untersucht und zu diesem Zweck auch dort gewohnt hat, schreibt dazu: »Ich begann als nicht teilnehmender Beobachter. Als ich in der Gemeinschaft zunehmend akzeptiert wurde, wurde ich fast zum nicht beobachtenden Teilnehmer. Ich bekam das Lebensgefühl in Cornerville mit, aber das hieß, dass ich dieselben Dinge für selbstverständlich hielt, die meine Freunde in Cornerville für selbstverständlich hielten.« (1996: 322).

Teilnehmende Beobachtungen sind übrigens keineswegs stets verdeckt (sozusagen Undercover-Aktionen). So könnte der Belegschaft in einem Betrieb offen mitgeteilt werden, dass ein Praktikant die Firma als Fallbeispiel in seiner Doktorarbeit nutzt, um Abläufe in Unternehmen zu untersuchen.

- *Hoch oder mittel strukturierte Beobachtung*: Diese Unterscheidung richtet sich darauf, in welchem Maße der Beobachtungsbogen dem Beobachter Kategorien vorgibt oder ihn auch offene Eintragungen machen lässt. Eine nicht strukturierte Beobachtung ohne jeglichen Bogen ist natürlich ebenfalls möglich, fällt dann aber nicht mehr unter die standardisierten Erhebungsmethoden der quantitativen Forschung. Beobachtungen unterschiedlicher Strukturierung können sich in verschiedenen Forschungsphasen durchaus ergänzen. Eine unter mehreren Möglichkeiten sieht so aus, dass die unstrukturierte Beobachtung Ideen für Kategorien des Beobachtungsschemas liefert oder dieses erweitert. Mit anderen Worten: Forscher werden kaum einen hoch strukturierten Beobachtungsbogen entwerfen können, wenn sie sich noch nie selbst im Feld befunden haben.

In den meisten Fällen ist eine stark strukturierte Beobachtung eher nicht teilnehmend, weil sich die Erledigung der Aufgaben des Teilnehmers und das Ausfüllen des standardisierten Beobachtungsschemas teilweise nur schwer gleichzeitig verwirklichen lassen.

Exkurs zur Forschungsethik: In den vorigen Abschnitten wurde das Thema der Forschungsethik angeschnitten. Generell sollten sich empirische Forscher nach ethischen Regeln richten. Ein wichtiger Aspekt besteht darin, den Forschungsteilnehmern, also den Befragten oder Beobachteten in keiner Weise direkt oder indirekt zu schaden. Deshalb sind Verletzungen der Anonymitätszusicherung oder Schädigungen des Selbstvertrauens bzw. Hervorrufen von Stress- oder Schuldgefühlen unbedingt zu vermeiden. Prinzip muss auch die Freiwilligkeit der Teilnahme an einer Forschung sein. Neben den Rechten der Untersuchten beinhaltet die Forschungsethik andere Aspekte wie den, dass die Forscher in ihren Publikationen die Finanzierungsquellen ihrer Forschung benennen sowie ihr Vorgehen offen legen sollen. Auch dürfen sie sich nicht die Ergebnisse anderer aneignen, indem sie z. B. in Publikationen zu einem Forschungsprojekt die Namen beteiligter Projektmitarbeiter nicht nennen. Ein Beispiel für solche ethischen Regeln stellt der Ethik-Kodex der Deutschen Gesellschaft für Soziologie und des Berufsverbandes deutscher Soziologinnen und Soziologen dar (http://www.soziologie.de/index.php? id=19 [Zugriff 25.8.2014]; vgl. auch Gläser/Laudel 2010: Kap. 2.3, von Unger et al. 2014). Es liegt jedoch immer in der Verantwortung der Forschenden, jeweils im konkreten Forschungskontext zu entscheiden, was forschungsethisch vertretbar und geboten ist.

4.4.2 Ein Anwendungsbeispiel

Im Folgenden sollen einige Anmerkungen zu einem Beobachtungsbogen, der im Forschungsprojekt »Die Dramaturgie des ›erlebnisorientierten‹ Museums« verwendet wurde, einige der Herausforderungen aufzeigen, die speziell ein Kategoriensystem für eine Beobachtung mit sich bringt. Die Grundsätze für Kategoriensysteme, die der Abschnitt zur Inhaltsanalyse erläutert hat, bleiben natürlich ebenfalls relevant. Dabei können in diesem Rahmen nicht ausführlich die Forschungsschritte vor der Erstellung des Kategoriensystems dargestellt werden, die Forschungsfrage wird jedoch zumindest kurz beschrieben.

Fragestellung und Erhebungsmethoden: Im Projekt (Leitung Nicole Burzan und Diana Lengersdorf, Förderzeitraum durch die DFG 2014–2017) steht die Frage im Vordergrund, wie sich das Publikum in mehr oder weniger »eventisierten« Museen verhält und ob sich Distinktionsformen, also sozial abgrenzende Verhaltensweisen, je nach Ausmaß der Eventisierung unterscheiden. Wir stellen dabei in einen Zusammenhang, welche Kulturrezeptionsangebote das Museum macht (gibt es z. B. Mitmach-Exponate, wird Aufmerksamkeit stark gelenkt durch Platzierung, Licht und Ton, gibt es Veranstaltungen) und wie das Publikum sich diese Angebote aneignet (mag es Eventisierung, folgt es der Lenkung etc.). Dabei kommt eine Kombination verschiedener Erhebungsinstrumente zum Einsatz: eine nichtstandardisierte Raumbeobachtung, Leitfadeninterviews mit Museumsverantwortlichen, standardisierte Befragungen von Besuchern und eben auch eine standardisierte Beobachtung des Publikums. Es handelt sich dabei um eine nicht teilnehmende, offene Beobachtung in einer natürlichen Situation. »Offene Beobachtung« heißt in dem Fall, dass sich die Beobachter möglichst unaufdringlich platzieren und auf Nachfrage Auskunft geben, was sie da tun. Die konkretere Fragestellung der standardisierten Beobachtung des Publikums lässt sich deskriptiv so formulieren: Wie verhalten sich Besucher mit unterschiedlichen Merkmalen an bestimmten Beobachtungspunkten in verschiedenen Museen? Kommt Interesse an den ausgestellten Objekten zum Ausdruck, wenn ja, in welcher Form? Folgt das Publikum Informationsangeboten und Aufmerksamkeitslenkungen des Museums oder nicht? – Im Forschungsprojekt werden diese Fragen weitergehend in einen theoretischen Zusammenhang eingebunden, d. h. es muss genauer geklärt werden, warum man das, was man beobachtet, wissen will, und hypothesengeleitet strukturiert. An dieser Stelle, an der die Konstruktion eines Beobachtungsbogens zentrales Thema ist, soll es genügen festzuhalten, dass einerseits die Merkmale von Besuchern und andererseits ihr Verhalten an bestimmten Stellen im Museum wichtige Dimensionen der Beobachtung darstellen.

Die methodischen Herausforderungen lassen sich an folgenden Beispielen illustrieren:
- Festlegung von Beobachtungspunkten und Besuchern in Museen
- Codierung der Merkmale von Personen
- Codierung des Verhaltens von Personen

Festlegung von Orten und Besuchern: Im Projekt geht es um ganz unterschiedliche Museen. Dazu gehören Kunst-, kulturgeschichtliche oder Technikmuseen, die mal mehr, mal weniger »Eventisierungsmerkmale« aufweisen. In den Museen sind Räume unterschiedlich gestaltet, z. B. als abgegrenztes Zimmer oder als große Halle, durch die Wege für die Besucher hindurchführen. Das genaue Verfahren zur Auswahl von Museen und Besuchern steht in diesem Kapitel nicht im Vordergrund, jedoch gibt es Aspekte, die mit der Datenerhebung selbst in einem engen Zusammenhang stehen:

Der Forscher etwa muss Beobachtungspunkte auswählen, die in verschiedenen Museen gut vergleichbar sind, z. B. solche mit »Mitmachmöglichkeiten« wie etwa durch Knopfdruck zusätzliche Informationen ansteuern. Auf diese Weise ist das gleiche Kategorienschema mit wenigen Konkretisierungen auf ganz verschiedene Beobachtungspunkte anwendbar. Für den Beobachter muss klar vorgegeben sein, wo sein Beobachtungspunkt beginnt und endet, insbesondere, wenn es sich nicht um ein Zimmer mit eindeutigem Ein- und

Ausgang handelt. Nur so ist etwa codierbar, wie lange sich die Person im »Raum« aufgehalten hat. Schließlich ist zu klären, welche Besucher beobachtet werden sollen. Mit der Entscheidung für Beobachtungspunkte hat der Forscher bereits festgelegt, dass der Beobachter den Besuchern nicht auf ihrem Weg durch das Museum folgt – hierfür müsste wohl auch die Einwilligung der Beobachteten eingeholt werden, die sich ansonsten belästigt fühlen könnten. Stattdessen werden gezielt Hypothesen über das Verhalten in bestimmten Situationen untersucht. Die Beobachter sollen dabei eine Besucherkonstellation (z. B. ein Paar, das gemeinsam den Raum betritt) beobachten. Wenn also während des Ausfüllens des Beobachtungsbogens zu dieser Konstellation weitere Personen den Raum betreten, werden sie von diesem Beobachter nicht beobachtet, um eine Überforderung zu vermeiden. Der Beobachter hat die Aufgabe, sodann die nächste Person bzw. Personenkonstellation zu beobachten, die den Raum betritt, nachdem die zuvor Beobachteten ihn verlassen haben. Auf diese Weise werden willkürliche Elemente der Auswahl von Beobachteten reduziert. Bereits an dieser Stelle kann es übrigens erste Deutungsunsicherheiten geben, wenn beispielsweise nicht ganz klar ist, ob die Frau und der Mann, die in kurzer Folge den Raum betreten haben, nun gemeinsam das Museum besuchen oder nicht.

Codierung der Merkmale von Personen: In das Kategoriensystem können nur solche Merkmale von Besuchern eingehen, die ein Beobachter gut sehen und schnell sicher einordnen kann. Aber schon etwa beim Alter und bei der Kleidung ist es nicht einfach, solche Einordnungen vorzunehmen. Ist eine Person eher um die 40 Jahre alt oder geht sie schon auf die 50 Jahre zu? Eine methodische Lösung dieses Problems besteht darin, recht breite Altersklassen zu wählen, die z. B. das »mittlere Alter« (ca. 30 bis ca. 60 Jahre) erfassen. Die Kleidung/das Aussehen ist eine noch schwierigere Kategorie. Möchte man Besucher in typischer Freizeitkleidung von anderen unterscheiden, so muss eine Grenze festgelegt werden, an der »legere Freizeitkleidung« in elegantes oder exzentrisches Aussehen übergeht. Eine Möglichkeit hier könnte sein, dem Beobachter Beispiele vorzugeben (wie: legere Freizeitkleidung = z. B. Jeans, Shirt, flache, bequeme Schuhe) und ihn anzuweisen, immer dann, wenn die Zuordnung nicht völlig sicher ist, eine kurze Notiz zum Aussehen zu machen (z. B. Jeans, Blazer, Halbschuhe mit Absätzen, ca. 5 cm). Wie fast immer, bringen Lösungsansätze neue Probleme mit sich. In diesem Fall benötigt der Beobachter mehr Zeit, um auch nur kurze Stichworte aufzuschreiben, als wenn er ein Kreuz bei einer Ausprägung macht – Zeit, in der er sich nicht ausgiebig auf das Verhalten dieser Personen konzentrieren kann. Wenn eine vierköpfige Familie die zu beobachtende Besucherkonstellation ist, verschärft sich dieses Problem entsprechend. Im Projekt wurde ganz kurz auch darüber diskutiert, ob man beobachten kann, wie hochwertig die Kleidung der Besucher ist, um so eventuell einen zumindest bescheidenen Hinweis auf den sozialen Status zu erhalten. Dieser Gedanke wurde jedoch schnell verworfen. Ein Beobachter kann kaum für ganz unterschiedliche Lebensstile wissen, ob jemand eine teure, gerade sehr angesagte Marke trägt oder nicht. Das, was er dann für nachlässig gekleidet hält, ist in einer bestimmten Moderichtung vielleicht gerade der neue Look, für den die Person viel Geld ausgegeben hat. Oder die Jacke eines bekannten Outdoor-Kleidungsherstellers unterscheidet sich optisch auf den ersten Blick kaum von einem No-Name-Produkt, nur das Logo sorgt für den Unterschied. Der Beobachter kann sich von seinem eigenen Kleidungsgeschmack zudem nicht sicher in der Weise lösen, dass eine gültige Beobachtung des sozialen Status, wie er sich (eventuell) in Kleidung ausdrückt, möglich wäre.

Für den Pretest werden hier also u. a. folgende Kategorien zum Alter und Aussehen festgelegt:

Beispiel

Alter: ca. <10, 10–15, 16–20, 20–30, 30–60, >60 Jahre
Kleidung/Aussehen: Freizeit, leger (z. B. Jeans, Shirt, Turnschuhe)/
Klassisch-elegant (z. B. Anzug, Kostüm):
…/Exzentrisch: …/durchmischt oder unklar,
und zwar …

Dabei wird in den Feldern der Kategorie Kleidung/Aussehen so viel Platz gelassen, dass klärende Notizen aufgeschrieben werden können. Diese werden später dann nachcodiert (z. B. könnte der Forscher entscheiden, dass Blazer und Schuhe mit Absätzen zur Ausprägung »klassisch-elegant« zählen).

Exkurs: Auch das Beobachtungsschema in Bourdieus Studie »Die feinen Unterschiede« (s. Abb. 4.4 am Ende dieses Abschnitts) beinhaltet die Kategorien Kleidung und Frisur. Es ist teilweise so grob angelegt, dass der Beobachter einen Spielraum hat, den er nicht weiter dokumentieren muss, z. B. ab wann sind Haare lang, sieht eine Person gepflegt aus etc. Der Forscher muss abwägen, wie genau die Ergebnisse sein sollen und eine wie detaillierte Beobachtung er den Beobachtern andererseits zumutet. Die subjektive Einordnung z. B. »langer« Haare reichte für Bourdieus Auswertung offensichtlich aus. Weiterhin zeigt sich die Zeitgebundenheit eines jeden Beobachtungsschemas. Heutzutage wäre es beispielsweise schwierig, »Haushaltskleidung« zu identifizieren. Die Zahl der Männer, die ein Hemd mit Manschetten tragen, wäre außerhalb festlicher Anlässe schätzungsweise so gering, dass in einem vergleichsweise kurzen Beobachtungsplan andere Differenzierungen wohl angebrachter wären.

Codierung des Verhaltens von Personen: Bei diesen flüchtigeren Beobachtungsgegenständen spielt neben der eindeutigen Codierung (Wann sind Gespräche leise oder laut, hatte jemand sichtbare Orientierungsschwierigkeiten im Raum oder nicht?) die methodische Anforderung, den Beobachter nicht zu überfordern, eine wichtige Rolle. Die Aufgabe, eine überschaubare Anzahl von Kategorien festzulegen, die schnelle Einordnungen ermöglichen, gewinnt hier an größerer Bedeutung als bei einer Beobachtung von »stabilen« Gegenständen (z. B. bei der Beobachtung von Exponaten daraufhin, ob und wie Aufmerksamkeit auf sie gelenkt wird). Im Beispiel möchte der Forscher etwa beobachten, ob die Besucher sich (direkt) einem Objekt im Raum zuwenden, auf das durch Platzierung und Inszenierung die Aufmerksamkeit gelenkt wird. Der Forscher sollte dazu möglichst komplexe Beobachtungsvarianten antizipieren: Kann ein Beobachter die Eintragungen auch dann noch machen, wenn vier Personen einer Konstellation (z. B. Großeltern und zwei Kinder) unterschiedliche Dinge im Raum tun (z. B. einer geht vor und kommt dann nochmals zurück, zwei unterhalten sich, einer scannt den QR-Code neben einem Exponat und macht ein Foto)? Die Anordnung im Beobachtungsbogen kann hier unter anderem helfen, Übersichtlichkeit zu erhöhen. So kann ein Beobachter mit dem ersten Blick auf den Besucher eintragen, ob dieser einen Audioguide nutzt oder nicht. Die Nutzung eines Flyers erfolgt möglicherweise erst kurz vor dem Verlassen des Raumes – diese Kategorie sollte der Beobachter auf seinem Bogen dann nicht erst suchen müssen.

Hinsichtlich der eindeutigen Codierung sind wiederum sowohl klare Beobachteranweisungen sowie das Vermeiden unzulässiger Schlussfolgerungen notwendig. So könnte eine Anweisung zur Kategorie »Lautstärke von Gesprächen« lauten: Ein Gespräch wird als laut codiert, wenn der Beobachter von seinem Platz aus das Gesagte deutlich verstehen kann. Es handelt sich nicht allein um eine pragmatische Entscheidung, sondern der Forscher geht davon aus, dass neben dem Beobachter auch andere Besucher wahrnehmen können, dass hier jemand z. B. über sein Wissen zu einer Kunstrichtung spricht. Laute Gespräche deutet der Forscher also als Distinktionsverhalten (hier: Demonstration hochkulturellen Wissens), er würde daraus jedoch nicht die Schlussfolgerung ziehen, dass die Person mehr oder weniger umfangreiche Kenntnisse über das Ausstellungsthema hat. Das Beispiel zeigt wieder, dass das Kategoriensystem stets mit Rückbezug auf das inhaltliche Konzept zu erstellen ist, der Forscher sich also immer wieder die Frage stellen muss: Wozu will ich das wissen, was die Beobachtung als Ergebnis hervorbringen kann? Welche Forschungsfrage wird damit beantwortet, welche

Hypothese überprüft? So wäre es für die Distinktionsthematik weniger zentral, ob jemand nicht nur so laut spricht, dass die Personen in der Umgebung ihn gut hören können, sondern darüber hinaus noch lauter. Eine Skala der Lautstärke zwischen 1 und 5 beispielsweise wäre also in diesem Fall eine unnötige Differenzierung. In anderen Fällen mag eine größere Differenzierung angemessen sein, wenn ein Beobachter z. B. codieren soll, wie viele Informationstexte zu Exponaten jemand gelesen hat.

Die Beispiele zeigen darüber hinaus, dass der Entwurf eines Beobachtungsbogens am heimischen Schreibtisch nur ein Schritt von mehreren in der Operationalisierungsphase, d. h. der Vorbereitung der Datenerhebung sein kann. Immer wieder muss der Forscher auch ins »Feld«, also in verschiedene Museen gehen, um die Beobachtungskategorien und Anweisungen für Beobachter so festzulegen, dass möglichst zuverlässige und gültige Befunde entstehen können.

Beobachterschulung: Ähnlich wie beim Pretest einer Inhaltsanalyse kann eine Beobachterschulung den Umgang mit Grenzfällen trainieren: Ist längeres Suchen in der Handtasche zu dokumentieren, das den Aufenthalt im Raum verlängert, ohne dass die Person die Exponate betrachtet? Was ist einzutragen, wenn ein einzelnes »Wie bitte?« in einer sonst leisen Unterhaltung laut aus ihr herausragt? Die Schulung übt den Beobachterblick für die relevanten Aspekte, so dass die Beobachter sie nicht übersehen und möglichst sicher eintragen können. Insgesamt soll der Beobachter jedoch – zugunsten der intersubjektiven Nachvollziehbarkeit – eher mehr als weniger dokumentieren, sofern die Beobachtungssituation dies zulässt. Dadurch werden seine Wahrnehmungen (z. B. die elegante Kleidung) nachvollziehbarer. Die Zuverlässigkeit der Beobachtungsergebnisse einer Situation durch mehrere Beobachter kann der Forscher ähnlich überprüfen wie bei den Codierern, die eine Inhaltsanalyse durchführen. Für die Beobachterschulung ist es sinnvoll, sofern möglich, neben einem Training an »Live«-Situationen auch anhand von Video-Aufzeichnungen zu lernen. In diesem Fall ergibt sich eine der Inhaltsanalyse sehr ähnliche Situation (allerdings mit einem eingeschränkten Blickwinkel), da mehrere Beobachter dieselbe Situation mehrmals in den Beobachtungsplan eintragen können. Den Beobachtern sollte klar sein, dass ihre Aufgabe nicht darin besteht, mechanisch-neutral, sondern möglichst zuverlässig und gültig zu beobachten. Denn bemühte man sich, Deutungen so weitgehend wie möglich zu unterlassen, erreichte man dadurch auch nicht die gewünschten Erkenntnisse. Der Forscher möchte z. B. nicht wissen, wie viele Lampen mit wie viel Watt und in welchem Winkel auf ein Objekt gerichtet sind, sondern ob ein Objekt mit Hilfe von Licht aus seiner Umgebung hervorgehoben wird. Ein weiterer Aspekt des Beobachtertrainings kann unter anderem sein, eine geeignete – nicht zu lange oder akademische – Antwort zu geben auf die etwaige Frage eines Beobachteten, was der Beobachter dort mache.

Mögliche Ergebnisse und ihre Aussagekraft: Wie sehen mögliche Ergebnisse der Beispiel-Beobachtung aus? Man könnte sich etwa vorstellen, dass Familien mit Kindern die interaktiven »Mitmach«-Exponate häufiger nutzen als ältere Paare, oder dass Menschen in eleganterer Kleidung, die in Gesprächen ihr Wissen kundtun, in Kunstmuseen öfter anzutreffen sind als in Technikmuseen (zum Zeitpunkt der Entstehung dieses Buches liegen zu diesem Projektteil noch keine empirischen Ergebnisse vor). Weitere Aussagekraft ergibt sich durch die Kombination mit den Befunden aus den weiteren Datenerhebungen, wenn Exponate, die die Museumsleitung als Besonderheit der Ausstellung beschrieben hat, sehr ausgiebig oder gerade auch nicht vom Publikum beachtet werden.

Weitergehende Deutungen und theoretische Einbindungen der empirischen Befunde stellen einen weiteren Forschungsschritt dar, die auf das Erklärungskonzept bzw. die Hypothesen und den Forschungsstand Bezug nehmen müssen. So lässt sich aus einzelnen Befunden heraus z. B. nicht beantworten, ob sich Distinktionsformen des Museumspublikums je nach Eventisierunggrad des Museums unterscheiden, sondern dazu müssen Beobachtungs- und andere Befunde in einen systematischen Zusammenhang zueinander gestellt werden.

4.4.3 Zusammenfassung

Dieses Kapitel hat mit der standardisierten Beobachtung ein Erhebungsinstrument vorgestellt, dessen Forschungsschritte ähnlich wie bei der Inhaltsanalyse ablaufen, das jedoch einige Besonderheiten aufweist. Dazu gehört etwa die Untersuchung von Prozessen, die gerade im Moment der Beobachtung ablaufen.

Innerhalb der standardisierten Erhebungsinstrumente nimmt die Beobachtung in der deutschsprachigen Forschungslandschaft keinen herausragenden Stellenwert ein. Diese geringe Aufmerksamkeit lässt sich beispielsweise daran ablesen, dass in der Fachzeitschrift »Methoden, Daten, Analysen« in den Ausgaben von 2007 bis 1/2014 kein einziger Artikel speziell zur standardisierten Beobachtung erschienen ist. Häufiger nutzen Forscher die Beobachtung im Rahmen der (hier nicht näher behandelten) nicht standardisierten Feldforschung.

Der relativ geringe Stellenwert der standardisierten Beobachtung mag – abgesehen von der mangelnden Eignung für historische Untersuchungen –

mit der Beliebtheit von Befragungen zusammenhängen, die vermeintlich (langwierige) Beobachtungen durch schnelle Fragen ersetzen können, hat aber auch mit der Anforderung zu tun, intersubjektiv nachvollziehbare Kategorien zu finden, die zum einen gut und schnell identifizierbar und zum anderen aussagekräftig im Sinne der Forschungsfrage sind. Zumindest als ergänzende Methode im Methodenmix sowie für spezifische Fragestellungen sollten Forscher die Beobachtung als mögliches Instrument jedoch nicht vernachlässigen.

 Literatur

Allgemein zur Beobachtung:

Grümer, Karl-Wilhelm (1974): Beobachtung, Stuttgart: Teubner. (Das ist ein älteres Buch, aber detaillierter zur Beobachtung als die entsprechenden Kapitel in allgemeinen Methodeneinführungen.)

Gehrau, Volker (2002): Die Beobachtung in der Kommunikationswissenschaft: Methodische Ansätze und Beispielstudien, Konstanz: UVK.

Als Überblick zur Beobachtung in der qualitativen Forschung:

Flick, Uwe (2007): Qualitative Sozialforschung. Eine Einführung, Reinbek: Rowohlt.
(Für die Analyse visueller Quellen sei auch die Recherche nach Begriffen wie Bildinterpretation oder Videografie empfohlen.)

Empirische Beispiele:

Levine, Robert (1998): Eine Landkarte der Zeit: Wie Kulturen mit Zeit umgehen, München u. a.: Piper (s. a. 2. Aufl. 2004).

Häder, Michael (2006): Empirische Sozialforschung, Wiesbaden: VS, 309–319. (Kurze Darstellung der Beobachtungsstudie eines Wohnumfeldes inkl. Kategorienschema mit Beobachtungsobjekten, die sich im Beobachtungszeitraum nicht verändern, z. B. Anzahl beschädigter Fenster.)

Whyte, William Foote (1996): Die Street Corner Society: Die Sozialstruktur eines Italienerviertels, Berlin/New York: de Gruyter (amerik. Original 1943) (besonders Anhang A). (klassische Feldstudie)

Übungsaufgaben

Aufgabe 1
Entwerfen Sie ein Kategoriensystem für die Beobachtung von Studierenden im Seminar im Hinblick auf deren Interesse und Mitwirkung an der Veranstaltung. Dokumentieren Sie dabei auch methodische Probleme, für die Sie Lösungen finden müssen.

Aufgabe 2
Ist eine Beobachtung geeignet, um den Kleidungsgeschmack von Jugendlichen zu erforschen? Was spricht dafür, was dagegen, welche Aspekte wären zu berücksichtigen?

Beobachtungsplan

Wohnverhältnisse

Wohnung	Häuschen	Haus

Alter des Gebäudes:

Gebäude:
Sozialer Wohnungsbau	baufällig	durchschnittl. Komfort
Normales Mietshaus	ärmlich	Luxuskomfort

Anzahl der Zimmer:

Innenausstattung:

Vorherrschender Stil:

Boden:

andere Beobachtungen:

Kleidung
  Männer:

Arbeitsanzug	Sportliche	Ausgehanzug
Anzug m. Weste	Kleidung	Krawatte
Pullover	(Jeans, Polohemd, usw.)	

Art und Farbe des Hemds:		
mit Manschetten	Englischer Kragen	aufgekrempelt

Frauen:		
Haushaltskleidung	Rock und Bluse	Kleid
Kostüm	Hose	Abendtoilette

Schuhe:		
m. h. Absätzen	m. fl. Absätzen	Hausschuhe

Make-up und Parfüm:		
Gepflegtes Aussehen:	Ja/Nein	

Frisur:		
Männer:		
kurzes Haar	halblanges Haar	Bürstenschnitt
sehr kurzes Haar	langes Haar	Scheitel (Seiten-Mitte)
Koteletten	Oberlippenbart	Vollbart
Haarpomade		

Frauen:		
kurzes Haar	halblanges Haar	toupiertes Haar
sehr kurzes Haar	langes Haar	stark toupiertes Haar
Haarknoten	ungefärbtes Haar	struppiges Haar
Dauerwellen	gefärbtes Haar	

Sprache		
sehr gepflegt	korrekt	Argot
fehlerhaft		
(genauere Angaben)		

Akzent		
markant	leicht	ohne

Quelle: Bourdieu 1982: 809 f.

Abb. 4.4: Beispiel für einen Beobachtungsplan

4.5 Die Befragung

»Wer nicht fragt, bleibt dumm« – schon Kindern wird beigebracht, dass Fragen häufig einen sinnvollen und direkten Weg darstellen, um herauszubekommen, was man wissen möchte. Dies ist offensichtlich auch für eine wissenschaftliche Befragung einleuchtend. Manchmal scheint die Befragung sogar die einzige oder zumindest einfachste Möglichkeit der Datenerhebung zu sein. Beispielsweise müsste man Menschen recht lange beobachten, um manche Einstellungen anhand ihres Verhaltens festzumachen. Auch was die Menschen in der Vergangenheit erlebt haben und wie sie diese aus heutiger Sicht sehen, ist eine typische Fragestellung für das Erhebungsinstrument »Befragung«. Und tatsächlich wird die Befragung in der empirischen Forschung häufig angewandt, einige Zeit galt sie sogar als der »Königsweg« der Forschung. Nach der Lektüre der bisherigen Abschnitte wird es jedoch nicht verwundern, dass auch die Befragung zum einen Anwendungsgrenzen hat und zum anderen in der konkreten Durchführung mannigfache Verzerrungsrisiken birgt. Dies liegt unter anderem daran, dass die Befragung immer ein reaktives Erhebungsinstrument ist. Die Befragten leisten einen aktiven Beitrag zur Untersuchung, dabei wissen sie, dass sie sich in einer Umfragesituation befinden. In diesem aktiven Beitrag liegt gerade eine Stärke des Instruments (der Forscher findet im Idealfall direkt und gezielt heraus, was er wissen möchte), er birgt aber eben auch Verzerrungsgefahren. Eine besondere Anforderung besteht bei der Befragung darin, die Forschungsfragen in Fragebogenfragen zu übersetzen. Damit wechselt man sozusagen von der Forscher- in die *Befragtenlogik* (und später bei der Auswertung wieder zurück). Dies betrifft etwa die Reihenfolge im Fragebogen, die kaum den Hypothesen, sondern inhaltlichen Blöcken folgen wird, oder den Blick dafür, ob der Befragte seine Merkmale und Einstellungen in Antwortalternativen wiederfindet.[8] Es wäre jedoch für die Untersuchung fatal, wenn der Forscher seine empirische Untersuchung damit beginnen würde, einen Fragebogen zu entwickeln. Wie bei den anderen standardisierten Instrumenten ist ein systematisches Konzept, was man wozu wissen möchte, notwendig.

Das Kapitel beantwortet zunächst einige Fragen, die die Anwendung speziell von Befragungen als Erhebungsmethode betreffen. Anschließend konkretisiert ein Beispiel die methodischen Herausforderungen.

---

8   Ein Beispiel: Wenn man wissen möchte, ob Bioprodukte und fairer Handel für Konsumenten wichtige Entscheidungsfaktoren sind und fragen würde, welche Aspekte den Befragten beim Einkauf mehr oder weniger wichtig sind, dann sollten »Bioprodukte« und ›fairer Handel‹ nicht die einzigen abgefragten Items sein. Viele Befragte könnten Antwortoptionen im Sinne von »weil mir das Produkt gefällt«, »weil es preiswert ist« etc. vermissen und das Gefühl haben, die Frage nicht angemessen beantworten zu können. Dies wiederum beeinträchtigt ihre Teilnahmemotivation an der Umfrage.

4.5.1 Ausgewählte methodische Entscheidungen bei einer Befragung

Welche Vor- und Nachteile haben verschiedene Formen der Befragung?

Befragungen kann man in verschiedener Hinsicht unterscheiden. Zum einen ließe sich dies nach dem Grad der Standardisiertheit vornehmen (im Kontext quantitativer Methoden könnte es immerhin einige offen gestellte Fragen ohne Antwortkategorien geben). Zum anderen könnte ausschlaggebend sein, ob Einzelpersonen oder Gruppen befragt werden. Zumeist geht es aber um die weitgehend standardisierte Variante von Einzelbefragungen. Diese kann man weiter danach unterscheiden, ob es sich um *Face-to-face-*, telefonische oder *schriftliche* Befragungen (mit Papier- oder elektronischen Fragebögen, auch Onlinebefragungen) handelt. Im Überblick sind diese Formen nach folgenden Kriterien vergleichbar:

Tab. 4.4: Befragungsformen im Vergleich

	face-to-face	Telefonisch	schriftlich
Zeitaufwand	☹	☺	☺
Kosten	☹	☺	☺
Länge der Befragung	☺	☺	☹
Situationskontrolle	☺	☺	☹
Ausschöpfung	☺	☺	☹
Problem sozialer Erwünschtheit	☹	☺	☺
Visuelle Befragungshilfen	☺	☹	☺

Die Symbole sind natürlich nur grobe, nicht in jedem Einzelfall zutreffende Orientierungen. Ein »☺« meint dabei nicht, dass es in dieser Hinsicht keinerlei methodische Herausforderungen gibt, ein »☹« umgekehrt nicht, dass Probleme unüberwindlich sind. Die Symbole zeigen allerdings die Tendenz an, wie sich die Befragungsformen den Kriterien gemäß unterscheiden.

In der Regel sind *Face-to-face-Interviews* zeit- und kostenaufwändiger, schon weil Interviewer- und Reisekosten anfallen. Diese Kriterien sind jedoch forschungspraktische Aspekte, sie sprechen nicht gegen die Güte der dadurch erzielten Befunde. Den Nachteilen stehen verschiedene Vorteile gegenüber: Eine größere Anzahl der ausgewählten Personen kann für eine Befragung gewonnen werden, die dann auch, in einer guten Gesprächsatmosphäre, länger dauern kann (s. u. zur Dauer der Befragung). Der Interviewer kann die Situation in Teilen kontrollieren, so kann er darauf hinwirken dass keine weiteren Personen anwesend sind, die den Befragten beeinflussen, oder er kann Unklarheiten – im Rahmen der standardisierten Situation – klären (z. B. kann er auf Nachfrage sagen, ob man bei Mehrfachantwortoptionen alle Möglichkeiten angeben darf). Auch visuelle Befragungshilfen (z. B. Fotos oder eine größere Anzahl von Antwortalternativen als Liste oder auf Karten) sind möglich. Allein die soziale Erwünschtheit ist ein weiterer Wermutstropfen: Die Anwesenheit eines Interviewers (seine Merkmale, sein Verhalten) kann eher zu sozial erwünschten Antworten führen als bei der schriftlichen Befragung, wenngleich man auch dort soziale Erwünschtheit nicht vollkommen ausschließen kann.

Bei der *schriftlichen Befragung* verhält es sich im Regelfall nahezu umgekehrt. Neben der größeren Wahrnehmung von Anonymität sind es vor allem die geringen Kosten und der geringere Zeitaufwand, die für diese Methode sprechen. Ein Nachteil besteht hier allerdings darin, dass die Ausschöpfung oft gering ist (s. u. zum Nonresponse). Allerdings variiert dieses Kriterium danach, um welche Art schriftlicher Befragung es sich handelt. Gibt man Fragebögen aus und sammelt sie danach wieder ein, z. B. in einer Schulklasse, so ist der Rücklauf von den gerade anwesenden Schülerinnen groß. Bei postalisch verschickten Bögen ist die Ausschöpfungsquote trotz frankierter Rückumschläge deutlich geringer. Nutzt man elektronische Varianten, so kommt es darauf an, ob bestimmte Personen gezielt angeschrieben wurden, z. B. per E-Mail, mit der Bitte, einen Onlinefragebogen auszufüllen, oder ob es quasi eine Selbstauswahl nach Aufforderungen zur Teilnahme auf Websites gab. Im letzteren Fall hat man vielleicht eine relativ große Anzahl an ausgefüllten Fragebögen, aber es bleibt unklar, aus welcher Gesamtgruppe hier eine Stichprobe vorliegt. Web-Surveys in dieser Form sind damit für wissenschaftliche Untersuchungen in den meisten Fällen nicht sinnvoll verwendbar. Als weitere Nachteile schriftlicher Befragungen sind die eher kurze Maximaldauer der Befragung und die geringe Situationskontrolle zu nennen – mit der wiederum positiven Seite, dass der Befragte den Bogen dann ausfüllen kann, wenn es gerade günstig für ihn ist.

Die *telefonische Befragung* ist in vielen Hinsichten zwischen den beiden anderen Formen einzuordnen. Viele, regional verstreute Personen können mit noch vergleichsweise geringem Zeitaufwand und mittleren Kosten befragt werden. Zwar gibt es einen Interviewereinfluss, aber man hört nur die Stimme, sieht die Person dagegen nicht bzw. wird von ihr nicht gesehen.

Allein visuelle Befragungshilfen sind (ohne eine Kombination z. B. mit einem Weblink, dem der Befragte während des Telefonats folgt) nicht möglich. Besondere Herausforderungen liegen für das Telefoninterview bei der Stichprobenziehung (dazu Kap. 5).

Teilweise wird ein weiteres Vergleichskriterium angesprochen, und zwar die Möglichkeit übersichtlicher Filterführung (es gibt weitere Fragen zum Thema nur für eine Teilgruppe, z. B. für diejenigen, die zuvor angegeben haben, Sport zu treiben) und damit der Fragebogenkomplexität. Diese Möglichkeiten hängen jedoch weniger vom Kommunikationsweg ab, sondern davon, ob elektronische Fragebogenvarianten eingesetzt werden (hierzu werden oft die Abkürzungen CAPI oder CATI verwendet, d. h. ›computer aided personal/telephone interviewing‹). In diesen Fällen erledigt dann die Software (eine fehlerfreie Programmierung von Filtern vorausgesetzt) die Filterführung, eventuell komplizierte Anweisungen wie »wenn nein, dann weiter auf dem rosa Bogen S. 3, Frage 15« entfallen. Mit der elektronischen Beantwortung der Fragebogenfragen kann es zudem zwar, wie bei papiergestützten Befragungen auch, Fehler beim Ausfüllen geben, allerdings entfällt der (fehleranfällige) Schritt der Übertragung in die Datenmaske eines statistischen Auswertungsprogramms.

Insgesamt nehmen kostengünstige Varianten von Befragungen zu (Web-Surveys; eher Telefoninterviews als Face-to-face-Interviews). Qualitätskriterien scheinen dabei nicht immer im Vordergrund der Entscheidung zu stehen. Im Idealfall gilt auch hier, dass die Befragungsform bzw. kombinierte Befragungsformen je nach Ziel, Thema und Untersuchungsgruppe der Studie zu wählen ist.

Welche Dauer darf eine Befragung haben?

Wie lange eine Befragung dauert, hängt stark vom Thema ab. Sind die Befragten interessiert, geht es z. B. um Maßnahmen in ihrem eigenen Stadtteil, dann sind sie motivierter auch für längere Interviews. Im Allgemeinen können persönlich-mündliche Interviews, für die man sich Zeit genommen hat und in denen der Interviewer eine möglichst gute Gesprächsatmosphäre schafft, länger dauern als telefonische und diese wiederum noch etwas länger als schriftliche Befragungsformen (Schnell nennt als ungefähre Richtlinien 60, 20 und 15 Minuten; 2012: 309). Bei einem Interview von Befragten mit Mobiltelefon macht es aber durchaus einen Unterschied, ob sie gerade gemütlich auf dem Sofa oder kurz vor dem Umsteigen in der Bahn sitzen. Weiterhin lässt sich nicht vorab sagen, wie viele Fragen ein Fragebogen haben darf, denn manche Angaben sind sehr schnell angekreuzt, für andere muss man länger überlegen. Pretests sollten die Dauer auf jeden Fall testen.

Welche Antwortverzerrungen kann es bei einer Befragung geben?

Es wird zunächst angenommen, dass der Forscher bis zur Fragebogenentwicklung selbst »sauber« gearbeitet hat, denn Fehler in früheren Phasen, z. B. ungeeignete Indikatoren, würden sich ja sonst auch im Fragebogen niederschlagen. Fehlerquellen können dann insbesondere im Instrument, dem *Fragebogen* liegen (z. B. Frage- und Antwortformulierungen, Reihenfolgeeffekte, das Problem sozial erwünschter Antworten etc.) und auch durch die *Befragungssituation* entstehen. Beispiele hierfür sind der Einfluss des Interviewers (antwortet man einer jüngeren Frau das Gleiche wie einem älteren Mann zum Thema Sexualität?) oder die Anwesenheit weiterer Personen beim Interview. Man stelle sich nur vor, eine Frage laute, wie gut man sich mit seinem Partner/seiner Partnerin verstehe. Was sagt der Befragte, wenn die besagte Person neben ihm sitzt? Ein verzerrender Einfluss ist zumindest nicht ausgeschlossen.

Welche Arten von Fragen gibt es?

Um Fragearten zu ordnen, kann man eine *inhaltliche* Einteilung wählen: Geht es z. B. um Verhalten, um Eigenschaften, Meinungen oder Wissen? Weiterhin kann der Forscher Fragen *formal* danach untergliedern, ob es sich geschlossene oder offene Fragen handelt (d. h. mit oder ohne vorgegebene Antwortmöglichkeiten) und ob Mehrfachnennungen möglich sind (z. B. bei Vereinsmitgliedschaften). Schließlich haben einige Fragen über die Ermittlung von Antworten hinaus eine bestimmte *Funktion* im Fragebogen: Sie leiten etwa in das Thema ein (Ein-/Überleitungsfragen). Gerade die allererste Frage sollte Interesse wecken, nicht zu schwierig oder speziell sein. In einer Mehrthemenumfrage in Deutschland, dem SOEP (vgl. Kap. 4.6.2), lautete sie 2013 z. B. unter der Überschrift »Ihre Lebenssituation heute«: »Wie zufrieden sind Sie gegenwärtig mit den folgenden Bereichen Ihres Lebens?«. Es folgt die Aufzählung von Bereichen (unter anderem Gesundheit, Einkommen oder Familienleben), zu denen man seine Zufriedenheit jeweils auf einer Skala von 0 bis 10 beurteilen soll. Der Fragebogen beginnt also im gegenwärtigen Alltag der Befragten. Eine weitere Funktion von Fragen kann es sein, bestimmte Befragtengruppen zu filtern (Filterfragen), die Folgefragen beantworten sollen.

Was ist bei der Formulierung von Fragen zu beachten?

Die Lehrbuchanweisungen hierzu erscheinen plausibel, teilweise fast schon banal. Die Forschungspraxis zeigt jedoch, dass die konkrete Anwendung so einfach nicht ist und in vielen Fällen die »ideale« Formulierung sogar gar nicht existiert. Die Kenntnis von Regeln der Frageformulierung bleibt jedoch

wichtig, um sich einem »guten« Fragebogen zumindest anzunähern. Danach sollen Fragen
- einfach, kurz und konkret, dabei zugleich
- eindeutig und verständlich sein.

Dies bedeutet, dass z. B. lange Schachtelsätze und spezielle Fremdwörter (zumindest für allgemeinere Umfragen) verpönt sind. Manchmal ist es jedoch nötig, zugunsten der Eindeutigkeit etwas genauer zu erläutern, was man meint. Verständlichkeit gilt dabei nicht nur für Fremdwörter. Selbst die Begriffe »Einkaufen« und »Freunde« können unterschiedliche Assoziationen wecken und müssen daher für die Befragten eindeutig bestimmt werden (z. B. Einkaufen vom Shoppen und Freunde von Bekannten abgrenzen). Zur Verständlichkeit gibt es weitere Tipps wie doppelte Verneinungen vermeiden, einen eindeutigen zeitlichen Bezug nennen (z. B. »Wie oft waren Sie im Laufe der letzten 12 Monate in medizinischer Behandlung?«), sich nicht auf mehrere Dinge gleichzeitig beziehen (ein schlechtes Beispiel würde hier lauten: »Wie zufrieden sind Sie mit Ihren Kollegen und Vorgesetzten?«) und sensibel für die Verwendung wertbesetzter Begriffe sein (ein ›Verbrechen‹ etwa ist eine »stärkere« Formulierung als ein ›Übertreten von Gesetzen‹).

Weitere ausgewählte Regeln lauten:
- Keine Anbiederung
- Keine Überforderung
- Keine Suggestivfragen oder Unterstellungen

Krampfhaft in den »Slang« einer bestimmten Befragtengruppe (oder das, was man dafür hält) zu verfallen, kann genau das Gegenteil einer guten Gesprächsatmosphäre und optimalen Verständlichkeit bewirken.

Überforderung richtet sich nicht allein auf möglicherweise nicht vorhandene Kenntnisse (z. B.: »Wie viel Prozent Ihres Einkommens geben Sie für Kleidung aus?«), sondern auch auf die Erinnerung: Wie lange haben Sie in den vergangenen zwei Wochen ferngesehen? Außer für diejenigen, die entweder überhaupt nicht oder nur ausgewählte Sendungen gesehen haben, dürfte dies nur schwer exakt zu beantworten sein.

Ein letztes Beispiel behandelt Suggestivfragen und Unterstellungen. Nicht nur die platte Version von »Wie allseits bekannt ist …« oder »Sind Sie auch der Meinung, dass …« ist suggestiv. Suggestion kann – oft auch vom Forscher unbemerkt – viel subtiler entstehen. Schon die nicht ausdrückliche Nennung der Antwortmöglichkeiten kann lenken, wenn die Forscherin also für bestimmte Ansichten fragt: »Halten Sie diese Ansicht für richtig?« anstelle von: »Halten Sie diese Ansicht für richtig oder für falsch?« Begriffe wie »nur«

oder »noch« sind ebenfalls potenzielle Hinweise auf die Erzeugung sozial erwünschter Antworten (z. B. »Schreiben Sie noch handschriftlich Briefe?«).

In diesem Rahmen können nicht alle Formulierungsregeln genauer ausgeführt werden. Ergänzende Literatur findet sich am Ende dieses Kapitels. Außerdem hilft ein Blick auf Fragebögen zu ähnlichen Themen oder auf demografische Standards (z. B. Statistisches Bundesamt 2010) dabei, erprobte Formulierungen kennenzulernen. Auch diese sollte man jedoch nicht ungeprüft in seinen eigenen Forschungskontext übertragen. Will man einen Fragebogen entwickeln, hilft manchmal zudem die Vorstellung, jemandem diese Frage im Bus oder auf der Parkbank zu stellen. Geschraubte Formulierungen fallen dann schneller auf.

Was ist bei der Formulierung von Antwortmöglichkeiten zu beachten?
Auch Antworten sollten, wie die Fragen, *verständlich* und *eindeutig* sein. Unter anderem sollten sie genau zur Frage passen. Das ist gar nicht so selbstverständlich, wenn man bedenkt, dass Fragebogenformulierungen oft viele Versionen durchlaufen. Teilweise kommt Uneindeutigkeit auch dadurch zustande, dass Abgrenzungen zwischen Antwortmöglichkeiten kaum zu durchschauen sind, z. B. zwischen »manchmal« und »gelegentlich«. Ein weiteres Kriterium für die Formulierung von Antworten ist ihre *Vollständigkeit*. Befragte sind verständlicherweise irritiert, wenn »ihre« Variante fehlt (z. B. ihr Fach unter abgefragten Studiengängen von Studierenden). Im Zweifelsfall sollte der Forscher zumindest die Kategorie »Sonstiges« ergänzen. Insgesamt sollte die Differenziertheit der Antwortmöglichkeiten zur Hypothese oder Forschungsfrage passen. Man muss somit bereits in dieser Forschungsphase berücksichtigen, wie man die Verteilungen auf die Antwortmöglichkeiten später auswerten möchte: Hat man z. B. wirklich eine Vorstellung, wie man Mehrfachantworten analysieren will? Ärgert man sich, wenn man einen Index aus zwei Merkmalen bilden möchte, es dort aber einmal drei, einmal vier Antwortalternativen gibt?

Ein anderes Beispiel für Beachtenswertes zu den Antwortkategorien sind so genannte »*Skaleneffekte*«. Gibt es etwa bei einer Einstellungsskala eine gerade Anzahl von Möglichkeiten (Beispiel a in Tab. 4.5), muss der Befragte sich oft für eine Tendenz (z. B. zustimmend oder ablehnend) entscheiden. Bei einer ungeraden Anzahl dagegen existiert eine Mitte (Beispiele b und c). Die gerade Anzahl ist leichter auszuwerten, lässt jedoch außer Acht, dass eine mittlere Kategorie gerade auch die »wahre« Antwort sein kann. Es gibt verschiedene Möglichkeiten solcher Skalen, die verbale Ausdrücke, Zahlen oder auch grafische Elemente benutzen, hier nur drei Beispiele:

Tab. 4.5: Beispiele für Antwortskalen

a)	b)	c)	
☐ sehr wichtig	☐ −2	☐ 0	unwichtig
☐ eher wichtig	☐ −1	☐ 1	
☐ eher unwichtig	☐ 0	☐ 2	
☐ unwichtig	☐ 1	☐ 3	
	☐ 2	☐ 4	wichtig

Welchen Einfluss hat die Reihenfolge der Fragen und Antworten im Fragebogen?

Hinsichtlich der Reihenfolge ist zu unterscheiden, ob es um die Anordnung inhaltlicher Blöcke im Fragebogen insgesamt geht oder darum, dass einzelne Fragen auf die unmittelbaren Folgefragen »ausstrahlen« können. In Bezug auf die Gesamtplanung lautet eine Regel etwa, nicht zu »schwierig« zu beginnen und Interesse zu wecken. Die Aufmerksamkeit steigt dann aus Erfahrung zunächst und nimmt mit zunehmender Dauer der Befragung wieder ab. Wichtige Fragen, über die man eventuell auch einen Moment lang nachdenken muss, platziert der Forscher daher häufig im zweiten Drittel des Fragebogens, soziodemografische Angaben, die schnell zu beantworten sind, eher am Ende. Auch die überdurchschnittlich oft unbeantwortete Frage nach dem Einkommen stellt man, wenn überhaupt, eher am Ende, um die Teilnahmemotivation nicht zu mindern.

Ein Beispiel dafür, dass einzelne Fragen die folgenden beeinflussen, wäre, dass die Einstellung zu einer Verschärfung des Strafrechts systematisch anders ausfällt, je nachdem, ob man vorher Kinder als Opfer von Verbrechen thematisiert hat oder stattdessen die Vorliebe für verschiedene Musikrichtungen. Ein weiteres Beispiel: Bei einer langen Liste von Antwortvorgaben, insbesondere dann, wenn sie nur vorgelesen werden, neigen Befragte dazu, eine der ersten oder letzten Möglichkeiten zu wählen. Dies hängt ebenfalls mit der Aufmerksamkeit zusammen.

Welche Hinweise sind zur Layout-Gestaltung eines Fragebogens zu beachten?

Es ist von der Befragungsform abhängig, welche Bedeutung das Layout hat. Bei einer persönlich-mündlichen oder telefonischen Befragung kommt es insbesondere darauf an, dass der Fragebogen für den Interviewer übersichtlich ist, dass alle Anweisungen, Filterführungen etc. eindeutig ausfallen. Bei einer schriftlichen Befragung (ob in Papier- oder elektronischer Version) ist neben der Übersichtlichkeit und guten Strukturierung darauf zu achten, dass der Bogen und das dazugehörige Anschreiben für den Befragten optisch ansprechend sind (vgl. ein Beispiel für ein Anschreiben bei Kirchhoff et al. 2010: Kap. 4.1). Dies betrifft z. B. die Einheitlichkeit, die Schriftart (nicht zu viele) und -größe, Farben oder den Platz zum Ausfüllen. Einige Autoren empfehlen klar, Antwortoptionen nicht neben-, sondern in je gleichem Abstand untereinander zu schreiben. Bei Onlinefragebögen läuft teilweise eine Leiste mit, die die Befragten darüber informiert, welchen Anteil der Befragung sie bereits »geschafft« haben. Bosnjak berichtet darüber hinaus beispielsweise von Effekten, die Bilder oder Hintergründe haben können. So entschieden sich Kunden in einem Onlineshop systematisch anders für Produkte, je nachdem ob Wolken oder Banknoten den Hintergrund der Seite bildeten (2003: 114 f.). Es gibt somit verschiedene Möglichkeiten der Gestaltung, deren Sinn und Einfluss der Forscher zu prüfen und in der Praxis zu testen hat. Einen Aha-Effekt hatte beispielsweise eine Studentin, die Fragebögen in einer Sportgruppe für Seniorinnen verteilte. Die Befragten hatten zumeist für den Sportabend ihre Lesebrille nicht mitgenommen und konnten den Fragebogen in Schriftgröße 12 daher teilweise nicht lesen.

Welche Aufgaben hat der Pretest?

Der Pretest ist eine »kleine« Erhebung vor der Hauptbefragung, die mögliche Fehler und Nachteile so gut es geht offen legen soll, damit der Forscher sie beheben kann. Die Aufmerksamkeit des Forschers richtet sich dabei auf verschiedene inhaltliche und ablauftechnische Aspekte, z. B.
- die Verständlichkeit und Eindeutigkeit der Fragen
- die Vollständigkeit und Eindeutigkeit der Antwortmöglichkeiten
- die Effekte unterschiedlicher Reihenfolgen
- die Übersichtlichkeit des Bogens/das Layout
- die Richtigkeit der Filterführung sowie
- die durchschnittliche Länge der Befragung im Zusammenhang mit der Motivation der Befragten.

Zusätzlich können erste Auswertungstests Aufschluss geben – nicht für repräsentative Ergebnisse, aber der Forscher kann so zum einen noch einmal die Systematik seiner Operationalisierung prüfen (was weiß man über die Hypothesen und das Forschungsthema, wenn 60 % eine bestimmte Frage bejaht haben?) und zum anderen bestimmte Antwortauffälligkeiten feststellen (wenn z. B. ein hoher Anteil auf eine Frage »weiß nicht« antwortet). Auch der Pretest wird nicht zum »perfekten« Fragebogen führen, aber die Forscher können doch hoffen, besonders grobe Schnitzer zu entdecken. Die Angemessenheit der Indikatoren wird ein Pretest allerdings kaum prüfen können.

Der Pretest kann unterschiedlich offensiv erfolgen: So gibt es die Möglichkeit, dass der Interviewer Probleme und Auffälligkeiten (nach den oben genannten Kriterien, aber auch allgemein) beobachtet und darüber berichtet. Weiterhin kann der Forscher bei Teilgruppen verschiedene Varianten des Bogens testen. Er kann die Befragten aber auch aktiver ins Pretest-Geschehen einbinden, indem er sie auffordert, den Fragebogen zu kommentieren, ihr Verständnis der Fragen auszudrücken, laut zu denken etc. (vgl. Porst 2014: Kap. 15).

Wie soll sich eine Interviewerin verhalten?

Im Allgemeinen ist es für standardisierte Befragungen typisch, dass der Interviewer sich möglichst freundlich-neutral verhält. Die Standardisierung soll ja die gleiche Fragebedeutung für alle Befragten bewirken. Ausführliche individuelle Erläuterungen des Interviewers zur Frage würden diesen Effekt wieder zunichtemachen. Diese »Interviewanweisung« kann in der Praxis natürlich ein Problem darstellen, wenn der Befragte zurückfragt: »Was meinen Sie mit …?« Die höfliche Standardantwort darauf wird es kaum geben, sondern sie ist situationsabhängig, wenngleich Prüfer und Stiegler (2002) versuchen, dazu einige Hinweise zu geben (z. B. der Befragte solle von dem ausgehen, was er selbst unter dem Begriff versteht). So wird der Interviewer, wenn der Befragte antwortet, bevor alle Alternativen vorgelesen wurden, kaum mechanisch den Satz sagen: »Bitte warten Sie, bis ich alle Antwortalternativen vorgelesen habe. Ich beginne noch einmal von vorn.«

Eine Interviewerschulung ist also sinnvoll, die den Interviewer über grobe Ziele der Befragung informiert und auch auf einige andere Punkte eingeht, z. B. dass der Interviewer bei Skepsis der Befragten die Vertraulichkeit der Daten betonen könne etc. Bei einer telefonischen Befragung ist eine gewisse Übung gerade für den Anfang des Telefonats empfehlenswert, in der die Anrufer die Zielperson für die Befragung gewinnen möchten. Also: Zwar soll in erster Linie der Fragebogen gut sein, damit ein »guter« Interviewer gar nicht notwendig ist, eine gewisse Übung im Umgang mit verschiedenen, möglicherweise problematischen Situationen im Interview ist dennoch geboten.

Wie geht man mit Verweigerungen um?

Dass Personen, die für eine Befragung ausgewählt wurden, doch nicht befragt werden (»Nonresponse«), kann verschiedene Gründe haben, unter anderem, dass sie nicht erreichbar sind oder dass sie die Teilnahme verweigern. Verweigerungen nehmen zu, nicht zuletzt deswegen, weil die Anfragen (auch solche zu Werbezwecken) per Telefon oder im Internet zunehmen und die potenziellen Teilnehmerinnen belästigen, die sich nicht besonders für das

Befragungsthema interessieren. R. Schnell gibt an, dass die Ausschöpfungsraten von Surveys oft unter 40 Prozent liegen (2012: 164). Eine relativ geringe Ausschöpfung bedeutet für die Güte der Ergebnisse nicht zwingend eine Einschränkung (Schneekloth/Leven 2003), und zwar ist eine geringe Ausschöpfung dann nicht von hoher Bedeutung, wenn man davon ausgehen kann, dass die Ausfälle zufällig sind. Jedoch ist eher zu vermuten, dass bestimmte Gruppen schlechter erreichbar sind (z. B. Berufstätige) oder häufiger verweigern. Effektive Maßnahmen gegen Nonresponse erfordern Zeit und Geld, dazu gehören eine eingehende *Interviewerschulung*, wie diese mit Einwänden umgehen sollen (vgl. Schnell 2012: 224 f.), häufigere *Kontaktversuche* unterschiedlicher Art (z. B. wenn man persönlich oder telefonisch nicht Erreichten einen Bogen schriftlich zusendet) oder sogenannte *Incentives*, Anreize (kleine Geschenke oder Geldbeträge). Die Methodenforschung liefert viele Detailbeispiele dazu, was Verweigerungen beeinflussen könnte, so hat schon eine mittlere Tonhöhe und Sprechgeschwindigkeit von Telefoninterviewerinnen einen positiven Effekt auf die Erfolgsquote (Steinkopf et al. 2010) oder erzielte es einen zumindest geringen Erfolg, als Forscher ein Telefoninterview per SMS ankündigten und mit dieser Ankündigung – unabhängig von der späteren Teilnahme – einen Fünf-Euro-Gutschein verschickten, den man bei größeren Onlinehändlern einlösen konnte (Fuchs 2012). Mika stellte für eine Paneluntersuchung fest, dass der stärkste Indikator für eine erfolgreiche Wiederholungsbefragung in einer guten Gesprächsatmosphäre zwischen Interviewern und Befragten im ersten Interview bestand (Mika 2002: 47), was die Notwendigkeit einer guten Interviewerschulung nochmals unterstreicht.

Sind spezielle Gruppen speziell zu befragen?

Bei einer allgemeinen Umfrage der Bevölkerung ist es sicher nicht sinnvoll, für verschiedene Altersgruppen, Bildungsgrade oder »Subkulturen« je eigene Bögen zum gleichen Thema zu entwickeln. Der Grund dafür lautet, dass die Vergleichbarkeit des Frageverständnisses und damit der Antworten noch weniger gegeben ist als bei einem wohl überlegten allgemeinen Fragebogen für alle.

Wenn es jedoch darum geht, eine bestimmte Bevölkerungsgruppe standardisiert zu befragen, kann sich der Forscher über mögliche Besonderheiten im Antwortverhalten informieren, bevor er einen Fragebogen entwirft. Dazu gibt es durchaus Quellen in der Fachliteratur. Zwar sollte er, wie oben erwähnt, Anbiederungen vermeiden, doch kann er bestimmte Punkte berücksichtigen. Ein *Beispiel* hierzu: Fuchs (2004) findet Hinweise darauf, dass bei Kindern und Jugendlichen, möglicherweise aufgrund noch geringerer kognitiver Fähigkeiten, stärkere Antworteffekte zu beobachten sind. Sie reagieren

Tab. 4.6: Antwortskalen am Beispiel Fernsehen

Frage zum täglichen Fernsehen:
Wie viele Stunden am Tag schaust Du ungefähr fern?

Antwortskala a)	Antwortskala b)
☐ Bis 2 ½ Stunden	☐ Bis ½ Stunde
☐ Bis 3 Stunden	☐ Bis 1 Stunde
☐ Bis 3 ½ Stunden	☐ Bis 1 ½ Stunden
☐ Bis 4 Stunden	☐ Bis 2 Stunden
☐ Bis 4 ½ Stunden	☐ Bis 2 ½ Stunden
☐ Über 4 ½ Stunden	☐ Über 2 ½ Stunden

Quelle: Fuchs 2004: 72 f.

also in höherem Ausmaß als ältere Befragte auf die Reihenfolge der Antwortmöglichkeiten, Skaleneffekte etc.. Mit anderen Worten: Formulierungen und Reihenfolgen im Fragebogen haben einen vergleichsweise großen Einfluss auf die Antwort, ganz unabhängig vom erfragten Sachverhalt.

Beispielsweise ist der Anteil von Befragten mit mehr als 2½ Stunden täglicher Fernsehdauer generell bei der Antwortvariante a) größer als bei Variante b) (s. Tab. 4.6). Dies gilt für alle Altersgruppen, für Jüngere (im konkreten Test 13–15-Jährige) aber in wesentlich höherem Ausmaß als für Ältere (18–21-Jährige). Forscher sollten daher die Spezifika ihrer jeweiligen Befragtengruppe sorgfältig berücksichtigen.

Ist es bei all den genannten »Fallen« überhaupt möglich, gültige Ergebnisse durch Befragungen zu erzielen?

Je länger man sich mit Regeln zur Fragebogengestaltung und den Forschungsschritten einer Befragung befasst, desto eher könnte man den Eindruck gewinnen, dass ein Forscher kaum »wahre« Antworten bzw. gültige Ergebnisse durch eine Befragung erzielen kann. Zu sehr sind subtile Effekte der Fragen, der Antwortalternativen, des Interviewers, der Situation, ja vielleicht sogar das Wetter für das Antwortverhalten verantwortlich. Dieser Eindruck ist jedoch einseitig. Natürlich gibt es diese Effekte. Der Forscher sollte sie kennen, um sie zumindest abmildern zu können. Den Lesern von Umfrageergebnissen können entsprechende Methodenkenntnisse dabei helfen, Angaben aus empirischen Untersuchungen immer mit ein klein wenig gesundem Misstrauen zu begegnen.

Andererseits wäre es überzogen zu sagen, dass Erkenntnisse durch Umfragen nicht möglich seien. Ein Forscher kann beispielsweise durchaus davon ausgehen, dass sich die Verzerrungseffekte der Frage »Sind Sie Mitglied in einem Sportverein?« in einem vertretbaren Rahmen halten und die allermeisten Befragten eine zutreffende Antwort geben (können). Weiterhin sprechen auch eingetroffene Prognosen für die Befragungsmethode. Gerade in der Marktforschung beispielsweise, die nicht in allen, aber in einigen Hinsichten mit einer wissenschaftlichen Umfrage vergleichbar ist, würden Auftraggeber kaum dauerhaft viel Geld für Ergebnisse ausgeben, wenn sie diese nicht erfolgreich in entsprechende Werbekampagnen umsetzen könnten. Diese Gründe sprechen für einen sorgfältigen und zugleich offensiven Umgang mit den drohenden »Fallen« einer Befragung.

Dabei sollten Forscher nicht übersehen, dass Befragungen als Instrument allgemein ebenso ihre Anwendungsgrenzen haben wie andere Erhebungsinstrumente auch. Wenn ein Forscher beispielsweise auf Ergebnisse abzielt, die möglichst unabhängig von den subjektiven Deutungen der Einzelnen sind, ist eine Befragung, so gut er sie auch durchführen würde, schlichtweg nicht geeignet. In anderen Fällen kann es angezeigt sein, über Methodenverknüpfungen nachzudenken.

4.5.2 Ein Anwendungsbeispiel

Die Fragestellung und ihre Präzisierung: In einem eigenen Forschungsprojekt mit dem Namen »Inklusionsprofile« (Leitung zusammen mit Uwe Schimank, Förderzeitraum durch die DFG 2003–2005) ging es darum, in welchem Ausmaß und in welcher Form Menschen durch Rollen in verschiedene Lebensbereiche eingebunden sind (Burzan et al. 2008). Um herauszufinden, was die Menschen in den einzelnen Lebensbereichen wie Kultur, Politik, Wirtschaft, Familie und Freundschaftsbeziehungen, Gesundheit usw. tun, hat ein Umfrageinstitut im Auftrag des Projektteams eine Telefonbefragung durchgeführt. Die grundsätzlichen Schritte dieser Befragung sollen im Folgenden skizziert werden, um daran einige allgemeine Merkmale sowie Probleme der Befragung zu verdeutlichen.

Am Anfang stand ein theoretisches Konzept: Das Forschungsteam wollte die Ungleichheitsforschung, die unter anderem die Lebenschancen verschiedener Bevölkerungsgruppen untersucht, und die Differenzierungstheorie, die Gesellschaft als aus verschiedenen Teilsystemen oder Lebensbereichen zusammengesetzt begreift, zusammenbringen. Die eine Richtung betont stärker das soziale Oben und Unten in einer Gesellschaft. Die andere Richtung hebt eher auf das funktional arbeitsteilige Nebeneinander von Teilsystemen ab: Das Bildungssystem ist für die Qualifikation zuständig, die Religion für den Glauben, die Wissenschaft für die Wahrheit etc. (vgl. Schwinn 2004).

»Beides zusammenbringen« – das bedeutete, die Aktivitäten in den einzelnen Lebensbereichen und in den jeweils typischen Rollen (z. B. als Wähler, Konsument, Sportzuschauer) zu betrachten. Die Gesamtheit dieser Einbindungen haben wir als »Inklusionsprofil« bezeichnet (diese Definition hat wiederum theoretische Anknüpfungen, auf die ich hier nicht näher eingehe). Das Profil eines Einzelnen sieht z. B. so aus, dass er stark in Familie/Freundschaften und Medien, in mittlerem Maße in Konsum, Sport und Gesundheit und in die restlichen Lebensbereiche schwach inkludiert ist. Dann wird geprüft – zumindest ist dies eine der zentralen Fragestellungen –, ob und wie sich die Inklusionsprofile je nach sozialer Lage unterscheiden, also z. B. je nach Alter, Bildung, Geschlecht oder Einkommen.

Um diese Frage beantworten zu können, mussten die Forscher also einerseits diese Merkmale der sozialen Lage erheben. Zum anderen brauchten sie das Inklusionsprofil, das aus den Einbindungen in die Lebensbereiche besteht. Dies erforderte eine weitere Konkretisierung, was hier nur in Kurzform dargestellt werden kann: Erstens waren die Lebensbereiche bzw. Teilsysteme zu bestimmen. Mit Rückgriff auf die Literatur wurden zwölf Teilsysteme festgelegt, begleitet von der Überlegung, durch welche Rollen eine Person überhaupt »inkludiert« sein kann. Zweitens konzipierten die Forscher Facetten der Inklusion, und zwar zeitliche ebenso wie soziale Facetten. Dabei ging es stets um tatsächliches Verhalten bzw. um Aktivitätsmuster, nicht um Einstellungen oder Optionen. Das Erklärungsmodell sah etwa aus wie folgt:

Soziale Lage
(z. B. Bildung, Alter)

Muster der ausgeübten Rollen
(Inklusionsprofil) in 12 Teilsystemen
(z. B. Politik, Gesundheit, Sport)

Facetten der Rollen:
- zeitlich (wie häufig, lange, lebensphasenspezifisch?)
- sozial (wie optional, kommerziell, formalisiert, symmetrisch, interaktiv, direkt?)

Die Grundhypothese »Die soziale Lage beeinflusst das Inklusionsprofil« lässt sich dabei in verschiedene Teilhypothesen untergliedern, z. B. »Rentner sind in weniger Teilsysteme eingebunden als Jüngere« oder »Wer stark in das Gesundheitssystem (als Patient) eingebunden ist, ist geschlechtsunabhängig schwächer in Bildung und Sport eingebunden«. Eine deskriptive Aufgabe vor der Prüfung der Grundhypothese bestand zudem darin, die soziale Lage, die Inklusion pro Lebensbereich und dann Muster typischer Einbindungen zusammenzufassen.

Wahl der Erhebungsmethode: Die Wahl des (standardisierten) Erhebungsinstruments fiel auf die *Befragung*, weil auch sporadisch ausgefüllte Rollen erfasst werden sollten. Eine Langzeitbeobachtung einer großen Anzahl von Personen als Alternative kam angesichts des Aufwands nicht in Frage. Die Person selbst kann zudem darüber, welche Rollen sie in welcher Form innehat, besser Auskunft geben, als es Quellen für eine Inhaltsanalyse oder ein über z. B. eine Woche lang geführtes Zeittagebuch, in dem man in bestimmten Zeitabständen Rubriken von Tätigkeiten einträgt, könnten.

Zweitens sollte die Form der Befragung *telefonisch* sein. Dafür sprachen mehrere Gründe: Unter anderem sollten über 2.000 Befragte in verschiedenen Regionen Deutschlands erreicht werden, was telefonisch kostengünstiger als persönlich möglich ist und eine bessere Ausschöpfung verspricht als auf schriftlichem Weg. Ein Befragungsinstitut führte die Erhebung durch, dabei gab es eine recht gute Kontrolle der Befragungssituation (u. a. durch einen Supervisor, eine »Aufsichtsperson« im Telefonlabor, die zugleich für Fragen zur Verfügung stand). Da die Befragten im konkreten Fall in meist nicht mehr als 25 Minuten recht allgemeine Fragen zu ihrem Verhalten zu beantworten hatten (nicht etwa schwierige Einstellungsfragen, keine sehr detaillierten oder »privaten« Fragen), spricht zusätzlich nichts gegen das Medium Telefon, über das fast alle Haushalte in Deutschland verfügen.

Festlegung von Indikatoren und Korrespondenzregeln: Im nächsten Schritt mussten genauere Indikatoren, die direkten »Anzeiger« für alle Dimensionen gefunden werden, erläutert hier am Beispiel der Inklusion in den Bereich »Sport«.

Die nicht beruflichen Rollen im Bereich Sport sind die des Rezipienten von Sportveranstaltungen oder in den Medien und die des Amateursportlers. Beide Rollen sind optional (niemand muss sich für Sport interessieren oder Sport treiben) und vergleichsweise symmetrisch, d. h. die typischen Rollenbeziehungen sind wenig hierarchisch. Diese Facetten mussten daher nicht mehr erfragt werden. Wie formalisiert, interaktiv oder kommerziell die Rolle ist, liegt zumindest für den Breitensport nicht fest, ebenso wenig die Häufigkeit. Hier handelt es sich also um zu erfragende Aspekte. Bei der Rezipientenrolle wurde insbesondere auf die Erfragung der Häufigkeit Wert gelegt. Indirekte Formen der Inklusion, z. B. die Aktivitäten von Eltern beim Eltern-Kind-Turnen, betreffen schätzungsweise eher einen kleinen Anteil der Befragten und wurden daher (der Fragebogen sollte ja nicht zu lang werden)

Tab. 4.7: Rollen und Facetten der Inklusion im Teilsystem Sport

Rolle	Facette
Rezipient: Besucher von Sportveranstaltungen	Häufigkeit: Wie oft?
Rezipient: Interesse an Sport in den Medien	Häufigkeit: Wie oft bzw. wie stark?
Breitensportler, Sporttreibender	Häufigkeit: Wie oft? Interaktivität: Mit anderen oder allein? Formalisierungsgrad: Im Verein? Mitgliedschaft im Sportverein? Kommerziell: Bei kommerziellem Anbieter (z. B. Fitness-Studio)?

nicht berücksichtigt. Ebenso wenig stand im Vordergrund, welche Sportart jemand betreibt bzw. für welche er sich insbesondere interessiert, um die Stärke der Einbindung in die Rollen im Sportbereich zu bestimmen.

Korrespondenzregeln lauten nun: Je häufiger jemand Sport treibt, anderen dabei zusieht oder in den Medien etwas darüber sieht, hört oder liest, desto stärker ist die Inklusion. Die Inklusionsstärke steigt zusätzlich, wenn die Aktivität mit anderen und in formalisierter Form durchgeführt wird. Unter anderem ist eine solche interaktive/formalisierte Inklusion verbindlicher und erfordert größeren Abstimmungsbedarf als die »einsame« Inklusion. Sie kann damit als in der sozialen Dimension stärker ausgeprägt angesehen werden. Man sieht hier konkret, dass theoretische Annahmen die Entscheidungen des Forschers bei den Forschungsschritten leiten.

Entwicklung des Fragebogens: Die Indikatoren sind im nächsten Schritt in konkrete Fragebogenfragen und Antwortmöglichkeiten zu übersetzen. In diesem Fall bestand eine spezielle Anforderung darin, dass die Forscher pro Teilsystem nur wenige Fragen stellen konnten, in die dann alles Wichtige im Sinne der Rollen und Facetten zu integrieren war.

Im Frageblock zum Bereich »Sport« etwa wurden diejenigen, die zuvor angegeben hatten, regelmäßig Sport zu treiben, unter anderem gefragt: »Wo treiben Sie Sport?« mit den Antwortoptionen: »im Verein/bei einem kommerziellen Anbieter (z. B. Fitnessstudio)/in einer anderen Organisation (z. B. Betriebssport, Volkshochschule)/in einer privat organisierten Gruppe (auch zu zweit)/für mich allein«. Mehrfachantworten waren möglich. Nun könnte man auf den Gedanken kommen, dass es doch einen Unterschied macht, ob man überwiegend im Verein und ganz gelegentlich auch privat zu zweit Sport treibt oder ob diese beiden Arten mit etwa gleichem Zeitaufwand betrieben werden. Bevor man die Frage nun differenzierter stellt oder weitere Fragen formuliert – und auf diese Weise die Befragung ausweitet –, ist zu kontrollieren, wie wichtig die Zusatzinformation für die Hypothesenprüfung ist. Am konkreten Beispiel lässt sich sagen: Die Zusatzinformation wäre zwar durchaus hilfreich. Wenn man aber davon ausgeht, pro Lebensbereich nicht mehr als sechs bis sieben Fragen stellen zu können, ist darauf zugunsten der Abfrage der weiteren Indikatoren im Bereich »Sport« eher zu verzichten. In ähnlicher Weise sollte die Frage nach der Zuschauerrolle (»Wie häufig besuchen Sie als Zuschauer Sportveranstaltungen?«) einfach beantwortbar sein mit den drei Antwortkategorien oft, manchmal und nie. Die Frage nach dem Interesse für Sport in den Medien wurde übrigens nicht im Block der Sportfragen gestellt, sondern gesammelt im »Medien«-Block. Dort wurde gefragt, wie stark man sich für verschiedene Themen (unter anderem eben auch für Sport) in den Medien interessiert. Diese Variante hatte drei Vorteile:

1. Das Interesse für bestimmte Bereiche in den Medien wurde in einem vergleichbaren Rahmen erfragt.
2. Die Frage nach dem Interesse musste nicht in jedem Block zu einem Bereich gestellt werden, was die Befragungsdauer erhöht hätte.
3. Forscher sollten sich immer überlegen, ob der Fragebogen für ganz unterschiedliche Befragte angemessen ist. In diesem Fall könnte man sich unter anderem denjenigen vorstellen, der gar nichts mit Sport zu tun hat und sich auch nicht dafür interessiert. Im Block zum Sportbereich sind dann nur zwei Fragen zu stellen, nämlich ob man regelmäßig Sport treibt und ob man als Zuschauer Sportveranstaltungen besucht. Viele Fragen nacheinander zu einem Thema, das den Befragten ausdrücklich nicht interessiert, mindern die Teilnahmemotivation, daher sollte die Frage nach dem Interesse für Sport in den Medien nicht zusätzlich noch hier platziert sein. Der Block zum Bereich Medienrezeption stand übrigens am Anfang des Fragebogens, weil man davon ausgehen konnte, dass es sich um einen alltagsnahen Bereich handelt, der nahezu alle Befragten betrifft.

Die Beispiele sollten einen ersten Eindruck davon vermitteln, welche Überlegungen bei der Fragebogenentwicklung erforderlich sind, und dies auch dann, wenn es noch nicht einmal um Fragen mit besonderen Formulierungsanforderungen geht, beispielsweise um Themen, die als vielleicht zu privat empfunden werden (z. B. zur Sexualität), soziale Erwünschtheit herausfordern (z. B. Vorurteile gegenüber Zuwanderern) oder Sachverhalte thematisieren, die nicht mit wenigen Worten für alle gleichermaßen verständlich erläutert werden können.

Ein Beispiel zum letztgenannten Problem: Im Bereich »Konsum« (Teilsystem Wirtschaft) wäre es nicht angemessen gewesen, einfach zu fragen

»Wie oft kaufen Sie ein?« Manche Befragte würden mit dem Begriff des Einkaufens spontan vielleicht lediglich den Einkauf im Supermarkt verbinden, andere würden auch daran denken, dass sie gern einen Schaufensterbummel machen und dabei meist auch etwas kaufen, die nächste Person würde ihren Einkauf per Internet berücksichtigen. Im Projekt erfolgt nun keine lange Erklärung dazu, an welche Aktivitäten man beim Begriff »Einkaufen« denken solle; es wurden stattdessen mehrere Fragen gestellt, unter anderem: Wie häufig kommt es vor, dass Sie auch mal ungeplant Dinge kaufen, z. B. beim »Shoppen«? (Antwortoptionen: oft, manchmal, nie). Immer noch bleibt im konkreten Fall die Unwägbarkeit, was »oft« in Bezug auf »Shoppen« individuell bedeutet (z. B. mehrmals wöchentlich oder eher einmal im Monat). Das größere Gewicht hatte aber zum einen wiederum die möglichst einfache Abfrage, und zum anderen ging es ausdrücklich auch um die subjektive Einschätzung, ob jemand in Relation zu seinen sonstigen Aktivitäten einschätzt, »oft« Shoppen zu gehen. Hätte der Pretest übrigens ergeben, dass jeder als Antwort »manchmal« angibt, hätten die Antwortkategorien sicherlich nochmals überarbeitet werden müssen.

Der schließlich in einem Pretest geprüfte Fragebogen (Studierende haben im Rahmen eines Lehrforschungsprojektes 350 Personen persönlich befragt) wurde mehrmals modifiziert, ergänzt, daraufhin geprüft, ob die Fragen für eine telefonische Befragung geeignet sind und erneut getestet. Zusätzlich haben die GESIS in Mannheim und das Telefonumfrageinstitut das Projektteam beraten.

Das vorangegangene Beispiel hat seinen Zweck erfüllt, wenn Sie ein Gefühl dafür bekommen haben, dass es gar nicht so einfach ist, »mal eben« einen Fragebogen zu entwickeln. Nicht nur ist es wichtig, den Bezug zur Fragestellung systematisch zu erhalten, auch die Formulierungen selbst, Reihenfolge und Layout sind sorgfältig zu überlegen.

Durchführung der Erhebung und Aufbereitung der Daten: Der Fragebogen wurde mit dem Umfrageinstitut (das Sozialwissenschaftliche Umfragezentrum SUZ in Duisburg mit 50 Plätzen im Telefonstudio) ein letztes Mal abgesprochen. Das Institut führte selbst noch einen kleinen Pretest mit 20 Personen durch, um die elektronische Form des Fragebogens zu testen (z. B. daraufhin, ob es keine Filter- oder sonstigen technischen Fehler gibt[9]) sowie um die durchschnittliche Interviewdauer zu ermitteln. Abgesehen von der Aufmerksamkeit der Befragten hatten die Forscher nur für eine bestimmte

---

9   Leider kam es trotz aller Sorgfalt doch zu Filterfehlern, die sich erst nachträglich herausstellten. Insbesondere ist die Tatsache zu nennen, dass nur solche Befragte nach ihrem Zeitaufwand für eine Organisationsmitgliedschaft gefragt wurden,

Dauer, nämlich eine halbe Stunde pro Interview, Forschungsgelder zur Verfügung. Der Preis der Erhebung selbst hängt davon ab, allerdings zusätzlich auch von der Zahl der Interviews, der Anzahl der Kontaktversuche, der Komplexität der Filterführung etc.

Als weitere Vorbereitung fand eine Schulung für die Interviewer statt, sie wurden in deren Rahmen über grundsätzliche Ziele des Projekts informiert. Sie erhielten ferner eine schriftliche Kurzinformation zum Projekt, die sie auf Nachfrage an ihre Gesprächspartner weitergeben konnten. Die Erhebungsphase dauerte gut einen Monat, Interviews fanden montags bis freitags zwischen 15 und 21 Uhr sowie samstags zwischen 12 und 18 Uhr statt.

Der einzelne Interviewer erhielt Telefonnummern, für die jeweils bis zu zehn Kontaktversuche vorgesehen waren. Ergab sich ein Kontakt (nicht z. B. ein Anrufbeantworter oder die Ansage »kein Anschluss unter dieser Nummer«), klärte der Interviewer, ob es sich nicht um einen Geschäftsanschluss handelte (z. B. Arztpraxis Dr. Schmidt). Darauf folgte diese Gesprächseinleitung:

> »Wir führen im Auftrag der FernUniversität Hagen eine Umfrage zum Thema Lebensbedingungen in Deutschland durch[10]. Dazu würde ich gerne eine Person aus Ihrem Haushalt befragen, und zwar die Person, die zuletzt Geburtstag hatte und mindestens 18 Jahre alt ist. Sind Sie das selbst, oder ist das eine andere Person in Ihrem Haushalt?«

Der Interviewer informierte die Zielperson nun noch darüber, dass das Gespräch ca. 20 Minuten dauern würde und dass die Angaben anonym verwendet würden. Willigte die Person in das Interview ein, konnte es mit der ersten Frage (»Zunächst zum Thema Massenmedien: Wie häufig lesen Sie Tageszeitungen?«) losgehen. Am Schluss bedankte sich der Interviewer für die Mitarbeit der Befragten. Die 2.110 geführten Interviews dauerten im Schnitt knapp 25 Minuten.

Das Umfrageinstitut gab die erhobenen Daten als Datei in einer für Auswertungen gängigen Software (in dem Fall SPSS) an das Projektteam. In einer solchen Datei steht jede Zeile für einen Fall (im Beispiel gab es 2.110 Zeilen) und jede Spalte für ein Merkmal, z. B. die Einkommensgruppe

---

die in der Organisation ein Amt ausübten. Eigentlich war geplant, alle Organisationsmitglieder nach ihrem Zeitaufwand für die jeweilige Mitgliedschaft zu befragen.

10 Gegenüber den Befragten haben die Interviewer nicht den im Allgemeinen erklärungsbedürftigen Begriff »Inklusionsprofile« verwendet.

(VARIAB1) oder die Häufigkeit der medizinischen Behandlungen im letzten Jahr (VARIAB2). In den Zellen der Tabelle selbst befinden sich die Ausprägungen des Falls, die Antworten aus der Befragung (z. B. unterste Einkommensgruppe = 1 und dreimal in medizinischer Behandlung = 3 für Fall Nr. 1; s. das Beispiel in Abb. 4.5).

Zur Datenaufbereitung gehörte es, dass, soweit möglich, die Stimmigkeit der Eingaben geprüft wurde. Beispielsweise sollte es keinen Eintrag »3« geben bei einer Variablen mit nur zwei Ausprägungen. Einige wenige offen erfragte Angaben waren zudem nachzucodieren (z. B. Lebensbereiche, denen Organisationsmitgliedschaften zugeordnet werden können, etwa Fußballverein = Sport). Hat man eine aufbereitete Datenmatrix vorliegen, so lassen sich mit Hilfe der Software leicht vielerlei Ergebnistabellen, Grafiken etc. erstellen – und dabei auch schnell sehr viele Dateien bzw. Papierstapel erzeugen. Diese Ergebnisse muss der Forscher dann im Hinblick auf seine Forschungsfrage auswählen und interpretieren.

Ausblick auf die Auswertung: An dieser Stelle geht es weder um die Vermittlung statistischer Verfahren noch um einen Ergebnisbericht. Um das Beispiel abzuschließen, sollen die Auswertungsschritte jedoch kurz genannt werden. Zunächst lieferte eine Grundauszählung einen Überblick über die *Häufigkeitsverteilungen* pro Merkmal (z. B. wie viele Personen treiben regelmäßig Sport?) Im zweiten Schritt ging es um statistische *Zusammenhänge* mehrerer Variablen: Treiben z. B. Jüngere häufiger Sport als Ältere? Multivariate Verfahren können zudem mehrere Einflussfaktoren auf die Sportaktivität gleichzeitig analysieren. Weiterhin sollte pro Lebensbereich eine zusammengefasste

	VARIAB1	VARIAB2	var	var	var	var	var	var	var	var
1	1	3								
2	5	4								
3	4	1								
4	3	1								
5	2	1								
6	2	2								
7										
8										
9										
10										
11										

Abb. 4.5: Datenmatrix

Antwort darauf gegeben werden, ob jemand dort schwach, in mittlerem Maße oder stark eingebunden ist. Es war ein arbeitsaufwändiger Schritt, für jeden Bereich einen *Index* aus mehreren Variablen zu bestimmen, der das Ausmaß der Inklusion festlegt. Im Bereich Sport führten diese Überlegungen z. B. zu dem Ergebnis, dass 62 Prozent der Befragten schwach, 31 Prozent in mittlerem Maße und nur 7 Prozent stark inkludiert waren (Burzan et al. 2008: 95). Die Indizes der Inklusion für die 12 Lebensbereiche bildeten schließlich die Grundlage dafür, *Inklusionsprofile* zu identifizieren (gibt es Muster, so dass starke Inklusion in einigen Bereichen typischerweise mit mittleren oder schwachen Inklusionen in anderen Bereichen einhergehen?), unter anderem durch das Verfahren der Faktorenanalyse. Diese Profile konnten ebenfalls auf ihre Abhängigkeit von sozialen Lagemerkmalen untersucht werden. Eines der inhaltlichen Ergebnisse lautete, dass die Inklusion in die Lebensbereiche weniger durchgängig durch bestimmte soziale Lagemerkmale geprägt wird, als man dies vielleicht vorab hätte vermuten können.

4.5.3 Zusammenfassung

Dieses Beispiel und die allgemeinen Hinweise zur Befragung haben die Spezifika der Forschungsschritte dieses Instruments aufgezeigt. Es bietet vielfältige Chancen zur Datenerhebung, doch andererseits müssen Forscher zahlreiche Aspekte berücksichtigen, wenn ihr reaktives Instrument nicht verzerrt messen soll. Diese Aspekte richten sich z. B. auf die Befragungsart und -situation sowie auf Formulierungen, die Reihenfolge und die Gestaltung im Fragebogen. Die Ausführungen bieten somit eine Basis, um Surveydesigns mitsamt ihrem Fragebogen künftig aus einem neuen Blickwinkel zu betrachten.

 Literatur

Eine Auswahl zur Fragebogenentwicklung und zur Befragung allgemein:
Möhring, Wiebke; Schlütz, Daniela (2010): Die Befragung in der Medien- und Kommunikationswissenschaft. Eine praxisorientierte Einführung, 2. Aufl., Wiesbaden: VS.
Petersen, Thomas (2014): Der Fragebogen in der Sozialforschung, Konstanz/München: UVK.
Porst, Rolf (2014): Fragebogen: Ein Arbeitsbuch, 4. Aufl., Wiesbaden: Springer VS.
Schnell, Rainer (2012): Survey-Interviews, Wiesbaden: VS.
Zeitschrift »Methoden, Daten, Analysen« (MDA) (mit Beiträgen u. a. zu Antwortverhalten und Nonresponse)

Zu Online-Umfragen:
Jackob, Nicolaus; Schoen, Harald; Zerback, Thomas (Hrsg.) (2009): Sozialforschung im Internet: Methodologie und Praxis der Online-Befragung, Wiesbaden: VS.

 Übungsaufgaben

Aufgabe 1
Beurteilen Sie die Formulierungen der folgenden Fragebogenfragen und Antwortkategorien nach ihrer Zweckmäßigkeit (sofern das ohne den Forschungszusammenhang möglich ist), und machen Sie ggf. Alternativvorschläge.
a) Gehen Sie gern ins Theater und in Konzerte?
   oft/gelegentlich/selten/nie
b) Wie intensiv ist der Kontakt zu Ihren Nachbarn?
   sehr intensiver Kontakt/nicht sehr intensiver Kontakt/so gut wie kein Kontakt
c) Bitte sagen Sie uns Ihre Meinung zu der folgenden Aussage: ›Es ist nicht gut, wenn Bürger sich gegen Möglichkeiten der politischen Partizipation entscheiden‹. Trifft diese Aussage aus Ihrer Sicht
   voll und ganz zu/eher zu/eher nicht zu oder überhaupt nicht zu?
d) Kommt es in dieser schnelllebigen Zeit auch einmal vor, dass Sie sich langweilen?
   oft/häufiger/ab und zu/selten/nie
e) Welchen Beruf hat Ihr Vater? _____ (offene Abfrage)

Aufgabe 2
Entwerfen Sie einen kurzen Fragebogen zum Thema: »Wie gehen Studierende mit der Zeit um?« Vergleichen Sie Ihr Ergebnis anschließend mit einem bereits existierenden Fragebogen (z. B. Jetzkowitz, Jens et al. (2004): O Tempora, o Mores. Wie Studierende mit der Zeit umgehen, Wiesbaden: VS).

Aufgabe 3
Schauen Sie sich den von Bourdieu verwendeten Fragebogen für die Studie »Die feinen Unterschiede« an (Bourdieu 1982: 800–808). Angenommen, Sie wollten eine ähnliche Untersuchung in Deutschland im kommenden Jahr durchführen. Was müssten Sie im Fragebogen ändern?

4.6 Die Sekundäranalyse empirischer Daten

4.6.1 Merkmale einer Sekundäranalyse

Bei einer Sekundäranalyse nutzt ein Forscher – ähnlich wie bei einer Inhaltsanalyse – bereits existierende Quellen, um aus ihnen Daten für seine Fragestellung herauszufiltern. Das Besondere bei der Sekundäranalyse besteht darin, dass die Quellen in diesem Fall *Datensätze früherer Primäruntersuchungen* (häufig Befragungen) sind. Ein Forscher könnte sich beispielsweise Daten der Shell-Jugendstudien 2000 und 2010 daraufhin anschauen, welche Einstellungen Jugendliche unterschiedlichen Alters und sozialen Status zur Politik haben. Einzelnen Forschern wäre es zumeist gar nicht möglich, so viele und für die Bevölkerung in Deutschland (oder auch im Ländervergleich) repräsentative Befragungen durchzuführen. Daher werden Primärdaten oft in anonymisierter Form für weitere wissenschaftliche Nutzungen zur Verfügung gestellt. Unter anderem bekommt man von der sozialwissenschaftlichen Organisation GESIS solche Datensätze (vgl. http://www.gesis.org/unser-angebot/daten-analysieren/; Zugriff 25.8.2014), und der Rat für Wirtschaft- und Sozialdaten hat 28 Forschungsdatenzentren (Stand Mitte 2014) in Deutschland akkreditiert (vgl. http://www.ratswd.de/forschungsdaten/info; Zugriff 25.8.14).

Als Sekundäranalyse bezeichnet man allgemein »die auswertende Beobachtung von Daten, die nicht durch den analysierenden Forscher oder in dessen Auftrag erhoben worden sind ... Der Datennutzer und Auswerter [hat] in der Regel keinen Einfluss auf das Zustandekommen der ihm nun vorliegenden Daten.« (Porst 1999: 116). Die Daten gibt es also als Rohdaten (z. B. in gängigen Softwareformaten wie Stata oder SPSS). Der Forscher nutzt daraus die Variablen, die für seine eigene Forschungsfrage nützliche Informationen geben. Von einer Analyse empirischer Untersuchungen im Allgemeinen unterscheidet sich die Sekundäranalyse dadurch, dass sie in der Regel auf die Rohdaten (nicht nur die Ergebnisse) früherer Studien zurückgreift. Hat man etwa nur Ergebnisse in Tabellenform vorliegen, wüsste man vielleicht etwas über die Altersstruktur befragter Jugendlicher und über ihre Parteipräferenz, könnte ohne die Daten aber nicht mehr die Parteipräferenz aufgeschlüsselt nach dem Alter ermitteln. Sekundäranalytisch ist dies dagegen möglich.

Eine Sekundäranalyse bereits erhobener Daten bietet somit große *Vorteile*:
- Es spart Zeit und Kosten, wenn nicht jeder Forscher zur Bearbeitung seiner Fragestellung eine gesonderte Erhebung durchführt, sondern auf im Idealfall große Datensätze mit vielen Befragten zurückgreifen kann.

Gerade international vergleichende Daten sind oft nicht durch eigene Primärforschung zu erzielen.
- Dabei können Forschende auch auf Daten aus zurückliegenden Zeiträumen zurückgreifen und, sofern die Vergleichbarkeit sichergestellt ist, sozialen Wandel analysieren.
- Forscher können publizierte Ergebnisse ihrer Kollegen mit Hilfe der Datensätze direkt nachvollziehen, überprüfen und ggf. erweitern bzw. in andere Zusammenhänge stellen. Unterschiedliche Aufbereitungen von Daten und die Verwendung unterschiedlicher statistischer Verfahren können nämlich durchaus zu verschiedenen Befunden auf der gleichen Datenbasis führen. Solche gegenseitigen Bezugnahmen und Diskussionen fördern die Transparenz und die Güte wissenschaftlicher Ergebnisse.
- Schließlich werden einmal erhobene Daten durch die »Mehrfachverwendung« intensiver genutzt, was angesichts der oft geringen Ausschöpfungsquoten bei Befragungen umso sinnvoller erscheint.

Den hauptsächlichen *Nachteil* der Sekundäranalyse teilt sie mit der Inhaltsanalyse: Die Daten sind in der Regel nicht exakt auf die Fragestellung des Forschers zugeschnitten. So kann es sein, dass die Fragen und Antwortkategorien im Fragebogen ein klein wenig anders gestellt waren als erwünscht, dass einige Aspekte der nun interessierenden Fragestellung völlig fehlen oder dass die Befragtengruppe nur in Teilen der angestrebten Zielgruppe entspricht. Nutzt der Forscher mehrere Datensätze, sind diese eventuell nur partiell vergleichbar. Beispielsweise untersucht Otte (2010) die Bildungsabhängigkeit des Musikgeschmacks von Jugendlichen anhand von neun Studien seit den 1950er-Jahren. Dabei variierten zwangsläufig u. a. die Altersspanne der Jugendlichen und die Differenziertheit, in der der Musikgeschmack erhoben wurde. Diesen Nachteil muss der Sekundärforscher hinnehmen, er passt die Daten jedoch seiner Fragestellung so gut wie möglich an. Demzufolge nutzen Lebensstilforscher gelegentlich Untersuchungen zu Freizeitaktivitäten. Diese Adaption funktioniert jedoch nur dann, wenn ihre Definition und Operationalisierung von »Lebensstil« diese Freizeitaktivitäten als zentrales Element ansehen (und nicht z. B. Konsumpräferenzen).

Weitere Probleme bzw. Herausforderungen der Sekundäranalyse bestehen darin, dass für manche Themen möglicherweise immer wieder auf die gleichen Datensätze und Variablen zurückgegriffen wird und so zugunsten von (Zeit- und Länder-) Vergleichen nur noch wenig Fantasie dafür investiert wird, Sachverhalte auf andere Weise zu operationalisieren – auch wenn dies für die eigene Fragestellung angemessener wäre. Weiterhin werden Fehler der Primäruntersuchung zwangsläufig übernommen. Man kann sie zwar teilweise mit Hilfe von Methodenberichten zu den Daten reflektieren und in der

Auswertung berücksichtigen, aber nicht vermeiden. Schließlich steht der sekundäranalytisch arbeitende Forscher oftmals einer Vielzahl von Variablen, eventuell sogar einer Vielzahl von Befragungswellen (in Längsschnittstudien) gegenüber. Dies kann er als Informationsvorteil nutzen, doch muss er auch darauf achten, keinen Datenfriedhof zu generieren, indem er alles Mögliche statistisch auswertet, was zum Thema passt, aber nicht mehr systematisch hypothesengeleitet vorgeht.

In der *qualitativen Forschung* gibt es in jüngerer Zeit Bestrebungen, in Deutschland Archivierungen auch qualitativer Daten vorzunehmen, um Sekundäranalysen zu ermöglichen (z. B. durch »Qualiservice« an der Universität Bremen). Die Möglichkeiten dazu sind jedoch umstritten, unter anderem angesichts größerer Probleme bei der Anonymisierbarkeit als bei standardisierten Datensätzen und der notwendigen Kontextgebundenheit von Informationen für eine adäquate Interpretation (für eine kritische Sicht vgl. z. B. Hirschauer 2014).

Im Folgenden werden zwei regelmäßig wiederholte Mehrthemenbefragungen, die in Deutschland systematisch als Quelle zur Sekundäranalyse erhoben werden, kurz vorgestellt, bevor auch dieses Kapitel die Herausforderungen der Sekundäranalyse an einem Beispiel verdeutlicht.

4.6.2 Beispiele für Quellen zur Sekundäranalyse

ALLBUS

Die Allgemeine Bevölkerungsumfrage der Sozialwissenschaften (ALLBUS) ist eine Umfrageserie zu Einstellungen, Verhaltensweisen und Sozialstruktur der Bevölkerung in der Bundesrepublik Deutschland (vgl. zu den folgenden Informationen http://www.gesis.org/allbus). Die Erhebungen werden seit 1980 in zweijährigem Abstand durchgeführt, befragt wird in persönlichen Interviews jeweils ein möglichst repräsentativer Querschnitt der bundesdeutschen Bevölkerung. Die Daten eignen sich sowohl für Quer- als auch Längsschnittanalysen sowie teilweise für internationale Vergleiche durch Kooperationen mit anderen Befragungen (insbesondere mit dem ISSP: International Social Survey Programme, aber auch mit dem US-amerikanischen General Social Survey).

Bis 1990 bestand die Grundgesamtheit der Befragten aus allen Wahlberechtigten in Westdeutschland einschließlich Westberlin, seitdem aus der erwachsenen Wohnbevölkerung in Ost- und Westdeutschland. Aus dieser Grundgesamtheit wird jeweils eine Stichprobe mit etwa 3.500 Befragten (realisierte Interviews) gezogen. Es handelt sich also bei jeder Welle um neue

Befragte, die allerdings jeweils in einem anspruchsvollen Auswahlverfahren gezogen werden. In den neueren Wellen geschieht dies mit Angaben aus Einwohnermelderegistern, stufenweise werden zunächst Gemeinden und dann Personen gezogen. Wie andere Bevölkerungsumfragen hat auch der ALLBUS dabei mit geringen Ausschöpfungen zu kämpfen. So betrug die Ausschöpfungsquote im Jahr 2012 beispielsweise nur 37,6 % (http://www.gesis.org/allbus/studienprofile/2012).

Jede ALLBUS-Befragung erfasst demografische Informationen zum Befragten und seinem Partner/seiner Partnerin. Neben Einzelfragen und kleineren Themenblöcken – die in Vier- bis Sechsjahresabständen wiederholt werden – gibt es pro Erhebung ein bis zwei Themenschwerpunkte, die in einem zehnjährigen Turnus wiederkehren. Solche Schwerpunkte sind z. B. Einstellungen zu sozialer Ungleichheit, politische Partizipation oder Einstellungen gegenüber ethnischen Gruppen. Für das Schwerpunktthema »Religion und Weltanschauung« beispielsweise standen mit der Befragungswelle 2012 demnach vergleichbare Daten aus vier Jahrzehnten zur Verfügung.

SOEP

Das Sozioökonomische Panel gibt es seit 1984. Es wird jährlich in privaten Haushalten Deutschlands (seit 1990 einschließlich Ostdeutschlands) erhoben (http://www.diw.de/de/soep). Seine Besonderheit (und die eines *Panels* allgemein) besteht darin, dass die Befragung im Wesentlichen immer bei *denselben* Personen und Familien stattfindet, dabei sind jeweils alle erwachsenen Haushaltsmitglieder in die Untersuchung einbezogen. Mit Paneldaten lassen sich entsprechend individuelle Entwicklungen nachzeichnen. Im SOEP werden jährlich ca. 30.000 Personen in knapp 11.000 Haushalten befragt. Neben der Haupt- gibt es einige Zusatzstichproben, unter anderem eine Zuwanderer- und mehrere »Auffrischungs«-Stichproben. Denn nicht wirklich jede Person lässt sich in den Folgejahren wieder befragen, sei es, dass sie etwa mit unbekannter Adresse umgezogen oder gestorben ist oder einfach keine Lust mehr auf eine neue Befragung hat – man nennt diese Reduzierung der ursprünglichen Stichprobe Attrition oder »Panelmortalität«.

Diejenigen, die teilnehmen, geben der Wissenschaft vielfältige Informationen, sie füllen einen Haushalts- und einen Personenfragebogen und in einigen Fällen noch Zusatzfragebögen aus (z. B. als Erstteilnehmer zum Lebenslauf). Themen sind auch hier breit gefächert, beispielsweise Erwerbs- und Familienbiografien, die Wohnsituation, Einkommensverläufe, Gesundheit, Partizipation und Lebenszufriedenheit. Lebensbedingungen und Einstellungen lassen sich in vielfältiger Weise verknüpfen. Allerdings werden über bestimmte ›Basics‹ hinaus nicht alle Fragen in jedem Jahr gestellt, dies würde den Fragebogen überfrachten. Für den Forscher, den bestimmte Fragen interessieren, stellt dies natürlich jeweils eine Einschränkung dar. Weiterhin können Effekte früherer Befragungen leichte Nachteile von Panels sein, so kann die Aufmerksamkeit für erfragte Aspekte Einstellungen oder das Verhalten verändern.

Die Daten des SOEP sind mit einer entsprechenden Nutzungsvereinbarung vergleichsweise leicht erhältlich. Die Nutzer müssen sich allerdings mit der komplexen Datenstruktur (z. B. auf Personen- und Haushaltsebene im Zeitverlauf) vertraut machen, bevor sie mit statistischen Analysen im engeren Sinne beginnen. Wiederum ist es sinnvoll, sich zu diesem Zweck genau klarzumachen, was man genau wissen will (und nicht nur: welche Möglichkeiten das SOEP potenziell bietet).

Dies sind zwei Beispiele für bevölkerungsrepräsentative Mehrthemenbefragungen in Deutschland. Sowohl national als auch international gibt es viele weitere Datensätze, die teilweise ebenfalls explizit für Sekundäranalysen erstellt wurden. Auf nationaler Ebene seien hier beispielhaft genannt der *Mikrozensus* als amtliche Bevölkerungsstatistik (jährlich wird ein Prozent der Haushalte in Deutschland befragt) oder der *Deutsche Alterssurvey* oder *PAIRFAM* (ein Familienpanel) als Beispiele für (zielgruppen-)spezifische Umfragen. Auf internationaler Ebene ist die Umfrage *European Values Study* ein Beispiel, dort stehen Daten über Werte der Bevölkerung für vier Befragungswellen seit 1981 (bislang bis 2008) in vielen Ländern zur Verfügung, zudem lassen sich die Daten mit den Daten des *World Values Survey* prinzipiell verknüpfen. Es lohnt sich also für Forscher, zu schauen, welche Daten zum eigenen Forschungsthema bislang bereits zur Verfügung stehen, auch dann, wenn sie im nächsten Schritt eine Primärerhebung planen.

4.6.3 Herausforderungen einer Sekundäranalyse am Beispiel

In einem von der DFG zwischen 2011 und 2014 geförderten Forschungsprojekt wurde in einem Teilprojekt (verantwortliche Mitarbeiterin war hier Silke Kohrs) anhand einer Sekundäranalyse des SOEP untersucht, wie unsicher sich Mittelschichtangehörige fühlen (Burzan et al. 2014). In sozialwissenschaftlichen und öffentlichen Diskussionen war zuvor die Vermutung aufgekommen, dass sich gerade Mittelschichtangehörige mehr als in den Jahrzehnten zuvor unsicher fühlen könnten, dass z. B. Berufseinstiege, der berufliche Werdegang, die Alterssicherung und die Zukunftsaussichten der Kinder auch für Qualifizierte zunehmend unwägbar würden.

Bei einer Sekundäranalyse ist es nun ebenfalls – wie bei einer Primärerhebung – Aufgabe der Forscherin, die Fragestellung zu präzisieren und zu operationalisieren. Im Gegensatz zur Primärerhebung sind jedoch Hypothesen und Indikatoren auf das vorhandene Material abzustimmen. Man sucht also zunächst einen Datensatz, der prinzipiell geeignet ist, Informationen zur Forschungsfrage zu geben. Neben den gestellten Fragebogenfragen (im Folgenden wird von einer Sekundäranalyse von Umfragedaten ausgegangen) richtet sich die Einschätzung, ob ein Datensatz geeignet ist, unter anderem auf die Zielgruppe bzw. die Stichprobe, den Zeitpunkt und Ort der Durchführung sowie eine möglichst positive Einschätzung der Gütekriterien.

Grobe Vorstellungen konkreter Fragestellungen und Hypothesen muss der Forscher nun so konkretisieren, dass sie mit den gegebenen Variablen als Indikatoren zu klären sind. Abzuwägen ist, welche Kompromisse man als Forscher eingehen kann, ohne dabei die ursprüngliche Forschungsfrage aus dem Blick zu verlieren.

Für das Beispiel wird die Präzisierungsphase übersprungen und direkt die folgende Hypothese aufgestellt: »In der Mittelschicht hat sich die Unsicherheit in den letzten Jahren (stärker als in anderen Schichten) erhöht.« Das SOEP erweist sich grundsätzlich als geeignet, diese Hypothese zu überprüfen: Bevölkerungsrepräsentativ, auf einer großen Fallbasis, werden jährlich soziale Lagemerkmale sowie Einstellungen erfragt, die unter anderem Unsicherheitsaspekte betreffen. Im Folgenden besteht nun die Aufgabe darin, Variablen auszuwählen, die Indikatoren für »Unsicherheit« sein können. (Dies gilt entsprechend für die Festlegung von Schichtzugehörigkeit, soll hier jedoch nicht weiter ausgeführt werden.)

Im SOEP-Fragebogen 2013 (http://panel.gsoep.de/soep-docs/surveypapers/diw_ssp0180.pdf) finden sich unter anderem folgende Fragen und Antwortmöglichkeiten:

---

1. Wie ist es mit den folgenden Gebieten: Machen Sie sich da Sorgen? (Verschiedene Gebiete werden abgefragt, unter anderem:)
    a) um Ihre eigene wirtschaftliche Situation: große/einige/keine Sorgen
    b) (Frage an Erwerbstätige:) um die Sicherheit Ihres Arbeitsplatzes (gleiche Antwortskala)
2. a) Wie zufrieden sind Sie gegenwärtig, alles in allem, mit Ihrem Leben? 11-stufige Skala von 0 (ganz und gar unzufrieden) bis 10 (ganz und gar zufrieden)
    b) Und was glauben Sie, wie wird es wohl in einem/in fünf Jahren sein? (gleiche Antwortskala)
3. Wie wahrscheinlich ist es, dass innerhalb der nächsten zwei Jahre die folgenden beruflichen Veränderungen für Sie eintreten? (Abfrage mehrerer Aspekte, unter anderem:)

a) dass Sie Ihren Arbeitsplatz verlieren? 11-stufige Skala: Das wird in den nächsten zwei Jahren ›mit Sicherheit nicht eintreten‹ (0) bis ›mit Sicherheit eintreten‹ (100)
b) dass Sie sich in Ihrem jetzigen Betrieb beruflich verschlechtern? (gleiche Antwortskala)
4. Wie sehr stimmen die folgenden Aussagen für Sie persönlich? (Abfrage mehrerer Aspekte, unter anderem:) ›Wenn ich an die Zukunft denke, bin ich eigentlich sehr zuversichtlich‹. stimmt ganz und gar/stimmt eher/stimmt eher nicht/stimmt ganz und gar nicht
5. Wie schätzen Sie sich persönlich ein: Sind Sie im Allgemeinen ein risikobereiter Mensch oder versuchen Sie, Risiken zu vermeiden? 11-stufige Skala: ›gar nicht risikobereit‹ (0) bis ›sehr risikobereit‹ (10).

Damit ist eine Basis zur Beantwortung der Forschungsfrage gegeben. Einige Herausforderungen sind jedoch zu beachten:
- An erster Stelle steht die Entscheidung, ob die prinzipiell passenden *Items* tatsächlich *geeignete Indikatoren* darstellen. So richten sich die Fragen 1b, 3a und 3b beispielsweise nur an Erwerbstätige. Die antizipierte Lebenszufriedenheit in fünf Jahren im Vergleich zur gegenwärtigen (Item 2) kann zwar einen gewissen Optimismus oder Pessimismus zum Ausdruck bringen, die Verbindung zur »Unsicherheit« ist dabei jedoch schwächer als etwa beim Item 4, das nach der Zuversicht fragt. Dieses wiederum ist von der Formulierung so gepolt, dass Verunsicherte nicht zustimmen sollten. Möglicherweise hätte der Forscher lieber die Unsicherheit offensiv abgefragt, etwa »Wenn ich an die Zukunft denke, fühle ich mich verunsichert«. Schließlich hat Item 1a einerseits den Vorteil, dass die Einschätzung der eigenen wirtschaftlichen Situation wahrscheinlich den gesamten Haushaltskontext, also z. B. auch die ökonomische Situation eines Partners oder einer Partnerin, berücksichtigt. Andererseits wird dort nur nach der wirtschaftlichen Situation und nicht nach Möglichkeiten der langfristigen wirtschaftlichen und allgemeinen Absicherung gefragt. Man sieht, dass jedes Item hinsichtlich der Passung jeweils seine eigenen Vor- und Nachteile aufweist, z. B. einmal zu allgemein, einmal zu speziell ist.
- Die Frage der Passung betrifft nicht nur die Frageformulierungen, sondern auch die *Antwortmöglichkeiten*. So haben wir im oben genannten Projekt an vielen Stellen mit Item 1a) gearbeitet und haben den Anteil derjenigen in verschiedenen Teilgruppen (z. B. Schichten) verglichen, die sich große Sorgen um ihre wirtschaftliche Situation machten. Hätte man diejenigen mit »einigen Sorgen« hinzugenommen, wäre die Aussagekraft der Ergebnisse geringer gewesen, weil sich die Teilgruppen dann systema-

tisch weniger unterschieden hätten. Forscher hätten sich also eventuell eine differenziertere Antwortskala wünschen können.
- *Nicht jede Frage wurde in jedem Jahr gestellt.* Da die Hypothese aber ausdrücklich auf eine zeitliche Entwicklung abzielt, ist dies auf jeden Fall ein Zugeständnis, das die Sekundäranalyse erfordert.
- Schließlich stellt sich die Frage, wie man damit umgehen soll, dass der Datensatz verschiedene Variablen bietet, die prinzipiell zur Fragestellung passen. Entweder man entscheidet sich nach optimalster Passung für ein Item oder wenige Items, die man nacheinander analysiert und auf ihre Konsistenz hin prüft. Sind z. B. diejenigen mit großen Sorgen um ihre wirtschaftliche Situation (Item 1a) typischerweise weniger zuversichtlich (Item 4), und trifft dies auch für Teilgruppen (z. B. Schichten) gleichermaßen zu? Alternativ kann man aus den Items einen gut begründeten Index bilden – hier besteht etwa eine Herausforderung darin, dass die Items unterschiedliche Antwortskalen haben. Wiederum hat der Forscher darauf zu achten, dass er *keinen Datenfriedhof* zahlreicher, aufwändig erstellter statistischer Einzelergebnisse erzeugt.

Nimmt man den Anteil von Befragten mit großen Sorgen um ihre eigene wirtschaftliche Situation als Indikator (und als Korrespondenzregel: Wenn jemand angibt, sich in diesem Bereich große Sorgen zu machen, gilt er als verunsichert), so ergab die Analyse, dass dieser Anteil bei erwerbstätigen Mittelschichtangehörigen zwar zwischen 2000 und 2011 angestiegen ist, aber nicht linear und auch nicht in einem im Schichtvergleich besonders starken Ausmaß (Burzan et al. 2014: Kap. 5). Die Hypothese wurde damit nicht eindeutig bestätigt.

4.6.4 Zusammenfassung

Sekundäranalysen, d. h. Analysen von Daten, die zuvor in anderen Zusammenhängen als zur eigenen Fragestellung erhoben wurden, haben ihre spezifischen Möglichkeiten und Herausforderungen. Zu den Vorteilen gehören unter anderem die Zeit- und Kostenersparnis, zu den Nachteilen die fehlende Zuschneidung der Daten auf die eigene Forschungsfrage. Eine strikte Arbeitsteilung zwischen »Primärforschern« und »Sekundärforschern« ist dabei nicht zu empfehlen. Jemand, der eine eigene Untersuchung plant, kann durch Sekundäranalysen Teile des empirischen Forschungsstands gut erschließen; und Sekundärforscher können den methodischen Herausforderungen sicherlich besser begegnen, wenn sie selbst auch Erfahrung im Forschungsfeld haben.

 **Literatur**

Porst, Rolf (2000): Praxis der Umfrageforschung, Wiesbaden: VS, 2., überarb. Aufl., Kap. 6.

 Übungsaufgabe

Schauen Sie sich einen neueren ALLBUS-Fragebogen an und sichten Sie Fragen zum Thema »Einstellungen zu Partnerschaft und Familie«. Formulieren Sie zwei Hypothesen, und ordnen Sie diesen anschließend die Merkmale (Fragebogenfragen) zu, die zu ihrer Prüfung benötigt würden. Gibt es Operationalisierungsprobleme? (http://www.gesis.org/allbus/recherche/frageboegen/)

4.7 Methodenverknüpfungen

Die Abschnitte dieses Kapitels haben gezeigt, dass die verschiedenen Erhebungsinstrumente ihre jeweiligen Anwendungsgebiete haben: die Inhaltsanalyse ermöglicht teilweise Zeitvergleiche, die Beobachtung kann Interaktionszusammenhänge klären, die Befragung eruiert am einfachsten Einstellungen. Andererseits gibt es bei jedem Instrument Anwendungsgrenzen und auch allgemeine sowie spezifische Fallstricke in der konkreten Durchführung, durch die die Forscherin sich anhand begründeter methodischer Problemlösungen lavieren muss. Auf diese Weise können im Idealfall abgesicherte empirische Ergebnisse entstehen, die sich an theoretische Konzepte rückbinden lassen.

Methodenverknüpfungen können nun ein Mittel sein, um den Forschungsgegenstand noch breiter, tiefer, aus verschiedenen Perspektiven und mit größerer Sensibilität für die Grenzen der jeweiligen Methoden zu erschließen. Solche Verknüpfungen sind zudem nicht nur innerhalb des jeweiligen Spektrums quantitativer oder qualitativer Methoden, sondern auch als Verknüpfung quantitativer und qualitativer bzw. interpretativer Methoden denkbar (vgl. z. B. Burzan 2010, Kelle 2008). Doch stehen den Potenzialen der Methodenverknüpfung wiederum Grenzen gegenüber:

So muss der Forscher insbesondere darauf achten, nicht die sprichwörtlichen Äpfel mit Birnen zu vergleichen, er darf also nicht unreflektiert Forschungslogiken (vgl. Kap. 3.1) vermischen oder automatisch davon ausgehen, mit einer Beobachtung und einer Befragung den gleichen Sachverhalt gemessen zu haben. Wenn sich beispielsweise Frauen in Kontaktanzeigen häufiger als »warmherzig« bezeichnen würden als Männer, deutet dies erst einmal nur darauf hin, dass Frauen Warmherzigkeit als attraktives weibliches Merkmal ansehen. Es muss gar nicht heißen, dass sich Warmherzigkeit bei einer Verhaltensbeobachtung als im Vergleich zu anderen besonders hervorstechendes weibliches Attribut herausstellt.

Die Verknüpfung von Methoden bedeutet damit *nicht, automatisch validere* Ergebnisse zu erzielen. Wenn man anstrebt, mit mehreren Methoden den gleichen Sachverhalt zu messen, dann kann es einerseits sein, dass die Ergebnisse übereinstimmen *(Konvergenz)*. In dem Fall sind zwei Schlussfolgerungen möglich: a) Der Befund ist dadurch besonders empirisch fundiert bzw. valide; b) falsche Annahmen haben dazu geführt, dass der Forscher bei verschiedenen Methoden ähnliche Fehler gemacht hat. Beispielsweise könnten Vorurteile eine Beobachtung geleitet und zugleich zu suggestiven Items im Fragebogen geführt haben. Andererseits könnten sich die Ergebnisse (teilweise) widersprechen *(Divergenz)*. Auch in diesem Fall kann dies Unterschiedliches bedeuten: a) Mindestens eine der Methoden hat falsch gemessen – die Herausforderung besteht darin zu entscheiden, welche. Ein Befragter könnte z. B. in einem nicht standardisierten persönlichen Gespräch offener von seinen Überzeugungen berichtet haben als in einem beiläufig ausgefüllten Onlinefragebogen; alternativ könnte die größere Anonymität der schriftlichen Befragung gerade zu ehrlicheren Angaben als in der Face-to-Face-Situation mit einer Interviewerin geführt haben; b) erst im Nachhinein erkennt der Forscher, dass die beiden Methoden doch nicht den gleichen Sachverhalt gemessen haben, kann diese Erkenntnis aber dazu nutzen, nochmals zu überlegen, um welche zentralen Dimensionen und Erklärungszusammenhänge es in seinem Forschungsfeld geht.

Kelle/Erzberger (2001) nennen ein Beispiel für einen produktiven Umgang mit divergierenden Befunden: In einer Studie zum Übergang von der Schule in den Arbeitsmarkt in der (ehemaligen) DDR vor und nach 1989 gaben 60 Prozent der befragten Akademiker an, dass die offizielle Vermittlungsstelle zentral für ihre Arbeitsplatzsuche gewesen sei. Die Schlussfolgerung lag nahe, dass das von staatlicher Seite propagierte System rigider Kontrolle von Karriereverläufen erfolgreich war. Qualitative Interviews dokumentierten jedoch ein recht hohes Maß an individueller Selbstbestimmtheit der Karriere. Die Auflösung lag – wie die Forscher anhand der qualitativen Gespräche herausfanden – darin, dass eine informelle Verständigung von Betrieb und Arbeitsuchendem dazu führte, dass der Betrieb eine Planstelle einrichtete, diese der zuständigen Behörde meldete und der

Arbeitssuchende gleichzeitig gezielt diese Stelle dort nachfragte und in der Regel auch bekam. Etwas allgemeiner ausgedrückt, lag die Lösung der Divergenz darin, dass der Forscher die Funktion und Funktionsweise der staatlichen Instanz neu bestimmte (Kelle/Erzberger 2001: 115–118).

Methodenverknüpfungen werden mit unterschiedlichen Schwerpunkten thematisiert. Flick (2011) etwa spricht von *Triangulation*. Mit Bezug auf Arbeiten von N. Denzin seit den 1970er-Jahren geht es nach diesem Begriff aus der Landvermessung darum, unterschiedliche Perspektiven auf einen Forschungsgegenstand einzunehmen. Dabei lassen sich Daten, Methoden, Theorien etc. triangulieren. Für Flick ist Triangulation insbesondere dann »aufschlussreich …, wenn darin nicht nur methodische Zugänge, sondern auch die mit ihnen verbundenen theoretischen Perspektiven verknüpft werden« (2011: 25). Ein anderer Begriff lautet *Mixed Methods* (vgl. z. B. Tashakkori/Teddlie 2010, Creswell/Plano Clark 2011, Gläser-Zikuda et al. 2012). Er wird für die Verknüpfung quantitativer und qualitativer Methoden verwendet und hat in der deutschen Methodendiskussion oft die leicht abwertende Konnotation, sehr forschungspraktisch ausgerichtet zu sein – was in dem Fall auch heißt: methodologisch nicht sonderlich reflektiert zu sein. Creswell und Plano Clark (2011: 56–59) führen in einem Überblick 15 Klassifikationen verschiedener Mixed-Methods-Designs auf, die sich danach unterscheiden, in welcher Reihenfolge die Methoden angewandt werden oder ob sie gleichberechtigt oder über-/untergeordnet sind.

Wenn ein Forscher Methoden verknüpfen will, ist es wichtig, frühzeitig im Forschungsprozess zu klären, welches *Erkenntnisziel* er damit verfolgt. Ich schlage vor, drei Verknüpfungsarten zu unterscheiden:
- *Methodenaddition*: Die Methoden ergänzen komplementär verschiedene Aspekte einer Forschungsfrage. Beispielsweise ergänzte Gerhards in seiner Studie zu Vornamen die Inhaltsanalyse um eine Befragung von Eltern, in der er deren Motive der Namensgebung untersuchte, und erweiterte damit seine Perspektive auf die Forschungsfrage. Dabei ging es nicht darum, dass die Befunde sich gegenseitig bestätigen oder relativieren.
- *Methodenkombination*: Hier erarbeitet der Forscher methodenspezifische Ergebnisse, die systematisch in Bezug zueinander gesetzt werden. Die Teilergebnisse verweisen also aufeinander. Beispielsweise könnten Museumsleiter im Interview auf einige Exponate als Besonderheiten der Ausstellung hinweisen. Die Beobachtung des Raums kann (zunächst einmal unabhängig vom Interview) darauf zielen, welche Exponate als Besonderheit inszeniert werden (z. B. durch die Platzierung, Licht, Ton etc.), und die Beobachtung der Besucher kann zeigen, ob das Publikum diesen Exponaten

systematisch mehr bzw. direktere, ausführlichere Aufmerksamkeit widmet als anderen Exponaten. Andere Möglichkeiten der In-Bezug-Setzung bestehen darin, dass auf eine qualitative explorative eine quantitative Hauptuntersuchung folgt (dies war lange Zeit die aus der Sicht der quantitativen Forschung am ehesten in den Blick genommene Verknüpfungsvariante) oder dass nach einem quantitativen Survey bestimmte Fälle vertieft untersucht werden, z. B. durch Gruppendiskussionen.

- *Methodenintegration*: Diese Form beruht auf der Annahme, dass sich die Forschungsfrage gar nicht erst beantworten lässt, wenn nicht verschiedene Methoden eingesetzt werden. Entsprechend gibt es keine separaten methodenspezifischen Teilergebnisse, die über den Einzelfall hinaus Antworten auf die Forschungsfrage geben, sondern ein Befund entsteht erst durch die Zusammenschau der Interpretation verschiedener Daten. Beispielsweise beobachtet man jemanden im Feld, spricht ihn an, verabredet sich zu einem Interview, bei dem die Befragte dann auch Familienfotos zeigt, die als weitere Daten zur Verfügung stehen. Dabei werden die Daten typischerweise durch eine Person oder mehrere im engen Austausch erhoben, um die integrierte Interpretation zu ermöglichen.

Welche Methode und ggf. Methodenkombination ein Forscher wählt, muss unbedingt abhängig von der Forschungsfrage sein. Methodenverknüpfungen führen nicht per se zu besseren Ergebnissen, so kann eine Befragung u. U. schon sehr gute Erkenntnisse zur Zufriedenheit von Studierenden mit ihrem Studium erzielen. Andererseits ist ein ›Bekenntnis‹ zu bestimmten Methoden oft nachteilig dafür, die Nützlichkeit von Methodenverknüpfungen überhaupt ernsthaft in Betracht zu ziehen oder sie reflektiert anzuwenden. Fundierte Kenntnisse verschiedener Methodenstränge über die Grenzen quantitativer, qualitativer und interpretativer Methoden hinweg wären für reflektierte Entscheidungen dazu, wann welche Methodenverknüpfungen sinnvoll sind, jedenfalls wünschenswert.

Literatur

Creswell, John W.; Plano Clark, Vicki L. (Hrsg.) (2011): Designing and Conducting Mixed Methods Research, 2. Aufl., Thousand Oaks: Sage.

Flick, Uwe (2011): Triangulation. Eine Einführung, 3. Aufl., Wiesbaden: VS.

Kelle, Udo (2008): Die Integration qualitativer und quantitativer Methoden in der empirischen Sozialforschung. Theoretische Grundlagen und methodologische Konzepte, 2. Aufl., Wiesbaden: VS.

Kluge, Susann; Kelle, Udo (Hrsg.) (2001): Methodeninnovation in der Lebenslaufforschung: Integration qualitativer und quantitativer Verfahren in der Lebenslauf- und Biographieforschung, Weinheim/München: Juventa.

 Übungsaufgabe

Welche Methode oder Methodenverknüpfung eignet sich für die Untersuchung
- des Musikgeschmacks von Jugendlichen?
- des Zeitmanagements berufstätiger Eltern?

Skizzieren Sie, welche Methoden wie zur Anwendung kommen könnten. Geben Sie auch an, welches Ziel die ggf. von ihnen gewählte Methodenverknüpfung verfolgt.

5 Auswahlverfahren

Dieses Kapitel kehrt von den im vorigen Abschnitt angedeuteten Grundsatzdiskussionen nun noch einmal zum konkreten Forschungsprozess zurück. Im Kontext der Operationalisierung hat der Forscher festzulegen, welche Fälle – z. B. Interviewpartner, Zeitschriften, zu beobachtende Menschen oder Situationen – er untersuchen will und wie er ggf. eine Auswahl aus ihnen trifft. Im Folgenden werden zentrale Begriffe, Verfahren und beachtenswerte Aspekte dieses Forschungsschritts erläutert.

Zumeist erheben Forscher nicht bei allen in Frage kommenden Fällen ihre Daten, d. h. sie führen keine *Vollerhebung* durch. Oft sind es zu viele Untersuchungseinheiten, oder die Erhebung nähme zu viel Zeit in Anspruch. Manchmal ist der Zugang zu tatsächlich allen »Forschungsobjekten« der Zielgruppe auch gar nicht gegeben. So wird ein Forscher kaum vollständig die in deutschen Printmedien erschienenen Kontaktanzeigen der letzten 35 Jahre untersuchen. Ebenso wäre es unrealistisch, die gesamte Wohnbevölkerung Deutschlands ab 18 Jahren zu befragen.

Eines haben Forschende jedoch schon erreicht, wenn sie Eingrenzungen wie die obigen formulieren können: Sie legen auf diese Weise ihre Zielgruppe fest, die *Grundgesamtheit*, d. h. diejenigen Fälle, auf die sich die Untersuchungsergebnisse beziehen sollen und aus der sie dann später eine Auswahl ziehen. Wenn unbekannt ist, wer oder was sich überhaupt in der Grundgesamtheit befinden soll, sind Auswahlverfahren nutzlos. Zu beachten ist, dass eine Festlegung der Grundgesamtheit (z. B. private Kontaktanzeigen aus deutschen Printmedien mit einer Mindestauflage) noch keine Auswahl darstellt. Es wird dadurch geklärt, dass sich die späteren Ergebnisse eben nicht z. B. auf Onlinepartnerbörsen verallgemeinern lassen.

Hat der Forscher seine Zielgruppe definiert, muss er im nächsten Schritt entscheiden, ob eine Vollerhebung in Frage kommt. Dies ist dann der Fall, wenn die Grundgesamtheit überschaubar ist, z. B. alle derzeit tätigen Professorinnen und Professoren an Universitäten in Hessen. Je größer die Grundgesamtheit ist, desto unwahrscheinlicher ist es, dass die Untersuchung in einem überschaubaren Zeit- und Kostenrahmen tatsächlich alle Fälle in eine Erhebung einbeziehen kann. Die weitgehendsten Möglichkeiten bietet hier die Inhaltsanalyse, bei denen Dokumente im weiteren Sinne die »Fälle« darstellen. Diese müssen zwar verfügbar sein, sie müssen jedoch nicht ihre Bereitschaft zur Mitarbeit erklären.

Hat der Forscher sich gegen die Vollerhebung und für eine *Stichprobe* entschieden, muss er im nächsten Schritt das Auswahlverfahren bestimmen.

Ein wichtiges Kriterium hierfür ist, ob die Stichprobe repräsentativ sein soll. Im Zusammenhang mit den Gütekriterien (Kap. 3.2) wurde *Repräsentativität* dadurch gekennzeichnet, dass die Ergebnisse auf der Basis der Stichprobe für die Grundgesamtheit verallgemeinerbar sind; die Stichprobe ist also in ihrer Merkmalsstruktur im Wesentlichen ein verkleinertes Abbild der Grundgesamtheit.

Weitere Kriterien für ein Auswahlverfahren, das auf eine (für eine bestimmte Grundgesamtheit) repräsentative Stichprobe abzielt, lassen sich an folgenden Fragen ablesen:
- Welche Informationen hat der Forscher über die Grundgesamtheit, wer gehört dazu, welche Strukturmerkmale hat sie, gibt es z. B. sogar eine Liste?
- Gibt es, abhängig von der Forschungsfrage, weitere Ziele, sind z. B. bestimmte Gruppen innerhalb der Grundgesamtheit besonders zentral?
- Welche Ressourcen stehen zur Verfügung, gibt es Geld für Interviewer und insbesondere auch Zeit?

Je nach Beantwortung dieser Fragen bieten sich unterschiedliche Auswahlverfahren an, von denen einige nun im Überblick vorgestellt werden. Eine grobe Unterscheidung lässt sich zunächst zwischen der *Zufallsauswahl* und *nicht zufallsgesteuerten Auswahlverfahren* treffen.

Angenommen, Sie würden sich in eine Fußgängerzone stellen und »rein zufällig« einige Personen um ihre Teilnahme an einer Befragung bitten. Dies wäre *keine* Zufallsauswahl, weil sich der methodische Sprachgebrauch hier vom Alltagssprachgebrauch unterscheidet. Im methodischen Sinne würde man von einer »*willkürlichen Auswahl*« sprechen. Zufällig ist eine Auswahl dagegen dann, wenn der Forscher bzw. Interviewer persönlich keinen Einfluss darauf hat, wer aus der Grundgesamtheit in die Auswahl gelangt. In der Fußgängerzone könnte sich der Interviewer möglicherweise doch eher nett lächelnde Menschen herauspicken oder solche, die zumindest nicht hochgra-

---

Zufallsauswahl
- einfach (z. B. Karteiauswahl)
- komplex (z. B. geschichtet, mehrstufig, Klumpenauswahl)

Nicht zufällige Auswahl, z. B.
- willkürlich
- Quotenauswahl
- bewusste Auswahl

Abb. 5.1: Einige Auswahlverfahren im Überblick

dig eilig aussehen. Wichtiger ist dabei aber ein anderer Punkt: Der Interviewer weiß gar nicht, aus welcher Grundgesamtheit er seine Auswahl getroffen hat. Beispielsweise handelt es sich bei Personen in der Kölner Innenstadt nicht unbedingt um Kölner Bürgerinnen, es könnten auch Touristengruppen, Geschäftsleute aus anderen Städten etc. unterwegs sein. Daraus folgt, dass eine solche Befragung zwar relativ wenig aufwändig ist, dass sie sich jedoch kaum verallgemeinern lässt. In der Wissenschaft können Forscher willkürliche Stichproben eigentlich nur als Pretest verwenden.

5.1 Zufallsauswahlverfahren

Eine *Zufallsauswahl* ist so definiert, dass jedes Element der Grundgesamtheit die gleiche oder – bei komplexen Zufallsauswahlen – die bekannte Chance (größer Null) hat, in die Auswahl zu gelangen. Damit hat der Forscher bzw. Interviewer persönlich keinen Einfluss darauf, welche Elemente der Grundgesamtheit ausgewählt werden.

5.1.1 Einfache Zufallsauswahl

Ein klassisches Beispiel für eine einfache Zufallsauswahl ist die Ziehung der Lottozahlen. Die Grundgesamtheit – 49 Zahlen – ist bekannt und symbolisch durch Bälle vertreten. Jede Zahl kommt genau einmal vor. Das Ziehungsgerät wählt die sechs Gewinnzahlen aus diesen 49 zufällig aus. Wenn es nicht um Lottozahlen, sondern um Befragte geht, existiert in einigen Fällen ebenfalls eine Liste, z. B. von allen derzeitigen Bundestagsabgeordneten, von allen Namen der 2014 in Freiburg standesamtlich erfassten neugeborenen Kinder oder von allen Haushalten in einem Stadtteil. Solche Listen muss der Forscher noch »bereinigen«. Angenommen, alle Studierenden an Hochschulen in Nordrhein-Westfalen bilden die Grundgesamtheit. Aus den Immatrikulationslisten der Hochschulen müssten die Forscher dann etwa solche Personen einmal streichen, die an zwei Hochschulen in NRW gleichzeitig studieren (etwa einmal als »ordentlicher« Student, einmal als Gast-/Zweithörer). Ansonsten wäre die Chance dieser Personen, in die Auswahl zu gelangen, größer als die anderer Personen. Ähnliche Berechnungen fallen je nach Art der Liste bei zwei Wohnsitzen, zwei Telefonanschlüssen etc. an.

Zufallsauswahlen führen bei sorgfältiger Durchführung, hinreichender Stichprobengröße und guter Ausschöpfung am ehesten zu repräsentativen Ergebnissen. Dies kann mathematisch begründet werden (vgl. näher dazu z. B. Diekmann 1996: 347–354: Theorie der Zufallsstichprobe; Kromrey 1998: 273–277). Es ist wahrscheinlicher, dass bei einer Zufallsauswahl Merkmale, die in der Grundgesamtheit häufig vorkommen, auch in der Stichprobe häufig enthalten sind, als dass sie stark unterproportional vertreten sind. Entsprechendes gilt für die selten vorkommenden Merkmale. Die Struktur der Grundgesamtheit bildet sich auf diese Weise prinzipiell in der Stichprobe ab, ohne dass man etwa darauf achten müsste, Studierende unterschiedlicher Fächer oder Studienphasen zu berücksichtigen. Diese Berücksichtigung könnte sich ohnehin nur auf wenige Merkmale beziehen und setzte Informationen über ihre Verteilung in der Grundgesamtheit voraus. Zwar kann man nicht davon ausgehen, dass z. B. ein Altersdurchschnitt von 30 Jahren in der Grundgesamtheit bei einer Zufallsauswahl zwingend zu einer Stichprobe führt, in der der Altersdurchschnitt ebenfalls 30 Jahre beträgt. Wenn man aber viele Stichproben aus dieser Grundgesamtheit ziehen würde, würde sich der Durchschnitt aller Altersdurchschnitte dieser Stichproben dem Wert der Grundgesamtheit annähern, und es ist wahrscheinlicher, wenn auch nicht zwingend, dass der Altersdurchschnitt einer Stichprobe in der Nähe von 30 und weniger in der Nähe von 50 liegt. Bei per Zufallsstichprobe ausgewählten Fällen kann der Forscher daher mit angebbaren Fehlerspannen von der Stichprobe auf die Grundgesamtheit schließen. Man schätzt etwa bei der Intervallschätzung auf eine Spanne, in der die Werte der Grundgesamtheit mit einer angebbaren Wahrscheinlichkeit liegen (vgl. Kühnel/Krebs 2001: Kap. 8.4).

Zusammenfassend ist eine einfache Zufallsauswahl insbesondere dann anwendbar, wenn ein Verzeichnis der Auszuwählenden existiert. Dabei muss es sich nicht immer um Personen handeln, es können auch Adressen bzw. Orte, Organisationen, Ausgaben von Zeitschriften etc. sein. Das Verfahren ist damit vergleichsweise voraussetzungsreich (solch eine Liste gibt es nicht immer, oder sie unterliegt dem Datenschutz oder ist nur mühsam zu erstellen). Es ist allerdings nicht notwendig, Vorkenntnisse über die Grundgesamtheit zu haben, z. B. darüber, wie bestimmte Merkmale verteilt sind. Wenn man es anwenden kann, kann die Forscherin zumindest aus stichprobentheoretischer Sicht seriöse Aussagen zur Repräsentativität treffen.

5.1.2 Komplexe Zufallsauswahlen

Neben der einfachen gibt es die komplexe Zufallsauswahl in verschiedenen Varianten. Hierfür ist es charakteristisch, dass die einzelnen Einheiten zwar nicht mehr die gleiche, aber eine angebbare Wahrscheinlichkeit (größer Null) haben, in die Auswahl zu gelangen.

Eine Form der komplexen Zufallsauswahl ist die *mehrstufige Auswahl*, die das Problem erforderlicher Listen ein wenig umgehen kann. Beispielsweise gibt es kein Verzeichnis aller achtjährigen Schülerinnen und Schüler Deutschlands. Mehrstufig könnte ein Forscher nun zufällig

- zunächst eine Auswahl aus räumlichen Gebieten (z. B. Teile von Regierungsbezirken) ziehen (1. Stufe).
- Darauf stellt er nur von den gezogenen Bezirken eine Liste aller Schulen auf, in denen Achtjährige zu finden sind, und wählt daraus wiederum zufällig eine Anzahl von Schulen aus (2. Stufe).
- Nur von den gezogenen Schulen erbittet er eine Liste aller an einem Stichtag Achtjährigen, von denen er nun eine letzte Zufallsauswahl zieht (3. Stufe).

Er hat nun seine Forschungsteilnehmer erhalten, ohne eine komplette Liste aller achtjährigen Schüler in Deutschland zu benötigen. Eine ähnliche Stufung könnte er etwa für Wahlbezirke, Adressen, Haushalte und Personen in Haushalten vornehmen (vgl. die Beispiele in Häder 2006: 149–158, u. a. stellt er das »Random-Route« Verfahren vor: ein Verfahren, um in überschaubaren räumlichen Gebieten durch Begehungsanweisungen ab einem zufälligen Startpunkt Haushalte aufzulisten bzw. auszuwählen). Beim letzten Schritt der mehrstufigen Auswahl funktioniert die Ziehung häufig so, dass innerhalb des Haushalts z. B. die Person ausgewählt wird, die zuletzt Geburtstag hatte, um auch hier das Zufallsprinzip zu wahren. An diesem Beispiel zeigt sich auch, dass bei diesem Vorgehen nicht mehr jede Person die gleiche Chance hat, in die Auswahl zu gelangen: Hat man erst einmal Haushalte ermittelt, aus denen jeweils eine Person zu »ziehen« ist, kommen die Menschen aus Einpersonenhaushalten auf jeden Fall in die Auswahl. Bei Mehrpersonenhaushalten ist die Auswahlwahrscheinlichkeit geringer (z. B. ein Viertel für eine Person in einem Vierpersonenhaushalt). Der Forscher kann diesen Effekt durch entsprechende Gewichtungen möglicherweise »herausrechnen«, was wiederum nicht unumstritten ist – auch in diesem Sinne ist eine solche Auswahl »komplex«. Wichtig ist bei diesem Verfahren, dass innerhalb der Stufen jeweils eine einfache Zufallsauswahl und dies nicht etwa nur von je einem Element gezogen wird.

Ein Sonderfall der mehrstufigen Auswahl ist die *Klumpenstichprobe* (Cluster-Sample). Ihr Kennzeichen besteht darin, die letzte Auswahlstufe auszulassen. Es kommen alle Elemente einer Gruppe in die Auswahl, z. B. alle Schüler einer Schulklasse, alle Bewohner eines Hauses oder alle Ausgaben der Zeitschrift eines ausgewählten Jahrgangs. Eine solche Auswahl hat oft inhaltliche Gründe. Wenn es z. B. um Gruppendynamiken, um das soziale Klima in einer Schulklasse geht, dann wäre es wenig sinnvoll, aus verschiedenen Schulklassen nur je eine Schülerin zu befragen.

Ein weiteres Beispiel für komplexe Zufallsverfahren ist die *geschichtete Auswahl*. In diesem Fall teilt die Forscherin die Grundgesamtheit in Teilgesamt-

Tab. 5.1: Beispiel: Mehrstufige Auswahl

Beispiel 1:	**Beispiel 2:**
1. Stufe: 100 Bezirke	5 Wahlbezirke einer Großstadt, daraus
↓	↓
2. Stufe: je 2 Schulen	je 50 Adressen, daraus
↓	↓
3. Stufe: je 20 Schüler (d. h. insgesamt 4.000 Fälle)	je 1 Haushalt, daraus
↓	↓
4. Stufe: —	je 1 Haushaltsmitglied (d. h. insgesamt 250 Personen)

heiten auf und zieht aus diesen wiederum eine Zufallsauswahl. Beispielsweise unterteilt eine Studie Studierende nach ihren Fachrichtungen in vier Gruppen. Gemäß ihrem Anteil an allen Studierenden erfolgt nun die Stichprobe: Machen die Sozialwissenschaftler etwa 10 Prozent der Studierenden an einer Universität aus und soll die Stichprobengröße insgesamt 200 Personen betragen, so würde der Forscher aus dieser Fachrichtung 20 Studierende zufällig auswählen. Das Beispiel verdeutlicht: Für eine geschichtete Stichprobe sind Informationen über Merkmalsverteilungen in der Gesamtgruppe erforderlich. Erst dann kann der Forscher eine proportionale (wie im Beispiel) oder auch eine disproportionale Stichprobe ziehen. Die disproportionale Variante ist dann sinnvoll, wenn er sich für bestimmte Teilgruppen aus der Grundgesamtheit besonders interessiert, diese aber eine Minderheit darstellen. Angenommen, jemand hat 500 Personen befragt, und darunter befinden sich 30 Ausländerinnen. Interessiert nun weiterhin, ob Ausländer, getrennt nach Geschlecht, häufiger oder seltener kulturelle Veranstaltungen besuchen als die Gesamtgruppe, dann stellen die 30 Personen für solche Differenzierungen eine sehr kleine Basis dar. Für Untersuchungen der Teilgruppen müssen diese also ggf. stärker in der Stichprobe berücksichtigt werden, als es ihrem eigentlichen Anteil entspricht. Für den Schluss von der Stichprobe auf die Grundgesamtheit sind dann wiederum Gewichtungen erforderlich, die die Disproportionalität berücksichtigen.

Es lässt sich sagen, dass die Schätzungen, die der Forscher anhand der Stichprobe für die Grundgesamtheit vornimmt, geschichteter Stichproben präziser sein können als bei einfachen Zufallsauswahlen. Dafür sind jedoch Informationen darüber erforderlich, in welcher Weise sich die Zielgruppe auf die Teilgruppen aufteilt.

Tab. 5.2: Beispiel: Geschichtete Auswahl (proportional)

Studierende an einer Universität			
↙	↓	↓	↘
Fachbereich 1 (Anteil 30%)	Fachbereich 2 (25%)	Fachbereich 3 (15%)	Fachbereich 4 (30%)
↓	↓	↓	↓
60 Pers.	50 Pers.	30 Pers.	60 Pers.

Zusammenfassend gehen komplexe Zufallsauswahlen in mehreren Schritten vor. Dies kann Vorteile haben, etwa genauere Schätzungen bei der Schichtung, Wegfall eines Verzeichnisses für alle Einheiten der Grundgesamtheit, Zeitersparnis, aber auch bestimmte »Haken« wie erforderliche Vorabinformationen oder Verzerrungsgefahren.

5.2 Nicht zufallsgesteuerte Auswahlverfahren

Unter den *nicht zufallsgesteuerten Verfahren* wurde bereits die willkürliche Auswahl genannt, die keinen wissenschaftlichen Kriterien folgt. Ein weiteres nicht zufallsgesteuertes Verfahren, das kommerzielle Markt- und Meinungsforschungsinstitute häufiger nutzen, ist die *Quotenauswahl* (vgl. Noelle-Neumann/Petersen 1998: Kap. III). Sie funktioniert – meist für persönliche Interviews – so, dass das Forschungsinstitut dem Interviewer Quoten mit Merkmalen von zu Befragenden vorgibt. Bei zehn Interviews sollen z. B. fünf männlich und fünf weiblich sein, mindestens drei über 60 Jahre, mindestens drei zwischen 30 und 60 Jahren und mindestens zwei unter 30 Jahren. Innerhalb dieser Quoten darf der Interviewer willkürlich Personen nach Wahl befragen. Das Ergebnis könnte dann so aussehen:

Tab. 5.3: Beispiel für Interviewpartner nach einem Quotenplan

Nr., Geschlecht, Alter	
1. m, 45 J.	6. w, 23 J.
2. m, 38 J.	7. w, 22 J.
3. m, 19 J.	8. w, 62 J.
4. m, 50 J.	9. w, 61 J.
5. m, 21 J.	10. w, 62 J.

Hier kann man sich gut einen Studenten als Interviewer vorstellen, der unter anderem einige Kommilitonen (vier Personen zwischen 19 und 23 Jahren) befragt hat und dem nach dem siebten Interview immer noch die drei älteren Personen fehlen. Diese müssen zusätzlich weiblich sein, denn die fünf Interviews mit Männern hat er bereits geführt. Bei 100 Interviewern (möglichst nicht ausschließlich Studierenden), die jeweils zehn Interviews führen, können sich solche Einseitigkeiten zwar teilweise ausgleichen. Dennoch wird an dem Beispiel deutlich, dass die Quoten nicht zu streng sein dürfen: Wenn als zehnte Person bei entsprechender Quotierung möglicherweise eine katholische Akademikerin über 60 Jahren im Vierpersonenhaushalt einer Kleinstadt »übrig bleibt«, ist die Fälschung des Interviews fast vorprogrammiert. Bei großzügigen Quoten ist dagegen die Stichprobenziehung durchaus einfacher als bei einer einfachen Zufallsauswahl, die ja eine Liste der Grundgesamtheit erfordert. Innerhalb der Quoten darf der Interviewer jeden befragen. Auch erledigt sich gleichzeitig das Problem der Ausschöpfung: Verweigert z. B. die erste kontaktierte Frau über 60 Jahre ihre Teilnahme, kann der Interviewer beliebig eine andere Person befragen, die die gleiche Merkmalskombination erfüllt. Für die Befragungen der Bevölkerung innerhalb der Einkommens- und Verbrauchsstichprobe (EVS) geben Becker und Hauser daher ebenfalls die hohe Ausschöpfung als Grund dafür an, mit der Quotenauswahl zu arbeiten: »Infolge der Freiwilligkeit der Beteiligung an den sehr umfangreichen Befragungen [würde] der systematische Fehler im Falle einer Zufallsauswahl so groß werden, dass der Vorteil, Zufallsfehler abschätzen zu können, daneben ›verblasst‹« (Becker/Hauser 2003: 73).

Für die Quotenauswahl sprechen also die vergleichsweise einfache Durchführung mit hoher Ausschöpfung sowie die – allerdings umstrittene – These der Meinungsforscher, auf diese Weise ähnlich repräsentative Ergebnisse wie durch eine Zufallsauswahl zu erzielen.

Ein Gegenargument lautet, dass der Forscher hier nicht allein (wie auch bei der geschichteten Stichprobe) Vorkenntnisse über die Grundgesamtheit benötigt, um die Quoten überhaupt festlegen zu können, sondern dass er eine wichtige – unbewiesene – Annahme treffen muss: Die Quotenmerkmale müssen mit den eigentlich interessierenden, noch zu erhebenden Merkmalen (also z. B. dem Musikgeschmack) korrelieren, d. h. zusammenhängen. Der Forscher kann lediglich für die Quotenmerkmale kontrollieren, dass sie der Grundgesamtheit entsprechen, nicht für andere Merkmale. Die Unterstellung des Zusammenhangs ist jedoch skeptisch zu beurteilen, besonders in Verbindung mit einem weiteren Aspekt, der willkürlichen Auswahl innerhalb der Quoten. Interviewerinnen könnten – auch unter Einhaltung der Vorgaben – z. B. recht eng in ihrem eigenen sozialen Umfeld bleiben und generell kommunikationsfreudige Personen bevorzugen.

Mit der bewussten Festlegung von Quoten weist die Quotenauswahl ein Merkmal der *bewussten Auswahlverfahren* generell auf: Diese nutzen Vorkenntnisse über die Zielgruppe, um ganz bestimmte Elemente auszuwählen, z. B. die Zeitungen mit der höchsten Auflage oder Kontrastfälle (z. B. sportlich sehr aktive vs. gar nicht aktive Personen). Dieses Prinzip, typische Fälle auszuwählen oder eine Bandbreite vorkommender Möglichkeiten abzudecken, ist in der qualitativen Forschung stärker verbreitet. Statistische Repräsentativität gewährleistet die bewusste Auswahl dagegen nicht umstandslos.

Eine kurze Anmerkung zum angedeuteten Problem des *Fälschens von Fragebögen*: Das Problem kann insbesondere bei persönlichen Befragungen auftreten, da die Interviewer in diesem Fall weniger kontrollierbar sind als bei der Interviewsituation im Telefonlabor – und bei der schriftlichen Befragung gibt es ohnehin keinen Interviewer. Umfrageinstitute gehen teilweise so vor, dass sie einerseits die Interviewer zumindest in einem gewissen Ausmaß kontrollieren (z. B. rufen Institutsangehörige einige Befragte an und fragen, ob sie an einem Interview teilgenommen haben). Zum anderen führen die Interviewer jeweils nur recht wenige Interviews für eine Untersuchung durch. Ist dann wirklich einmal ein notorischer Fälscher darunter, macht der Anteil »seiner« Fragebögen keinen zu großen Prozentsatz der Antworten aus und verfälscht das Umfrageergebnis damit nicht erheblich – so zumindest die Hoffnung.

Im Folgenden sollen vor allem am Beispiel der Stichprobenziehung im Projekt »Inklusionsprofile«, dem Anwendungsbeispiel aus dem Befragungskapitel, einige weitere Aspekte zur Sprache kommen, die für eine Stichprobenziehung wichtig sind.

5.3 Die Auswahl von Befragten am Beispiel

Die Zielgruppe der telefonischen Befragung zu »Inklusionsprofilen« war die erwachsene Wohnbevölkerung in Deutschland in Privathaushalten, soweit sie anhand von Telefonanschlüssen zu ermitteln ist. In Deutschland gibt es nur sehr wenige Haushalte, die telefonisch nicht erreichbar sind. Zwar nimmt der Anteil derjenigen, die ausschließlich ein Mobiltelefon haben, zu (nach Fuchs 2012: 53 sind es etwa sechs bis acht Prozent – in einigen anderen Ländern gibt es deutlich höhere Anteile), doch ließ sich im Projekt (Erhebung im Jahr 2003) noch ohne größere Verzerrungsrisiken von Festnetzanschlüssen ausgehen. Eine zusätzliche Voraussetzung war, dass die Gesprächspartner die Fragen auf Deutsch beantworten konnten; es erfolgte keine Übersetzung in andere Sprachen.

Wie groß muss eine Stichprobe sein, um statistische Analysen zu ermöglichen und repräsentative Aussagen zu machen? Leider kann man hier nicht einfach einen festen Anteilswert der Grundgesamtheit angeben, ebenso wenig eine bestimmte absolute Mindestanzahl. Mit bestimmten statistischen Annahmen lassen sich Stichprobengrößen durch Formeln ermitteln. Häder etwa geht für große Grundgesamtheiten unter der Annahme weiterer Faktoren von einer Mindestanzahl von n= 1.068 aus (Häder 2000: 11).[11] Damit sind jedoch noch keine ausreichenden Fallzahlen für die Analyse wichtiger Untergruppen berücksichtigt. Wenn man für das Projekt wichtige unabhängige Variablen betrachtet, und zwar die Kombination von Bildung, Alter und Geschlecht, ergibt sich eine 24-Felder-Tabelle[12].

Dabei müssen die Proportionen zum Vorkommen dieser Merkmale in der Gesamtbevölkerung gegeben sein. Darüber hinaus sollten sich wenigstens 30, überwiegend aber mindestens 50 Fälle in jeder Zelle befinden, damit statistische Verfahren sinnvoll angewandt werden können. Unter Rückgriff auf vorliegende repräsentative Befunde (hier aus ALLBUS) war zu vermuten, dass die genannten Bedingungen bei einer Fallzahl von 2.100 Personen erfüllt sind (d. h. bei ca. 60 Prozent der dort 3.500 Befragten sind die Zellen hinreichend gefüllt). Damit war die zu erreichende Stichprobengröße von 2.100 Personen ermittelt[13].

Tab. 5.4: Befragtengruppen nach Kombinationen von Lagemerkmalen

	Niedrige Bildung, Frauen	Niedrige Bildung, Männer	Mittlere Bildung, Frauen	Mittlere Bildung, Männer	Höhere Bildung, Frauen	Höhere Bildung, Männer
18–29 Jahre						
30–44 Jahre						
45–59 Jahre						
Ab 60 Jahre						

---

11   Für Interessierte: Die Faktoren sind eine Irrtumswahrscheinlichkeit von 5 % und ein Stichprobenfehler von e= 0,03. Die Berechnung folgt der Logik der oben erwähnten Intervallschätzung; die entsprechende Formel wird nach n (= der Fallzahl) aufgelöst (vgl. Kühnel/Krebs 2001: Kap. 8.4.4; Schnell 2012: Anhang A).

12   Es handelt sich hier nicht um eine Quotierung für die Auswahl, sondern um einen Weg, um die Stichprobengröße zu bestimmen.

13   Die Verteilung der letztlich 2.110 Befragten sieht tatsächlich so aus, dass 20 Zellen mit mehr als 50 Personen besetzt sind. In vier Außenzellen sind es weniger als 50, aber mindestens 35 Personen.

Auswahlen von Telefonnummern könnten sich auf in Telefonbüchern eingetragene Anschlüsse stützen. Jedoch ist längst nicht jede Telefonnummer dort verzeichnet. Andererseits könnte man vollständig zufällig per Computer beliebige Nummernfolgen generieren. Dies ist allerdings ein höchst ineffizienter Weg, weil sehr viele dieser Nummernfolgen nicht zu einem realen Anschluss gehören würden. Man geht daher eher entweder von gelisteten Telefonnummern aus und modifiziert per Zufall die letzten Nummern (*RLD*: randomized last digit). Damit lehnt man sich an die Struktur real vergebener Nummern an, erfasst aber durch die Modifizierung auch nicht eingetragene Nummern. Alternativ stützt man sich unabhängig von einer Liste auf Telefonnummern-Anfänge, die in den jeweiligen Ortsnetzen tatsächlich vorkommen und ergänzt dann zufällig weitere Ziffern (*RDD*: randomized digit dialing). Beispielsweise könnte in einem Ortsnetz, in dem maximal sechsstellige Rufnummern vorkommen, solch ein Anfangs-Block 1234XX lauten. Für diesen generiert der Computer alle möglichen 100 Ziffernfolgen für die letzten beiden Ziffern (im Beispiel alle Kombinationen von 123400 bis 123499). Anschließend wird aus der entstandenen Liste eine Zufallsauswahl gezogen (Häder 2000, Gabler/Häder 2002). Auch nach diesen beiden Verfahren wird es noch Nummern geben, die an keinen Anschluss vergeben sind, aber ihre Zahl ist weitaus geringer als bei der vollständig zufälligen Generierung von Nummern. In der Studie »Inklusionsprofile« kam das RDD-Verfahren zum Einsatz.

Hatte der Anrufer im Projekt einen Gesprächspartner in einem Privathaushalt erreicht, wählte er nach einem bestimmten Kriterium (wer ab 18 Jahren hatte zuletzt Geburtstag?) die Zielperson im Haushalt aus. Auf diese Weise umging die Untersuchung Verzerrungen, die entstehen, wenn der Interviewer jeweils die Person befragt, die den Anruf annimmt. Denn wer in einem Haushalt ans Telefon geht, folgt nicht dem Zufallsprinzip.

Um die schließlich 2.110 Interviews zu erzielen, mussten 40.000 Ziffernkombinationen eingesetzt werden. Fast 27.000 davon gehörten zu stichprobenneutralen Ausfällen, z. B. kein Anschluss unter dieser Nummer, Faxgerät, Geschäftsanschluss. Bei etwa 3.400 weiteren Nummern meldete sich auch nach zehn Kontaktversuchen zu unterschiedlichen Tageszeiten kein Teilnehmer (Freizeichen, Besetztzeichen oder Anrufbeantworter). Außerdem gab es fast 8.000 nicht neutrale Ausfälle, z. B. durch Verweigerungen oder starke Verständigungsschwierigkeiten. Sofern die Gesprächspersonen im Falle von Verweigerungen nicht ohnehin einfach auflegten, gaben sie als häufigste Gründe für die Nicht-Teilnahme Zeitmangel an oder den Umstand, dass sie grundsätzlich nicht an Umfragen teilnähmen.

Das Beispiel hat einige Besonderheiten zur Stichprobenziehung für eine telefonische Befragung aufgezeigt. Einige Hinweise zu Stichproben für zwei andere Erhebungsinstrumente – die Beobachtung und Onlinesurveys – seien hier ergänzt:

Für die *Beobachtung* ist es kennzeichnend, dass die Handlungen, Situationen etc., die die Forscher beobachten möchten, zum Zeitpunkt der Auswahl noch gar nicht existieren. Daher legen sie oft bestimmte Orte und Zeiträume fest, aus denen sie eine Auswahl ziehen, z. B. ein Raum in einem Museum an einem Sonntag zwischen 15 und 16 Uhr, vgl. Kap. 4.4. Diese Zeiträume müssen lang genug sein, damit der Beobachter die entscheidenden Aspekte dokumentieren kann und um ggf. die etwas künstliche Beobachtungssituation durch Gewöhnung an den Beobachter zu entschärfen. Sie dürfen andererseits nicht so lang sein, dass sie die Aufmerksamkeit überfordern. Im Beispiel wäre zunächst aus jedem Quartal eines Jahres eine Woche zu ziehen. Im nächsten Schritt könnte eine Auswahl aus 48 Stundenintervallen pro Woche für einen Raum gezogen werden, wenn man davon ausgeht, dass das Museum an sechs Tagen pro Woche je acht Stunden geöffnet hat und man keine Schichtung nach publikumsstarken und -schwachen Zeiten vornimmt (6 Tage x 8 Stunden).

Eine Besonderheit bei der Auswahl im Rahmen von Befragungen stellen *Onlinesurveys* dar. Sofern die Untersuchung nicht gezielt bestimmte Gruppen anspricht (z. B. alle Abonnenten eines Newsletters, aus der der Forscher eine Zufallsauswahl per E-Mail anschreibt mit Link zum Fragebogen), handelt es sich um eine Selbstrekrutierung innerhalb einer Bevölkerungsgruppe, die bereits bestimmte Merkmale aufweist. Nicht alle nutzen das Internet gleichermaßen oder klicken mit gleicher Häufigkeit Websites an, auf denen z. B. um die Teilnahme an einer Befragung gebeten wird. Sie werden nicht aus einer Grundgesamtheit gezielt ausgewählt, sondern entscheiden selbst, ob sie auf den Fragebogen »klicken« und ihn ausfüllen oder nicht. Die Grundgesamtheit bleibt auf die Besucher der Website innerhalb eines Zeitraums beschränkt und ist oft weitgehend unbekannt. Wenn die Befragten nicht zufällig aus einer Liste ausgewählt werden, können die Befunde nicht als repräsentativ für eine größere Grundgesamtheit gelten. Daran ändern auch statistische Berechnungen (z. B. Gewichtungen) oder ein Ausgleich durch hohe Fallzahlen nichts (Heckel 2003; Schnell 2012: 305). Aus methodischer Sicht ist damit ein Erhebungsinstrument, das in den letzten Jahren an Verbreitung gewonnen hat, kritisch zu beurteilen. Dies gilt im Übrigen auch für *Access-Panels*: Hierbei handelt sich um Listen von Personen, die sich (auf welchem Rekrutierungsweg auch immer) für die Teilnahme an (weiteren) Erhebungen bereit erklärt haben und über die – teilweise vermittelt über kommerzielle Institute – Informationen zu einigen Merkmalen, z. B. ihr angegebenes Alter, zur Verfügung stehen. Die Verallgemeinerbarkeit einer Studie z. B. mit Befragten ab 60 Jahren aus dieser Liste ist jedoch skeptisch zu sehen.

5.4 Zusammenfassung des Vorgehens

Hat eine Forscherin also die Grundgesamtheit ihrer Untersuchung klar festgelegt und strebt sie für diese verallgemeinerbare Befunde an, sind im Weiteren folgende Entscheidungen zu treffen – die nicht unabhängig davon sind, um welche Art von Fällen und Feldzugängen (z. B. Befragte über Telefonnummern oder Adressen, schriftliche Quellen aus einem Archiv, Beobachtungssituationen) es sich jeweils handelt:

- Ist eine Vollerhebung mit vertretbarem Aufwand realisierbar? Wenn nicht, ist eine Stichprobe zu ziehen.
- Kann, wiederum mit vertretbarem Aufwand, eine Liste aller Fälle der Grundgesamtheit erstellt werden? Falls ja, bietet sich oft eine einfache Zufallsauswahl an, es sei denn, es sollen z. B. kleine Teilgruppen besonders berücksichtigt werden. Falls nein, sind Alternativen abzuwägen.
- Diese Alternativen hängen davon ab, ob man zumindest in einem mehrstufigen Verfahren Listen erstellen kann, aus denen sich jeweils eine Zufallsauswahl ziehen ließe, oder ob Informationen über die Merkmalsstruktur der Grundgesamtheit vorliegen, die ein geschichtetes Verfahren (mit Zufallsauswahlen in den Teilgesamtheiten) ermöglichen. Falls dies der Fall ist, können komplexe Zufallsauswahlen gezogen werden. Aufwändig, aber prinzipiell möglich ist es, die Zielgruppe als Teil einer größeren Grundgesamtheit aufzufassen.[14]
- Kommt auch dies nicht in Frage, muss die Forscherin mit Einschränkungen ihres Repräsentativitätsanspruchs rechnen (s. o. die Argumente zum umstrittenen Verfahren der Quotenauswahl). Da man nicht immer damit rechnen kann, Daten und Informationen von amtlichen Stellen zu erhalten (z. B. welche Personen aus der Kartei des Einwohnermeldeamts wohnen in einem Haushalt mit einem Erwachsenen und mindestens einem Kind oder haben Steuerklasse 2?), sind diese Einschränkungen gar nicht so ungewöhnlich. Oft werden Forschende versuchen, zumindest *Zufallselemente* in ihre Auswahl zu integrieren, wobei forscherische Phantasie nicht von Nachteil ist. Beispielsweise könnte man für Migrantinnen aus einem bestimmten Herkunftsland die häufigsten Nachnamen des Landes recherchieren und aus all diesen Nachnamen aus dem Telefonbuch eine Auswahl ziehen. Das ist keine »echte« Zufallsauswahl, und eventuell

---

14 Ein Beispiel: Möchte man eine Studie über Alleinerziehende in Berlin durchführen, könnte man den Alleinerziehenden, die in einer für die Wohnbevölkerung Berlins repräsentativen Mehrthemenumfrage teilnehmen, weitere Filterfragen stellen. Dies setzt jedoch eine große Fallzahl in der Stichprobe voraus, damit die Teilgruppe der Alleinerziehenden hinreichend groß ist.

haben einige Personen mit einem dieser Nachnamen keinen Migrationshintergrund, sondern z. B. den Namen bei ihrer Heirat angenommen. Das Vorgehen erzielt eine nur eingeschränkt verallgemeinerbare, jedoch immer noch breiter gestreute Stichprobe als ein Feldzugang allein z. B. über Vereine oder andere »Gatekeeper«.

- Parallel zur Festlegung des Auswahlverfahrens ist eine hinreichende Stichprobengröße durch die Anwendung von Formeln unter Berücksichtigung verschiedener Faktoren zu bestimmen.
- Nach der Durchführung des Auswahlverfahrens gilt es, die Ausschöpfung zu kontrollieren. Bei eher niedriger Ausschöpfung ist zu überlegen, ob es Hinweise dafür gibt, in welchem Ausmaß die Ausfälle die Stichprobe verzerrt haben (z. B. durch einen Vergleich mit der amtlichen Statistik), und ob Aktivitäten möglich sind, um die Ausschöpfung doch noch zu erhöhen (z. B. durch erneute Kontaktversuche).
- Die Reflexion der Repräsentativität anhand dieser Aspekte ist insgesamt ein unverzichtbares Element des Forschungsprozesses.

Literatur

ADM (Arbeitskreis deutscher Markt- und Sozialforschungsinstitute e. V.) (2014): Stichproben-Verfahren in der Umfrageforschung: Eine Darstellung für die Praxis, 2. Aufl., Wiesbaden: Springer VS.

Übungsaufgabe

Stellen Sie sich vor, Sie sollten eine möglichst repräsentative Stichprobe für folgende Grundgesamtheiten zusammenstellen:
a) Studierende des B. A.-Studiengangs Soziologie an einer bestimmten Universität
b) Wähler der CDU
c) Drogenabhängige in Frankfurt
d) Schüler der Klasse 10 mit mindestens befriedigenden Noten in Sozialwissenschaften in Bremen

Wie gehen Sie vor? Begründen Sie die Wahl des Verfahrens und beschreiben Sie das Vorgehen sowie mögliche Probleme.

6 Die Darstellung von Forschungsergebnissen: gelungen, fehlerhaft oder manipuliert?

Wenn Forscher Daten erhoben haben, stehen sie vor der Aufgabe, die Ergebnisse aufzubereiten, um sie erstens hinsichtlich ihrer Fragestellung interpretieren zu können und um zweitens Darstellungen für Präsentationen und Veröffentlichungen auszuwählen.

Die quantitative Forschung bedient sich zur Auswertung in der Regel der Statistik. Manche Leser könnten jetzt die Assoziation von höherer Mathematik, schwierigen Rechenprozeduren und unverständlichen Maßzahlen haben, doch wäre das eine einseitige Sicht. So rechnet man im Zeitalter des fast überall verfügbaren Computers kaum noch »manuell«, d.h. das Rechnen selbst bleibt für den Anwender eine gewisse Blackbox. Was man allerdings als Forscher und als kritischer Leser wissen muss, ist Folgendes: Welche Prozeduren lässt man die Software sinnvollerweise ausführen, und was bedeuten die Ergebnisse? Was sagt mir etwa »r= 0,63« für meine Fragestellung? Die statistische Auswertung allein macht also noch keine Interpretation aus im Sinne einer Antwort auf die Forschungsfrage.

Ein weiterer Hinweis lautet: Auch die Darstellungen von Zahlen in Tabellen und Grafiken, wie sie aus den Medien geläufig sind, sind bereits »Statistik«. Was der Laie oft weniger reflektieren kann, ist die Fehleranfälligkeit solcher statistischen Ergebnisse, die mit komplizierten Prozeduren noch nichts zu tun haben müssen.

An dieser Stelle soll ausdrücklich keine Einführung in die Statistik erfolgen. Die Zielsetzung dieses Kapitels liegt darin, einen ersten Zugang zu einer kritischen Lesekompetenz in Bezug auf statistische Ergebnisse zu vermitteln. Wer genauer, breiter und tiefer in das Thema einsteigen möchte, kann im nächsten Schritt den Literaturhinweisen am Ende des Abschnitts folgen.

Dieses Kapitel ist in zwei Teile gegliedert: Der erste Abschnitt gibt einen kurzen Überblick darüber, welche Ziele die Statistik hat und welche Teilbereiche es gibt. Im zweiten Abschnitt werden einige Beispiele dazu vorgestellt, was bei der Deutung von Tabellen, Grafiken und Maßzahlen zu beachten ist und welche Fehler vorkommen können.

6.1 Aufgaben und Teilbereiche der Statistik

Welchen Zweck verfolgt die Statistik in der empirischen Sozialforschung? Sie dient unter anderem dazu,
- große Datenmengen übersichtlich zusammenzufassen und zu strukturieren;
- Daten vergleichbar zu machen (so kann etwa der Altersdurchschnitt von Gruppe A mit dem der Gruppe B verglichen werden);
- Interpretationshilfen für die Daten nach bestimmten Regeln zu geben (z. B.: Wann kann ich von einem Zusammenhang zwischen Geschlecht und Geschmacksvorlieben ausgehen?) und somit
- die Ergebnisse nachvollziehbar zu machen.

Die Anwendung von Statistik hat jedoch auch Grenzen:
- Es gibt einen, für die Fragestellung aber meist nicht zentralen Informationsverlust über Details und über Unterschiede von einzelnen Personen. So sagt der Altersdurchschnitt nichts mehr über das Alter einzelner Personen.
- Die Ergebnisse sind nicht immer leicht durchschaubar (Welche Voraussetzungen und Annahmen lagen vor? Sind Daten wirklich vergleichbar? etc.).
- Bewusste oder unbewusste Manipulationen sind möglich, etwa durch Auslassungen, die Wahl »angenehmer« Maßzahlen und Maßstäbe etc.
- Statistik allein führt nie zu einer »sicheren« Entscheidung (z. B. über Ursache-Wirkungs-Zusammenhänge), d. h. das Denken und die konzeptionellen und methodischen Entscheidungen der Forscher können nicht durch Statistik ersetzt werden.

Um die genannten Aufgaben zu erfüllen, hat die Statistik vielfältige Instrumente entwickelt, die man in verschiedene Bereiche untergliedern kann. Die folgende Aufstellung soll einen Eindruck vermitteln, was die Statistik leistet, ohne einzelne Verfahren zu erläutern.

6.1.1 Deskriptive Statistik

Damit ist die beschreibende Statistik gemeint, bei der es in erster Linie um die übersichtliche Darstellung von Häufigkeiten oder Zusammenhängen geht. Hierbei kann man eine unterschiedliche Anzahl von Merkmalen gleichzeitig betrachten. Für das Ziel der Überprüfung von Hypothesen, die bestimmte Zusammenhänge postulieren, sind bi- und multivariate Analysen dabei besonders relevant.

Betrachtung eines Merkmals (univariat), z. B. Alter, Geschlecht, Einstellung zur Wichtigkeit der Familie; in Form beispielsweise von

- Häufigkeiten: Verteilung der einzelnen Ausprägungen in der untersuchten Gruppe, z. B. 3 Frauen, 5 Männer oder 65 Prozent Studierende der Pädagogik und 35 Prozent Studierende der Medizin, z. B. als Tabelle oder grafische Darstellung.
- Mittelwerten: Ein »typischer Wert«, der viele gemessene Werte repräsentiert, z. B. der Altersdurchschnitt in einer Gruppe
- Streuungsmaßen: Wie typisch ist der Mittelwert? Die Streuung ist z. B. geringer, wenn bei einem Altersdurchschnitt von 35 Jahren alle Personen zwischen 30 und 40 Jahre alt sind, als wenn die Bandbreite zwischen 16 und 88 Jahren liegt. Der Mittelwert ist also bei kleinerer Streuung »typischer«, aussagekräftiger.
- Maßen der Konzentration: Eine Gleichverteilung wäre z. B. gegeben, wenn bei fünf gleich großen Einkommensklassen in jeder Gruppe 20 Prozent der Personen wären, ansonsten ergeben sich mehr oder weniger starke Konzentrationen.

Gleichzeitige Betrachtung von zwei Merkmalen (bivariat), z. B. Freizeitaktivitäten je nach Geschlecht oder Schulleistungen je nach sozialer Schicht
- auch hier: Tabellen (Kreuztabellen) und Grafiken als mögliche Darstellungsformen
- Korrelation: Zusammenhangsmaße, d. h. Maßzahlen, die unter anderem etwas darüber aussagen, wie stark ein (statistischer) Zusammenhang zwischen zwei Merkmalen ist. Ein Betrag nahe 0 weist darauf hin, dass es keinen Zusammenhang gibt, der höchstmögliche Betrag und damit der stärkste Zusammenhang liegt meistens bei 1. Manche Zusammenhangsmaße deuten auch die Richtung des Zusammenhangs an: Bei einer positiven linearen Korrelation (z. B. +0,68) steigt z. B. mit dem Bildungsgrad auch das Einkommen, bei einer negativen Korrelation (z. B. -0,71) würden z. B. mit steigendem Einkommen die prozentualen Ausgaben für den Haushalt sinken. Bei sozialwissenschaftlichen Fragestellungen wird es kaum einmal der Fall sein, dass ein Merkmal allein ein anderes sehr stark determiniert; häufig sind Ursachenbündel im Spiel. Daher sehen Forscher häufig Beträge ab etwa 0,4 durchaus schon als stark an.

Gleichzeitige Betrachtung von mehr als zwei Merkmalen (multivariat), z. B. könnte man untersuchen, wie die Verteilung von Karrierezielen nach dem Geschlecht und zugleich nach Altersgruppen aussieht. Oder man fragt sich, ob von 50 erfragten Freizeitaktivitäten mehrere in typischen »Klumpen« (daher: Clusteranalyse) auftreten, dass etwa jemand, der gern wandert und Sport treibt, sich in der Regel auch für bestimmte Filme und Bücher interessiert.

6.1.2 Induktive Statistik: Testen und Schätzen

Die induktive (auch: schließende oder Inferenz-) Statistik beschäftigt sich unter anderem damit, Unterschiede zwischen Gruppen einzuschätzen. So kann man anhand von Signifikanztests begründet entscheiden, ob ein Unterschied zwischen zwei Gruppen *signifikant* ist – und das würde heißen: mit einer angebbaren Irrtumswahrscheinlichkeit auf die Grundgesamtheit verallgemeinerbar ist. Ein Beispiel: 34 Prozent der befragten Frauen gehen regelmäßig ins Kino gegenüber 39 Prozent befragter Männer. Beeinflusst das Geschlecht den Kinobesuch also signifikant, d. h. nicht nur in der Stichprobe, sondern auch in der Grundgesamtheit? Wenn es hierzu keine Regeln gäbe, könnte jeder Forscher einen Abstand von fünf Prozentpunkten danach interpretieren, wie es ihm gerade passt. Nach freier Wahl könnte er von »lediglich« oder »immerhin« fünf Prozentpunkten Unterschied sprechen. *Signifikanztests* regeln diese Entscheidung anhand bestimmter Annahmen über Verteilungen in der Grundgesamtheit mit angebbaren Unschärfen. Der Test geht dabei davon aus, dass es zwischen den Merkmalen (z. B. Geschlecht und Kinobesuch) keinen Zusammenhang gibt und ermittelt dann die Wahrscheinlichkeit, mit der auch die Stichprobe zu diesem Ergebnis kommt. Liegt die Wahrscheinlichkeit unter einer zuvor festgelegten Irrtumswahrscheinlichkeit (oder: Signifikanzniveau), deutet man dies so, dass es doch einen Zusammenhang gibt, dass z. B. Männer signifikant häufiger als Frauen ins Kino gehen. Zwar kann der Forscher das Signifikanzniveau wählen (üblich sind 1, 5 oder auch 10 Prozent), doch macht er durch dessen Angabe für die Leser transparent, wie »streng« sein Signifikanztest war[15]. Dabei darf »Signifikanz« nicht mit der Stärke oder Relevanz eines statistischen Zusammenhangs verwechselt werden (vgl. dazu Ludwig-Mayerhofer et al. 2014: 172–175, die diesen Aspekt kritisch auch am Beispiel des CHE-Hochschulrankings verdeutlichen; a. a. O.: 166–180 zu Problemen des statistischen Testens generell).

Insgesamt geht es bei der induktiven Statistik um die Verallgemeinerung von der Stichprobe auf die Grundgesamtheit. Dabei sollen Schätzfehler abgeschätzt und möglichst minimiert werden. Schätzverfahren geben dabei oft ein sogenanntes Konfidenzintervall an. Ein fiktives Beispiel dazu lautet: In

---

15 Dass die Kenntnis statistischer Feinheiten manchmal sehr nützlich sein kann, zeigt folgendes Beispiel: Die Signifikanz hängt unter anderem von der Fallzahl n ab, und zwar sind Zusammenhänge zwischen zwei Merkmalen bei großen Fallzahlen eher signifikant. Diese Einsicht führte beispielsweise im Inklusionsprojekt mit 2.110 Befragten dazu, ein Signifikanzniveau von 1 % zu wählen. Hätten die Forscher großzügig mit 10 % gearbeitet, hätten sie mehr signifikante Ergebnisse gehabt, doch wären die Befunde zugleich weniger aussagekräftig gewesen.

der Stichprobe haben 21 Prozent aller Eltern ihren Kindern ausländische Namen gegeben. Mit einer Wahrscheinlichkeit von 95 Prozent kann man (bei bestimmten Annahmen und auch abhängig von der Stichprobengröße) z. B. davon ausgehen, dass das Intervall zwischen 16 und 26 Prozent den korrekten Anteilswert der Grundgesamtheit enthält (dieses Vorgehen nennt sich Intervallschätzung, vgl. Kühnel/Krebs 2001: Kap. 8.4).

Insbesondere seit der Entwicklung und relativ guten Verfügbarkeit leistungsfähiger Rechner wurden elaborierte statistische Verfahren weiterentwickelt. Als ein Indikator für deren Vielfalt kann das »Handbuch der sozialwissenschaftlichen Datenanalyse« (Wolf/Best 2010) dienen, das in 40 Beiträgen auf 1.098 Seiten verschiedene Analyseverfahren behandelt. Allein etwa zur Regressionsanalyse – ein Verfahren, das den erklärenden Einfluss meist mehrerer Merkmale gleichzeitig auf ein zu erklärendes Merkmal schätzt – gibt es elf Beiträge zu ihren verschiedenen Aspekten und Varianten. Hinzu kommen beispielsweise Verfahren zur Analyse von Daten, die sich auf einen Zeitverlauf richten (z. B. Zeitreihen- oder Sequenzdatenanalyse), oder Verfahren, die Zusammenhänge zwischen Merkmalen in erster Linie explorieren (z. B. Faktoren- oder Clusteranalyse).

6.2 Gefahren und Stolperfallen – zur Deutung von statistischen Ergebnissen

In jedem Forschungsschritt gibt es Möglichkeiten, sich aus methodischer Sicht »falsch« zu entscheiden, dies gilt auch bei der Anwendung statistischer Verfahren, wie am Beispiel von Tabellen, Grafiken und Maßzahlen gezeigt werden soll. Gewiss gibt es noch mehr potenzielle Fehlerquellen bei diesem Forschungsschritt. Wenn man erst einmal ein Gespür für mögliche Fehler entwickelt hat, lässt sich dieses dann allerdings mit einiger Übung auch auf andere Beispiele übertragen.

6.2.1 Häufigkeitstabellen

Häufigkeitstabellen machen Angaben darüber, wie oft (absolut und/oder in Prozent) die Ausprägungen einer Variable oder auch von zwei bis drei Variablen bei den erhobenen Fällen vorkommen (unter einer *Variable* versteht man ein Merkmal mit mindestens zwei Ausprägungen). Ein Beispiel für eine Häufigkeitstabelle zeigt Tab. 6.1.

Verbal ließe sich die Aussage der Tabelle etwa so fassen: Die mittleren Altersgruppen sind am stärksten vertreten: Ein Drittel der Befragten ist zwi-

Tab. 6.1: Variable »Alter« (kategorisiert)

	Fälle	%
18-29 Jahre	399	18,9
30-44 Jahre	700	33,2
45-59 Jahre	543	25,7
ab 60 Jahre	454	21,5
Keine Angabe	14	0,7
GESAMT	2110	100,0

schen 33 und 44 Jahre alt, circa ein Viertel zwischen 45 und 59 Jahre. Die Häufigkeit der jüngsten (18–29 Jahre) und der ältesten Altersgruppe (ab 60 Jahre) liegt bei jeweils ungefähr 20 Prozent.

Eine erste Zusammenfassung der *Kreuztabelle* in Tab. 6.2, die also die Häufigkeitsverteilungen zweier Merkmale »kreuzt«, kann lauten: Männer nutzen zwar etwas häufiger das Internet als Frauen. Ihr Anteil ist bei der täglichen Nutzung höher und bei den Nicht-Nutzern leicht niedriger als bei Frauen. Insgesamt sind die Unterschiede jedoch gering.

Natürlich können solche Tabellen viel komplexer sein, möglich sind mehr Merkmale, mehr Ausprägungen, mehr Angaben (z. B. könnte man in Tabelle 6.2 auf der Basis beider Merkmale oder der Gesamtzahl prozentuieren, man könnte zusätzlich Maßzahlen aufführen etc.). Zu viele Informationen in eine Tabelle zu integrieren, ist nicht sinnvoll; allerdings verträgt eine Tabelle schon mehr und differenziertere Informationen als eine grafische Darstellung (s. u.).

Im Folgenden sind drei ausgewählte Aspekte aufgeführt, auf die Forscher und Leser achten sollten:

a) *Fehlende Angaben:* Wenn etwa die Quelle, der die Zahlen entnommen sind, fehlt, weiß niemand, woher die Daten stammen und worauf sie sich beziehen. Eingeschränkte Deutungsmöglichkeiten gibt es z. B. auch dann, wenn man nicht weiß, wie viele Personen sich hinter einer Prozentangabe verbergen oder wie viele Befragte eine Antwort verweigert haben.

b) *Prozentuierung:* Prozente lassen sich oft besser vergleichen als absolute Zahlen, allerdings ist es wichtig, dass die Basis bekannt ist, auf der die Pro-

Tab. 6.2: Kreuztabelle der Variablen »Geschlecht« und »Internetnutzung« (fiktiv)

Häufigkeit der Internetnutzung	männlich	%	weiblich	%	GESAMT	%
Täglich	592	68%	552	60%	1144	64%
Mehrmals wöchentl.	191	22%	258	28%	449	25%
Seltener	70	8%	83	9%	153	8,5%
Nie	17	2%	28	3%	45	2,5%
GESAMT	870	100%	921	100%	1791	100%

Zur Prozentuierung: 70 Männer, die seltener (als mehrfach wöchentlich) das Internet nutzen, machen also 8% aller 870 Männer aus (Spaltenprozentuierung). Sie machen (nicht in der Tabelle dargestellt) 46% der 153 Personen aus, die seltener das Internet nutzen (Zeilenprozentuierung).

zentuierung erfolgt. Der Ersteller einer Kreuztabelle muss z. B. erst die Entscheidung treffen, ob er – wie im Beispiel – spaltenweise oder ob er zeilenweise prozentuiert. Er muss überlegen, was es jeweils aussagt, wenn die 70 Männer, die seltener das Internet nutzen, 8 Prozent der befragten Männer bzw. 46 Prozent derjenigen ausmachen, die seltener das Internet nutzen. Der Leser bekommt nur das Ergebnis präsentiert, sollte sich aber auch fragen, ob die Prozentuierung – immer mit Blick auf die Fragestellung – sinnvoll ist. Prozente sagen ohne einen Vergleich insgesamt wenig aus.

Bei Kreuztabellen ist der Vergleich mit der Randverteilung sinnvoll (also mit den »Gesamt«-Angaben in der letzten Reihe und Spalte). Wenn z. B. 28 Prozent der Frauen das Internet mehrmals pro Woche nutzen im Vergleich zu 25 Prozent der Befragten insgesamt, so macht das »Frau-Sein« in dieser Kategorie keinen großen Unterschied. Allerdings ist es nicht statthaft, sich lediglich diese Kategorie »herauszupicken«, zu interpretieren wären die gesamte Tabelle und weitere Informationen – z. B. Maße des Zusammenhangs –, um zu entscheiden, ob das Geschlecht einen Einfluss auf die Internetnutzung hat. Nicht immer jedoch werden die Vergleichszahlen mitgeliefert. »Jeder zweite Raucher stirbt an Krebs« – diese Schlagzeile schreckt Raucher vielleicht. Sie ist jedoch wenig aussagekräftig, wenn man nicht weiß, wie viele Nichtraucher an Krebs sterben. Sind es genau so viele oder sogar mehr, ist das Rauchen nicht der entscheidende Einflussfaktor – was hier nur ein Zahlenbeispiel, kein Plädoyer für das Rauchen ist.

Noch ein Hinweis zu Vergleichen: Man sollte prüfen, ob die Kategorien tatsächlich vergleichbar sind: Bezieht sich etwa ein Anteil von Arbeitslosen zum einen auf das Jahr 1989 und zum anderen auf das Jahr 2014, so muss gewährleistet sein, dass sich der Anteil in beiden Fällen z. B. auf die gleiche Region und die gleiche Definition von Arbeitslosigkeit bezieht.

Prozentangaben sind bei sehr kleinen Fallzahlen nicht geeignet. Befinden sich in einer Tabellenspalte etwa nur drei Personen, die über 85 Jahre alt sind, so macht bereits eine einzige Person unter diesen, die das Internet regelmäßig nutzt, über 30 Prozent aus!

c) *Klassifizierungen:* Man stelle sich eine nicht klassifizierte Tabelle (d. h. die Merkmalsausprägungen sind nicht zu Klassen zusammengefasst) zur Altersverteilung einer Personengruppe zwischen 18 und 81 Jahren vor. Diese hätte möglicherweise rund 60 Ausprägungen. Der Überblickscharakter einer solchen Darstellung wäre gering. Die Anzahl der Ausprägungen sollte also überschaubar sein. Welche Klassen aber sind zu bilden? In Tabelle 6.1 beispielsweise macht die jüngste Altersgruppe 18,9 Prozent aus (die Angabe von mehr als einer Dezimalstelle hätte übrigens meist wenig Nutzen). Möglicherweise hätte die Verschiebung der jüngsten Altersgruppe auf z. B. 18 bis 32 Jahre bereits einen deutlichen Effekt, so dass die jüngste Altersgruppe unter Umständen schon 25 Prozent ausmachen würde – ein Unterschied, der nicht in den Daten begründet läge, sondern allein in der Klassifizierung.

Häufig sind, sofern möglich, gleich breite Klassen für einen Vergleich vorteilhaft. Bei offenen Klassen (z. B. »ab 60 Jahren«) ist die Klassenbreite allerdings weniger kontrollierbar, da man nicht weiß, wie alt die älteste Person ist. Am günstigsten ist es, wenn es eine theoretisch fundierte Begründung für die Klasseneinteilung gibt, wenn also die Klassengrenzen auch inhaltliche Zäsuren bilden. 65 Jahre dienen z. B. oft als Zäsur, weil man oberhalb dieses Alters für die meisten Fälle bislang davon ausgehen kann, dass es sich um Rentner handelt.

Schließlich ist immer darauf zu achten, ob die Deutung einer – sorgfältig erstellten – Tabelle (dies gilt auch für Abbildungen und andere statistische Prozeduren) tatsächlich zu den Daten passt: Beispielsweise wäre es nicht zulässig, von einer sinkenden Anzahl an Gesundheitseinrichtungen automatisch auf eine schlechtere medizinische Versorgung zu schließen.

6.2.2 Grafische Darstellungen

Grafiken sollen eine Botschaft auf einen Blick übersichtlich übermitteln. Neben dem Lesen von Zahlen und Wörtern wird die visuelle Vorstellungskraft angesprochen und zur Verdeutlichung der Ergebnisse genutzt. Balken, Tortenstücke, Kurven, Farben etc. sind einige hier verwendete Instrumente. Wichtige Basisarten der grafischen Darstellung sind z. B. Balken- und Kreisdiagramme sowie Kurvendiagramme (Abb. 6.1). Als Prinzip sollte generell gelten, *dass weniger mehr ist*, d. h. weder sollte der Forscher zu viele Informa-

a) Gruppiertes Balkendiagramm

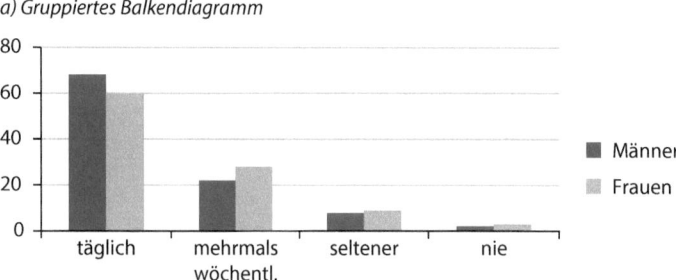

b) Kreisdiagramm

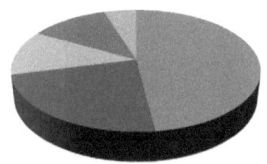

c) Kurvendiagramm

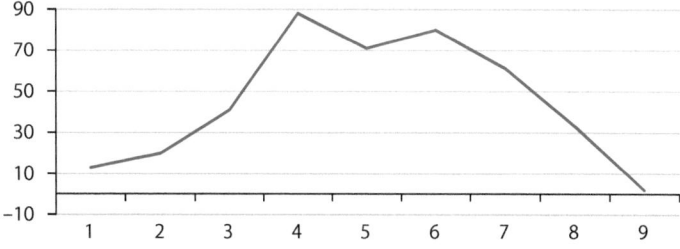

Abb. 6.1: Basisformen grafischer Darstellungen

tionen in eine Grafik »packen«, noch sollte er Ergebnisse per se in verschiedenen Darstellungsformen abbilden – nur weil die verwendete Software vielfältige Layoutvarianten anbietet.

Wann welche Diagrammformen anwendbar sind, hängt unter anderem vom *Messniveau* ab: Jedes Merkmal wird auf einem bestimmten Messniveau »gemessen«. Je höher das Messniveau ist, desto mehr statistische Verfahren sind anwendbar. Deshalb sollte der Forscher schon bei der Erstellung des Messinstruments darauf achten, auf welchem Messniveau er die Merkmale operationalisiert. Die Messniveaus sind folgende:

Nominal: Die Ausprägungen des Merkmals sind unterschiedlich, lassen aber keine Rangfolge zu, z. B. Geschlecht (männlich, weiblich) oder Nationalität (deutsch, französisch, italienisch …). Achtung: Die Festlegung des Messniveaus richtet sich nach den Ausprägungen, nicht nach den Häufigkeiten (bei 5 Frauen und 3 Männern gibt es zwar mehr Frauen als Männer; dieser Unterschied hat jedoch mit dem Messniveau nichts zu tun)!

Ordinal: Die Merkmalsausprägungen haben eine Rangfolge, die Abstände zwischen ihnen lassen sich aber nicht in Zahlen ausdrücken, so hat jemand in der Oberschicht zwar einen höheren Status als jemand in der Mittelschicht, der ist aber nicht z. B. »doppelt so hoch«.

Metrisch: Hier lassen sich die Abstände zwischen den Rängen quantifizieren, z. B. beim Alter, der Kinderzahl oder dem Einkommen in Euro. Manchmal unterscheidet man hier noch zwischen Intervall- und Ratioskala. Bei der Ratioskala ist der Nullpunkt »empirisch interpretierbar«, d. h. hier bedeutet Null = »nichts« (z. B. keine Kinder, kein Einkommen), während bei der Messung von Temperatur in Celsius Null Grad nicht »keine Temperatur« bedeutet (hier handelt es sich also um eine Intervallskala).

Balken- und Kreisdiagramme sind bei allen Messniveaus anwendbar, grundsätzlich sollten die geometrischen Figuren in ihrer Größe absoluten oder relativen Häufigkeiten entsprechen. Kurvendiagramme erfordern metrisches Messniveau.

Natürlich gibt es viele Varianten, die je nach Darstellungsziel sinnvoll sind. Nur zwei Beispiele seien genannt: 1) Die Abbildung zweidimensionaler Verteilungen (also von zwei Merkmalen in einer Abbildung) ist nur dann übersichtlich möglich, wenn mindestens eines der Merkmale lediglich wenige Ausprägungen hat (z. B. Abb. 6.1, in der das Geschlecht nur zwei Ausprägungen hat). 2) Kreisdiagramme betonen eher die Aufteilung eines Ganzen, Balkendiagramme eher den Vergleich von Ausprägungen. Kreisdiagramme sind bei einer höheren Anzahl an Ausprägungen ungeeignet, Ludwig-Mayerhofer et al. raten unter der Überschrift »goodbye, pie« unter anderem wegen der Vergleichbarkeit sogar gänzlich von dieser Darstellung ab (2014: 46).

Worauf sollten Betrachter nun achten, wo liegen Fehlerquellen?

a) *Übersichtlichkeit:* Der Zweck der visuellen Verdeutlichung ist verfehlt, wenn zu viele Informationen in einer Grafik zusammengefasst werden. Beispielsweise sollte ein Forscher bedenken, ob ein Kreisdiagramm mit 17 Unterteilungen noch sinnvoll ist, oder ob er nicht besser Ausprägungen in Klassen zusammenfasst. Zur Übersichtlichkeit gehört es auch, gerade nicht alle Möglichkeiten des Softwareprogramms auszunutzen. Wenn gruppierte Balkendiagramme (Abb. 6.1a) zusätzlich noch in 3D-Effekt und mit schrillen Füllmustern und Farben der Balken erstellt würden, wäre der Sinn einer solchen Darstellung nicht ersichtlich. Eine Reduktion der Informationen auf das für den Moment »Wesentliche« bedeutet natürlich auch, dass es neben den Informationen nicht Erwähntes gibt. Aufmerksame Betrachter sollten sich immer fragen, ob durch das Weglassen bestimmter Angaben nicht systematische Verfälschungen auftreten (Beispiel: Eine Trendbetrachtung fängt bei einer nicht näher begründeten Jahreszahl an – vielleicht sah es kurz vorher noch ganz anders aus?). Allgemein muss klar ersichtlich sein,

- was überhaupt abgebildet wird, z. B. absolute oder prozentuale Angaben (bei Letzteren muss die 100-Prozent-Basis bekannt sein) und
- inwiefern die Daten vergleichbar sind, z. B. muss es kenntlich gemacht werden, wenn für weit zurückliegende Phasen Angaben in Zehnjahres-Abständen erfolgen, für die letzten zehn Jahre jedoch in Einjahres-Abständen. In den meisten Fällen wird eine gleich bleibende Klassenbreite (z. B. eine gleich bleibende Anzahl zusammengefasster Jahrgänge in Altersklassen) sinnvoll sein.

b) *Maßstab:* Auch hier sollen zwei Beispiele das Prinzip verdeutlichen. Die Einteilung von Häufigkeitsachsen z. B. in Balken- oder Kurvendiagrammen kann Anteile bzw. Unterschiede kleiner oder größer erscheinen lassen (Abb. 6.2). Vorsicht sollte immer bei sehr kleinen Unterteilungen geboten sein (wenn z. B. 0.1 Prozent in einem Maßstab von 2 cm dargestellt werden), oder wenn mehrere Grafiken im Vergleich gezeigt werden, die nicht den gleichen Maßstab aufweisen. Ein weiteres Maßstabsproblem zeigt sich bei Flächen- oder Volumendarstellungen (z. B. mit 3D-Effekt). Teilweise wird nicht darauf geachtet, dass tatsächlich die Fläche oder das Volumen den Größenverhältnissen entsprechen, sondern es weisen z. B. die Seitenlängen die richtige Proportion auf, was aber einen falschen Eindruck erzeugt: Wenn man etwa die Seitenlängen eines Rechtecks verdoppelt, ist die Fläche gleich viermal so groß (Beispiele dazu z. B. in Krämer 1995: Kap. 9). Mit Flächen oder 3-D-Darstellungen sollte man also vorsichtig sein, da sie manchmal nur schwer zu interpretieren sind. Krämer empfiehlt in vielen Fällen auch für Piktogramme (also für bildhafte Darstellungen, z. B. in Form von Geldschei-

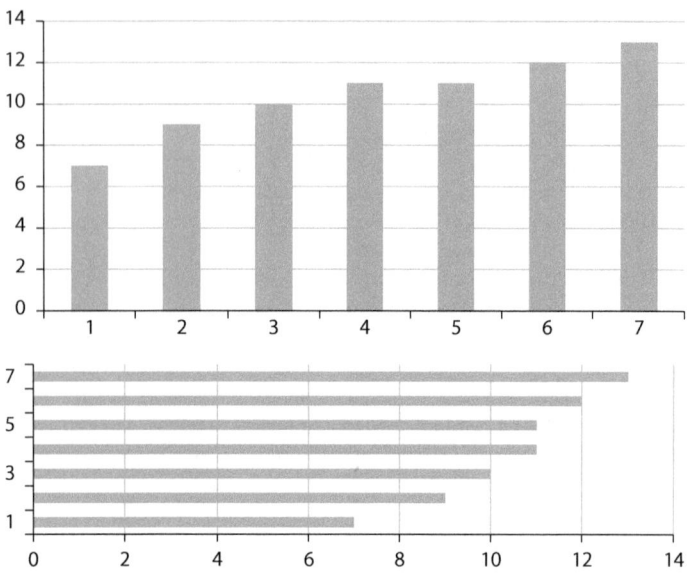

Abb. 6.2: Gleiche Daten – unterschiedliche Darstellung

nen, Autos, etc.), sie eher »mit der Feuerzange anzufassen« (1994: 16), da sie viele Missverständnis transportieren können.

c) *Farben:* Farben haben Signalwirkung. Sie können manchmal deutlicher als Schraffuren oder Grautöne Unterschiede deutlich machen, andererseits sind sie nicht unbedingt »neutral«. Beispielsweise sieht man gelegentlich Abbildungen, in denen auf einer Karte für die deutschen Bundesländer der jeweilige Ausländeranteil eingetragen ist und bei denen die Bundesländer ab einem bestimmten Schwellenwert z. B. dunkelrot dargestellt sind. Da die Farbe Rot häufig eine Warnung vor Gefahr symbolisiert, etwas nicht mehr »im grünen Bereich« ist, kann man eine solche Farbwahl nicht als beliebig einsetzbar ansehen. Zudem ist zu beachten, dass Abbildungen in Büchern und Fachzeitschriften nach wie vor oft schwarz-weiß abgedruckt werden. Die gewählten Farbkontraste müssten sinnvollerweise auch dann noch gut erkennbar sein.

6.2.3 Maßzahlen und weitere Aggregationen

Auch an dieser Stelle können – ohne die Erläuterung statistischer Verfahren – nur einige methodensensibilisierende Hinweise gegeben werden. Vier Punkte werden herausgegriffen: die Wahl geeigneter Maßzahlen, sogenannte Scheinkorrelationen, die Deutung von Maßzahlen für Nicht-Sozialforscher und Indexbildungen.

a) *Die Wahl geeigneter Maßzahlen:* Spontan könnte man glauben, dass Maßzahlen (wie z. B. Mittelwerte, Streuungs- und Zusammenhangsmaße), die Forscher nach bestimmten Regeln anwenden – z. B. ist das Messniveau zu beachten – und die sie nach feststehenden Formeln berechnen, eine gewisse Objektivität haben und daher keine Quelle für Missverständnisse oder Manipulationen bilden. »Eine gewisse Objektivität« – das stimmt einerseits. Beispielsweise darf man das arithmetische Mittel (den auch im Alltag bekannten »Durchschnitt«, z. B. von Preisen) nur für metrische Merkmale berechnen. Aber andererseits bleibt dennoch ein Interpretationsspielraum, z. B. dadurch, dass man manchmal die Wahl zwischen verschiedenen Maßzahlen und Verfahren hat. Beispielsweise reagiert unter den Mittelwerten das arithmetische Mittel empfindlicher auf »Ausreißer« (im Vergleich besonders hohe oder niedrige Werte) als ein anderer Mittelwert, der Median (der Wert in der Mitte einer geordneten Verteilung von Messwerten). Dies wirkt sich z. B. auf die Messung von Einkommensarmut aus, die oft so festgelegt wird, dass ein Haushalt weniger als einen bestimmten Anteil (z. B. 60 Prozent) des mittleren Einkommens im Land zur Verfügung hat. Der Median ist in Einkommensverteilungen systematisch kleiner als das arithmetische Mittel, sofern es mehr Haushalte mit eher geringem als solche mit sehr hohen Einkommen gibt. Orientiert sich die Messung der Einkommensarmut also am Median, gibt es bei gleicher Datenbasis weniger einkommensarme Haushalte als bei einer Orientierung am arithmetischen Mittel. Keine der beiden Maßzahlen ist dabei per se die »richtige«, die Forscherin muss sich für eine Variante, ein mittleres Einkommen zu ermitteln, entscheiden.

Ähnliche Spielräume wie für Mittelwerte gibt es z. B. für Zusammenhangsmaße. Manche liegen »chronisch« höher als andere (Benninghaus 1992: 161). Vergleichbares wie zu den Maßzahlen lässt sich für komplexere statistische Verfahren sagen. Dabei ist es zumeist so, dass jedes Modell Vor- und Nachteile hat, die abzuwägen sind (vgl. als Beispiel für Panelregressionsmodelle Burzan et al. 2014: 59 f.). Daher sei nochmals betont: Der Forscher muss gut dokumentieren und begründen, welche Verfahren er wählt.

b) »Scheinkorrelationen«: Die sogenannte Scheinkorrelation richtet sich auf das Problem, dass Maßzahlen, die auf statistische Zusammenhänge hindeuten (z. B. Korrelationsmaße), zwar potenziell Hinweise auf Ursache-Wirkungs-Zusammenhänge geben, diese aber keineswegs »beweisen«. Die Postulierung von Kausalzusammenhängen gehört zum Bereich der theoretischen Schlussfolgerungen auf der Grundlage empirischer Daten.

Selbst die Richtung eines möglichen Wirkungszusammenhangs ist ohne Informationen zur zeitlichen Abfolge aus Korrelationen nicht automatisch zu ermitteln. Wenn sich etwa ein statistischer Zusammenhang derart herausstellen würde, dass verheiratete Männer gesünder sind als unverheiratete, könnte dies sowohl darauf hindeuten, dass die Ehe den Männern tendenziell gut tut, als auch, dass Männer mit schwacher Gesundheit häufiger keine Ehefrau haben.

Weiterhin kann es sein, dass eine Korrelation verschwindet, sobald weitere Merkmale berücksichtigt werden und so der zunächst festgestellte Zusammenhang zwischen zwei Variablen gar nicht existiert. So könnte eine Korrelation zwischen »Erwerbstätigkeit« (ja/nein) und der Häufigkeit von Arztbesuchen (Nichterwerbstätige gehen vielleicht häufiger zum Arzt) wegfallen, sobald man zusätzlich das Alter berücksichtigt: Ältere sind häufiger nicht mehr erwerbstätig und gehen nicht aufgrund des Rentnerstatus, sondern aufgrund des Alters durchschnittlich häufiger zum Arzt als Jüngere. Ohne die Berücksichtigung des Alters hätte jemand eventuell auch auf die Deutung kommen können – ich überspitze hier absichtlich –, dass Nichterwerbstätige mehr Zeit zur Wehleidigkeit hätten als Erwerbstätige und deshalb häufiger Ärzte aufsuchen. Ein weiteres oft genanntes Beispiel hierzu ist die Korrelation zwischen der Zahl der Störche und der Zahl der Kinder. Hinter dem Zusammenhang verbirgt sich die Variable der Ortsgröße, die auf beide Merkmale einwirkt. Lebensbedingungen sind aus unterschiedlichen Gründen sowohl für Störche als auch für junge Familien in Stadtrand- oder ländlicheren Gebieten günstiger als in Kernstädten. Berücksichtigt man diese Drittvariable, rechnet ihren Einfluss also heraus, so verschwindet der statistische Zusammenhang zwischen Störchen und Kindern.

Die grundsätzliche Schwierigkeit liegt darin, Variablen zu erkennen, die Korrelationen wiederum relativieren. Dies gilt insbesondere in der Sozialforschung, in der man nicht davon ausgehen kann, dass in erster Linie ein Einflussfaktor einen Sachverhalt determiniert. Weitere statistische Verfahren, insbesondere multivariate, können hier zwar helfen. Doch ersetzen diese Verfahren nicht die Entscheidung des Forschers, sich auf ein theoretisches Konzept für seine Untersuchung mit Annahmen zu Ursache-Wirkungs-Zusammenhängen und dafür relevanten Merkmalen festzulegen und aus den Daten später theoretisch angeleitete Schlussfolgerungen zu ziehen. Die scheinbare

Alternative, einfach möglichst viele Variablen in ein statistisches Modell einzubeziehen und zu schauen, welche signifikanten Zusammenhänge sich ergeben, ist weder aus methodischer noch aus inhaltlicher Sicht sinnvoll.

c) *Die Deutung von Maßzahlen für Nicht-Sozialforscher:* Wie kann sich der Leser empirischer Ergebnisse auch ohne fundierte Kenntnisse komplexer statistischer Verfahren zurechtfinden? Pragmatisch lässt sich sagen, dass ein grundsätzliches Methodenverständnis und konzeptionelle Reflexionsbereitschaft eine gute Basis dafür darstellen, um prinzipiell die Schlüssigkeit der Befunde und Schlussfolgerungen nachvollziehen zu können.

Ein Beispiel: In vielen Tabellen, die Ergebnisse aus Regressionsmodellen vorstellen, darf man sich von einer großen Menge an Zahlen nicht entmutigen lassen. Tab. 6.3 präsentiert einen Auszug einer solchen Tabelle, in der mögliche Einflussfaktoren darauf, ob man sich große Sorgen um die eigene wirtschaftliche Situation macht, aufgeführt sind (s. o. zum Anwendungsbeispiel der Sekundäranalyse). Die Koeffizienten zeigen unter anderem die Richtung des Zusammenhangs an, die Sternchen die Signifikanz auf unterschiedlich strengem Niveau. Üblicherweise schaut man nun zuerst, ob der Einfluss signifikant ist, wenn ja, betrachtet man zusätzlich die Richtung. Beispielsweise ist die Wahrscheinlichkeit höher, dass sich erwerbstätige Mittelschichtangehörige in Ostdeutschland mehr sorgen als Westdeutsche: Die Maßzahlen haben zwei Sternchen (das spricht für die Signifikanz), das positive Vorzeichen zeigt an, dass die Wahrscheinlichkeit, sich zu sorgen, in Ostdeutschland erhöht ist (während z. B. eine Partnerschaft statistisch mit tendenziell geringeren Sorgen einhergeht). Modell 1 und 2 unterscheiden sich dadurch, dass Modell 2 neben soziodemografischen auch berufsbezogene Einflussfaktoren berücksichtigt. Hier fällt die Interpretation des Modellvergleichs relativ leicht, weil die Berücksichtigung der berufsbezogenen Merkmale die Tendenzen nicht wesentlich verändert.

Nach diesem Vorgehen, d. h. der Betrachtung von Signifikanz und Richtung der Zusammenhänge (sowie bei linearen Regressionsmodellen auch ihrer Stärke) lässt sich eine erste Deutung solcher Zahlen also auch ohne eingehende Kenntnis des zugrundeliegenden Modells (was genau ist z. B. eine Random-Effects Probit Regression?) ermitteln. Man sollte sich in dem Fall allerdings darüber im Klaren sein, dass man auf diese Weise nur erste grobe Deutungen vorgenommen und noch nicht hinterfragt hat, ob z. B. die zentralen Variablen plausibel klassifiziert in ein für die Fragestellung angemessenes Modell eingegangen sind.[16]

---

16 Unter anderem müsste man, um präzise zu sein, hinzufügen: Bei dem vorgestellten Modell handelt es sich um eine binär logistische Regression (die abhängige

Tab. 6.3: Auszug: Befunde aus einem Regressionsmodell

	coef. Modell 1	coef. Modell 2
Geschlecht (weiblich)	–0.02	0.03
Region (Ost)	**0.49****	**0.38****
Alter	**–0.01****	–0.00
Migrationshintergrund	**0.45****	**0.35****
Verheiratet	0.00	0.03
Partnerschaft	**–0.33****	**–0.30****
Kind im Haushalt	**0.22****	**0.19****
Gesundheitszustand	**0.57****	**0.57****
Vollzeit		0.00
Arbeitslosigkeitserfahrung		**0.34****
Öffentlicher Dienst		**–0.33****
Befristung		**0.27****
Beruflicher Wechsel		0.05
Betriebszugehörigkeit		
5–14 Jahre		**–0.13***
ab 15 Jahre		**–0.23****

Aus: Burzan et al. 2014: 70 (Daten SOEP; Erwerbstätige in der Mittelschicht 2006–2011, n=18.079, Random-Effects Probit Regression); zu erklärende (abhängige) Variable: Große Sorge um die eigene wirtschaftliche Situation, *p<0.05, **p<0.01; Auszug; Berechnung: Silke Kohrs

Variable ist dichotom); die ß-Koeffizienten lassen sich dort nicht als Effekte auf y interpretieren (wie ändert sich y, wenn x sich um eine Einheit ändert), da y entweder 0 oder 1 ist; die Koeffizienten werden als Änderung der Erfolgswahrscheinlichkeit interpretiert.

d) *Indexbildungen:* Die Indexbildung beruht darauf, dass es häufig notwendig ist, für eine Dimension mehrere Indikatoren zu wählen. So ist die Zufriedenheit von Studierenden mit einem Seminar (zum Sinn und Unsinn studentischer »Evaluationsbögen« vgl. Burzan/Jahnke 2010) meist nicht allein von einem einzigen Faktor abhängig. Erhebt man in einem Fragebogen nun verschiedene Zufriedenheitsitems, besteht die weitere Aufgabe darin, diese – vielleicht nicht immer exakt in eine Bewertungsrichtung deutenden – Einzelbefunde nicht nur differenziert für sich stehen zu lassen, sondern auch zu einer Aussage über die Zufriedenheit der Person zusammenzufassen. Sinnvoll ist es, wenn man sich bereits im Zuge der Operationalisierung hierzu Gedanken gemacht hat und beispielsweise die Antwortoptionen der Items vergleichbar sind, z. B. nach Anzahl und Messniveau. Hinzu kommt eine Entscheidung, ob alle Faktoren mit gleicher Gewichtung in den Index eingehen. Für Studierende sind ein interessantes Thema und eine gute Klausurvorbereitung möglicherweise wichtiger als ein besonders ansprechender Seminarraum (s. auch oben die Beispiele zur Familienfreundlichkeit von Wohnbedingungen und zur Inklusion in den Bereich Sport). Diese Überlegungen sind daraufhin in eine Rechenprozedur zu übersetzen. Beispielsweise könnten den Ausprägungen der Items, die in den Index eingehen, jeweils Zahlen zugeordnet werden (etwa von 0 für »sehr unzufrieden« bis 4 für »sehr zufrieden« auf einer 5-stufigen Skala) und diese addiert werden. Streng genommen ist dies methodisch nicht korrekt, weil man so mit leichter Hand eine ordinale Variable in eine metrische »verwandelt« hat; das Vorgehen ist in der Praxis allerdings unter bestimmten Bedingungen nicht unüblich. Wenn in diesen additiven Index drei Variablen mit gleicher Gewichtung eingingen, hätte ein Befragter also einen Indexpunktwert von 0 (dreimal sehr unzufrieden) bis 12 (dreimal sehr zufrieden). Die Korrespondenzregel lautet: Je höher der Indexwert, desto höher die Zufriedenheit. Das Beispiel soll nochmals demonstrieren, dass man Datenauswertungen nicht ohne konzeptionelle Entscheidungen durchführen kann und somit zugleich Befunde grundsätzlich nicht unabhängig von diesen inhaltlich-methodischen Entscheidungen sein können.

Dieses Kapitel soll keinen abschreckenden Charakter haben. Es ist von Vorteil, ein gesundes Misstrauen auch im Hinblick auf die statistische Aufarbeitung von Ergebnissen zu entwickeln. Dies bedeutet jedoch nicht, dass alle Zahlen lügen oder dass es selbst mit großer Mühe nicht gelingt, zu gültigen und eindeutigen Ergebnissen zu gelangen. Gerade die Kenntnis von Stolpersteinen, wie sie in diesem Abschnitt beispielhaft aufgeführt wurden, befähigt Sie nun dazu, am Beispiel »wirklicher« Studien Ihre Kenntnisse und eine methodenkritische Haltung zu testen sowie zu erkennen, was die Studien über die Realität aussagen. Deshalb: Viel Spaß beim Entdecken der Empirie!

Literatur

Einige Einführungen in die Statistik sowie zur Verknüpfung von Statistik und Auswertungssoftware
(Ein Blick in das jeweilige Inhaltsverzeichnis ist zu empfehlen, um herauszufinden, ob die Ausführlichkeit, die vorgestellten Verfahren, vorausgesetztes Wissen und der Grad des Anwendungsbezugs zum eigenen Bedarf passen.)

Benninghaus, Hans (2007): Deskriptive Statistik, 11. Aufl., Wiesbaden. VS.

Bortz, Jürgen; Schuster, Christof (2010): Statistik für Human- und Sozialwissenschaftler. Lehrbuch mit Online-Materialien, 7. Aufl., Berlin/Heidelberg; Springer.

Brosius, Felix (2014): SPSS 22 für Dummies, Weinheim: Wiley-VCH.

Bühl, Achim (2014): SPSS 22: Einführung in die moderne Datenanalyse, 14. Aufl., München: Pearson Studium.

Diaz-Bone, Rainer (2013): Statistik für Soziologen, 2. Aufl., Konstanz/München: UVK.

Kohler, Ulrich; Kreuter, Frauke (2012): Datenanalyse mit Stata, 4. Aufl., München: Oldenbourg.

Kopp, Johannes; Lois, Daniel (2014): Sozialwissenschaftliche Datenanalyse, 2. Aufl., Wiesbaden: Springer VS.

Kuckartz, Udo et al. (2013): Statistik. Eine verständliche Einführung, 2. Aufl., Wiesbaden: Springer VS.

Kühnel, Steffen-M.; Krebs, Dagmar (2014): Statistik für die Sozialwissenschaften, 6. Aufl., Reinbek: Rowohlt. (dazu: Krebs, Dagmar et al. (2003): Aufgabensammlung zur »Statistik für die Sozialwissenschaften«, 2. Aufl., Reinbek: Rowohlt.)

Ludwig-Mayerhofer, Wolfgang et al. (2014): Statistik: Eine Einführung für Sozialwissenschaftler, Weinheim: Beltz/Juventa. (mit Online-Materialien)

Magnello, Eileen (2013): Statistik. Ein Sachcomic, Überlingen: Tibia Press. (keine systematische Einführung und ohne Fokus auf Sozialforschung, aber als visuell gestützter Zugang zum Thema durchaus schlaglichtartig aufschlussreich)

Müller-Benedict, Volker (2011): Grundkurs Statistik in den Sozialwissenschaften 5. Aufl., Wiesbaden: VS.

Sahner, Heinz (2008): Schließende Statistik, 7. Aufl., Wiesbaden: VS.

Auf Manipulationsgefahren aufmerksam machen z. B.
Krämer, Walter (2011): So lügt man mit Statistik, 4. Aufl., München: Piper.
Monmonier, Mark (1996): Eins zu einer Million. Die Tricks und Lügen der Kartographen, Basel u. a.: Birkhäuser.
Bauer, Thomas; Gigerenzer, Gerd; Krämer, Walter (2014): Warum dick nicht doof macht und Genmais nicht tötet: Über Risiken und Nebenwirkungen der Unstatistik, Frankfurt a. M./New York: Campus.

 Übungsaufgaben

Aufgabe 1
Finden Sie für die nachstehenden Merkmale eine geeignete grafische Darstellung. Begründen Sie Ihre Wahl und grenzen Sie sie von weniger geeigneten Varianten ab.
a) Der jeweilige Anteil regelmäßiger Kinobesucher 2014 in den Bundesländern der Bundesrepublik Deutschland;
b) Die Entwicklung des Anteils regelmäßiger Kinobesucher in Deutschland zwischen 1999 und 2014, differenziert nach Männern und Frauen.

Aufgabe 2
Suchen Sie aus der Fachliteratur tabellarische und grafische Darstellungen empirischer Befunde heraus. Wie sind die Befunde zu deuten? Schätzen Sie begründet die Angemessenheit der Auswertungsmethoden und der Präsentation der Ergebnisse ein.

7 Ausblick

Dieses Buch hat Ihnen einen Einblick in die quantitativen empirischen Methoden gegeben, zum einen in die allgemeinen Hintergründe und Regeln, zum anderen aber auch darin, welche methodischen Möglichkeiten und Probleme am konkreten Beispiel entstehen, was zu beachten ist, welche Ergebnisse herauskommen können und wie sie bzw. wie sie besser nicht zu interpretieren sind.

Zugunsten der grundsätzlichen Logik der Forschungsschritte und der kritischen Sensibilisierung für methodisches Vorgehen hat dieses Buch zahlreiche Einzelthemen nicht weiter verfolgt. Beispielsweise könnte man zur Definition forschungsrelevanter Begriffe, zu Skaleneffekten im Fragebogen oder zur Statistik viel stärker ins Detail gehen. Durch diesen ersten Überblick haben Sie jedoch die Basis erhalten, um sich in der entsprechenden Literatur zu einzelnen Aspekten zurechtzufinden. Zu empfehlen ist es aber für die weitere Beschäftigung mit Methoden auf jeden Fall, empirische Untersuchungen zu lesen. Methoden sind kein Selbstzweck, sondern sie dienen der Anwendung. Ihre enge Anbindung an inhaltliche Konzepte und Fragestellungen macht sie außerdem besonders interessant. Die Leser von Studien können und sollten dann bei Bedarf gezielt methodische Fragen in der Literatur nachschlagen.

Beim Lesen empirischer Beispiele wird zudem immer wieder deutlich, dass sehr viele methodische Entscheidungen nur anhand der Fragestellung und ihres theoretischen Hintergrundes zu treffen sind. Somit gibt es außer einigen grundsätzlichen Regeln des methodischen Vorgehens kaum immer richtige Verfahren, die man wie ein Kochbuchrezept anwenden könnte. Umso wichtiger ist es für Sozialwissenschaftlerinnen und Sozialwissenschaftler, sich Kenntnisse und auch eine Offenheit für verschiedene methodische Möglichkeiten und ihre flexible Verwendung anzueignen. Dann bedeutet eine methodenkritische Sicht nicht die einseitige Variante, lediglich immer dann pauschal die Methoden anzuzweifeln, wenn das Ergebnis einer Studie nicht den eigenen Erwartungen entspricht. Hier lässt sich im Gegenteil ebenfalls dafür plädieren, stets einen durchaus skeptischen Blick auf Theorien und Methoden gleichermaßen zu haben.

Neben diesem kurzen Ausblick für den Leser soll das Buch mit einem Hinweis auf die Zukunft der Methodenforschung schließen. Diese wird sich wohl weiterhin mit der Erforschung von Methodeneffekten sowie neuen Erhebungs- und Auswertungsmethoden beschäftigen mit dem Ziel, die Güte empirischer Ergebnisse zu optimieren. Eine ebenfalls fortgesetzte Strategie dürfte die Nutzung technischer Möglichkeiten im Dienste der empirischen Forschung sein. Dies kann z. B. die Codierung bei der Inhaltsanalyse betreffen, die Onlineforschung, die Datenauswertung oder den Ausbau von Datenbanken zu Fragebögen oder Daten etc. Eine wünschenswerte Perspektive der Methodenforschung besteht schließlich darin, die Aufmerksamkeit intensiver als bisher auf reflektierte Methodenverknüpfungen zu lenken, seien sie nun aus dem quantitativen, dem qualitativen Bereich oder aus beiden Bereichen. Nur eine breite Vertrautheit mit Forschungslogiken und typischen empirischen Forschungsproblemen über ein (im Einzelfall sicherlich legitimes) Spezialistentum hinaus, z. B. von Statistikexpertinnen, die nicht ins Feld gehen, oder Ethnografen, die sich mit der Aussagekraft quantitativer Forschung nicht befassen, führt zu einer sinnvollen Weiterentwicklung empirischer Methoden.

8 Literatur

I Allgemeine Literaturhinweise[17]

Quantitative Methoden (u. a. Einführungen)

Atteslander, Peter (2010): Methoden der empirischen Sozialforschung, 13. Aufl., Berlin: de Gruyter.

Baur, Nina; Blasius, Jörg (Hrsg.) (2014): Handbuch Methoden der empirischen Sozialforschung, Wiesbaden: Springer VS.

Bortz, Jürgen; Döring, Nicola (2006): Forschungsmethoden und Evaluation in den Sozial- und Humanwissenschaften, 4. Aufl., Heidelberg: Springer (5. Aufl. angekündigt).

Diaz-Bone, Rainer; Weischer, Christoph (Hrsg.) (2014): Methoden-Lexikon für die Sozialwissenschaften, Wiesbaden: Springer VS.

Diekmann, Andreas (2007): Empirische Sozialforschung. Grundlagen, Methoden, Anwendungen, 4. Aufl., Reinbek: Rowohlt.

Häder, Michael (2010): Empirische Sozialforschung. Eine Einführung, 2. Aufl., Wiesbaden: VS.

Kromrey Helmut (2009): Empirische Sozialforschung, 12. Aufl., Stuttgart: Lucius & Lucius/UTB.

Methoden, Daten, Analysen (MDA), Zeitschrift für quantitative Methoden, http://www.gesis.org/publikationen/zeitschriften/mda/

Raithel, Jürgen (2012): Quantitative Forschung. Ein Praxiskurs, 2. Aufl., Wiesbaden: VS. (Schwerpunkt Befragung)

Schnell, Rainer; Hill, Paul B. Hill; Esser, Elke (2013): Methoden der empirischen Sozialforschung, 10. Aufl., München: Oldenbourg.

Schöneck, Nadine M.; Voß, Werner (2013): Das Forschungsprojekt: Planung, Durchführung und Auswertung einer quantitativen Studie, 2. Aufl., Wiesbaden: Springer VS.

Qualitative/Interpretative Methoden

Breidenstein, Georg et al. (2013): Ethnografie. Die Praxis der Feldforschung, Konstanz: UVK/UTB.

Flick, Uwe (2007): Qualitative Sozialforschung: Eine Einführung, 6. Aufl., Reinbek: Rowohlt.

Flick, Uwe; von Kardorff, Ernst; Steinke, Ines (Hrsg.) (2005): Qualitative Forschung. Ein Handbuch, 10. Aufl. Reinbek: Rowohlt.

Forum Qualitative Sozialforschung (FQS), Online-Zeitschrift; www.qualitative-research.net

---

17 s. a. die Literaturhinweise am Ende der einzelnen Kapitel.

Kleemann, Frank et al. (2013): Interpretative Sozialforschung, 2. Aufl., Wiesbaden: Springer VS.
Przyborski, Aglaja; Wohlrab-Sahr, Monika (2013): Qualitative Sozialforschung: Ein Arbeitsbuch, 4. Aufl., München: Oldenbourg.
Rosenthal, Gabriele (2014): Interpretative Sozialforschung, 4. Aufl., Weinheim: Beltz/Juventa.

II Literatur, die im Text zitiert oder auf die verwiesen wird

Atteslander, Peter (2010): Methoden der empirischen Sozialforschung, 13. Aufl., Berlin: de Gruyter.
Beck, Ulrich (1986): Risikogesellschaft. Auf dem Weg in eine andere Moderne, Frankfurt a. M.: Suhrkamp.
Becker, Irene; Hauser, Richard (2003): Anatomie der Einkommensverteilung. Ergebnisse der Einkommens- und Verbrauchsstichproben 1969–1998, Berlin: edition sigma.
Benninghaus, Hans (1992): Deskriptive Statistik, 7. Aufl., Stuttgart: Teubner (s. a. 11. Aufl. 2007, Wiesbaden: VS).
Blasius, Jörg (2001): Korrespondenzanalyse, München/Wien: Oldenbourg.
Blasius, Jörg; Georg, Werner (1992): Clusteranalyse und Korrespondenzanalyse in der Lebensstilforschung. Ein Vergleich am Beispiel der Wohnungseinrichtung, Köln: ZA-Information 30, 112–133.
Blasius, Jörg; Winkler, Joachim (1989): Gibt es die »feinen Unterschiede«? Eine empirische Überprüfung der Bourdieuschen Theorie, in: Kölner Zeitschrift für Soziologie und Sozialpsychologie 41 (1), 72–94.
Bosnjak, Michael (2003): Web-basierte Fragebogenuntersuchungen – Methodische Möglichkeiten, aktuelle Themen und Erweiterungen, in: ADM, ASI, Statistisches Bundesamt: Online-Erhebungen. 5. Wissenschaftliche Tagung, Bonn: IZ-Sozialwissenschaften, 109–133.
Bourdieu, Pierre (1982): Die feinen Unterschiede. Kritik der gesellschaftlichen Urteilskraft, Frankfurt a. M.: Suhrkamp, 9. Aufl. der TB-Ausgabe 1997 (frz. Original 1979).
Buchmann, Marlis; Eisner, Manuel (2001): Geschlechterdifferenzen in der gesellschaftlichen Präsentation des Selbst. Heiratsinserate von 1900 bis 2000, in: Heintz, Bettina (Hrsg.): Geschlechtersoziologie, Wiesbaden: Westdeutscher Verlag, 75–107.
Bundesministerium für Familie, Senioren, Frauen und Jugend (Hrsg.) (2012): Familienatlas 2012. Regionale Chancen im demografischen Wandel sichern. http://www.prognos.com/fileadmin/pdf/Atlanten/Familienatlas_12/Familienatlas_2012.pdf (Zugriff 1.9.14)
Burzan, Nicole (2010): Zur Debatte um die Verknüpfung qualitativer und quantitativer Sozialforschung, in: Honer, Anne; Meuser, Michael; Pfadenhauer, Michaela (Hrsg.): Fragile Sozialität. Inszenierungen, Sinnwelten, Existenzbastler, Wiesbaden: VS, 93–102.

Burzan, Nicole (2011): Soziale Ungleichheit: Einführung in die zentralen Theorien, 4. Aufl., Wiesbaden: VS.

Burzan, Nicole (2014): Indikatoren, in: Baur, Nina; Blasius, Jörg (Hrsg.): Handbuch Methoden der empirischen Sozialforschung, Wiesbaden: Springer VS, 1029–1036.

Burzan, Nicole, Jahnke, Isa (2010): Was misst die studentische Lehrkritik? – eine empirische Infragestellung von Lehrevaluationen an Hochschulen, in: Soziologie 39 (4), 438–461.

Burzan, Nicole; Kohrs, Silke; Küsters, Ivonne (2014): Die Mitte der Gesellschaft: Sicherer als erwartet? Weinheim: Beltz/Juventa.

Burzan, Nicole; Lökenhoff, Brigitta; Schimank, Uwe; Schöneck, Nadine M. (2008): Das Publikum der Gesellschaft. Inklusionsverhältnisse und Inklusionsprofile in Deutschland, Wiesbaden: VS.

Creswell, John W.; Plano Clark, Vicki L. (Hrsg.) (2011): Designing and Conducting Mixed Methods Research, 2. Aufl., Thousand Oaks: Sage.

Czaplicki, Andreas (2012): GPS in der Markt- und Sozialforschung, in: Faulbaum, Frank et al. (Hrsg.): Qualitätssicherung in der Umfrageforschung, Wiesbaden: Springer VS, 147–159.

Diekmann, Andreas (1996): Empirische Sozialforschung. Grundlagen, Methoden, Anwendungen, Reinbek: Rowohlt (s. a. 4. Aufl. 2007).

Eickelmann, Jennifer (2014): Mediatisierte Missachtung und die Verhandlung von Gender bei Empörungswellen im Netz. Der Fall Anita Sarkeesian; in: onlinejournal kultur & geschlecht #13.

Elias, Norbert (1976): Über den Prozess der Zivilisation. Soziogenetische und psychogenetische Untersuchungen, 2 Bände, Frankfurt a. M.: Suhrkamp.

Elter, Andreas (2013): Interaktion und Dialog? Eine quantitative Inhaltsanalyse der Aktivitäten deutscher Parteien bei Twitter und Facebook während der Landtagswahlkämpfe 2011, in: Publizistik 58 (2), 201–220.

Flick, Uwe (1995): Qualitative Forschung: Theorie, Methoden, Anwendung in Psychologie und Sozialwissenschaften, Reinbek: Rowohlt.

Flick, Uwe (2007): Qualitative Sozialforschung: Eine Einführung, 6. Aufl., Reinbek: Rowohlt.

Flick, Uwe (2011): Triangulation. Eine Einführung, 3. Aufl., Wiesbaden: VS.

Früh, Werner (2001): Inhaltsanalyse. Theorie und Praxis, 5. Aufl., Konstanz: UVK (s. a. 7. Aufl. 2011).

Fuchs, Marek (2004): Kinder und Jugendliche als Befragte. Feldexperimente zum Antwortverhalten Minderjähriger, in: ZUMA-Nachrichten 28 (54), 60–88.

Fuchs, Marek (2012): Der Einsatz von Mobiltelefonen in der Umfrageforschung. Methoden zur Verbesserung der Datenqualität, in: Faulbaum, Frank et al. (Hrsg.): Qualitätssicherung in der Umfrageforschung, Wiesbaden: Springer VS, 51–73.

Gabler, Siegfried; Häder, Sabine (2002): Telefonstichproben. Methodische Innovationen und Anwendungen in Deutschland, Münster u. a.: Waxmann.

Gerhards, Jürgen (2003): Die Moderne und ihre Vornamen. Eine Einladung in die Kultursoziologie, Wiesbaden: Westdeutscher Verlag (s. a. 2. Aufl. 2010, VS).

Gern, Christiane (1992): Geschlechtsrollen. Stabilität oder Wandel? Eine empirische Analyse anhand von Heiratsinseraten, Opladen: Westdeutscher Verlag.

Gläser, Jochen; Laudel, Grit (2001): Experteninterviews und qualitative Inhaltsanalyse als Instrumente rekonstruierender Untersuchungen; Fernstudienkurs der FernUniversität in Hagen Nr. 03707, Hagen.

Gläser, Jochen; Laudel, Grit (2010): Experteninterviews und qualitative Inhaltsanalyse, 4. Aufl., Wiesbaden: VS.

Gläser-Zikuda, Michaela et al. (Hrsg.) (2012): Mixed Methods in der empirischen Bildungsforschung, Münster: Waxmann.

Häder, Michael (2006): Empirische Sozialforschung. Eine Einführung, Wiesbaden: VS (s. a. 2. Aufl. 2010).

Häder, Sabine (2000): Telefonstichproben, ZUMA-How-to-Reihe Nr. 6, Mannheim.

Heckel, Christiane (2003): Online gewonnene Stichproben – Möglichkeiten und Grenzen, in: ADM, ASI, Statistisches Bundesamt: Online-Erhebungen, Bonn: IZ Sozialwissenschaften, 83–94

Heimrich, Linette (2012): Politische Public Relations in sozialen Online-Netzwerken: eine inhaltsanalytische Untersuchung zum Einsatz von Facebook-Seiten in der Kommunikation zwischen Politikern und Bürgern, in: Appenzeller, Simon et al. (Hrsg.): Bürgerproteste im Spannungsfeld von Politik und Medien, Berlin: Frank & Timme, 125–144.

Hirschauer, Stefan (2014): Sinn im Archiv? Zum Verhältnis von Nutzen, Kosten und Risiken der Datenarchivierung, in: Soziologie 43 (3), 300–312.

Jahoda, Marie; Lazarsfeld, Paul Felix; Zeisel, Hans (1975): Die Arbeitslosen von Marienthal: Ein soziographischer Versuch über die Wirkungen langandauernder Arbeitslosigkeit, Frankfurt a. M.: Suhrkamp (zuerst 1933).

Jungbauer-Gans, Monika; Berger, Roger; Kriwy, Peter (2005): Machen Kleider Leute? Ergebnisse eines Feldexperiments zum Verkäuferverhalten, in: Zeitschrift für Soziologie 34 (4), 311–322.

Kelle, Udo (2008): Die Integration qualitativer und quantitativer Methoden in der empirischen Sozialforschung. Theoretische Grundlagen und methodologische Konzepte, 2. Aufl., Wiesbaden: VS.

Kelle, Udo; Erzberger, Christian (2001): Die Integration qualitativer und quantitativer Forschungsergebnisse, in: Kluge, Susann; Kelle, Udo (Hrsg.) (2001): Methodeninnovation in der Lebenslaufforschung: Integration qualitativer und quantitativer Verfahren in der Lebenslauf- und Biographieforschung, Weinheim/München: Juventa, 89–134.

Keller, Reiner (2012): Das interpretative Paradigma. Eine Einführung, Wiesbaden: Springer VS.

Kirchhoff, Sabine et al. (2010): Der Fragebogen. Datenbasis, Konstruktion und Auswertung, 5. Aufl., Wiesbaden: VS.

Kops, Manfred (1984): Eine inhaltsanalytische Bestimmung von Persönlichkeitsbildern in Heiratsanzeigen, in: Klingemann, Hans-Dieter (Hrsg.): Computerunterstützte Inhaltsanalyse in der empirischen Sozialforschung, Frankfurt a. M./New York: Campus, 54–97.

Kraemer, Monika (1998): Partnersuche und Partnerschaft im deutsch-französischen Vergleich 1913–1993. Eine empirische Analyse zum Wertewandel anhand von Heirats- und Bekanntschaftsanzeigen, Münster u. a.: Waxmann.

Krämer, Walter (1994): So überzeugt man mit Statistik, Frankfurt a. M./New York: Campus.
Krämer, Walter (1995): So lügt man mit Statistik, 6. Aufl., Frankfurt a. M./New York: Campus (s. a. 4. Aufl. bei Piper, München, 2011).
Kromrey Helmut (1998): Empirische Sozialforschung. Modelle und Methoden der Datenerhebung und Datenauswertung, 8. Aufl., Opladen: Leske + Budrich (s. a. 12. Aufl. 2009, Stuttgart: Lucius&Lucius/UTB).
Kühnel, Steffen; Krebs, Dagmar (2001): Statistik für die Sozialwissenschaften. Grundlagen, Methoden, Anwendungen, Reinbek: Rowohlt.
Landmann, Juliane; Züll, Cornelia (2004): Computerunterstützte Inhaltsanalyse ohne Diktionär? Ein Praxistest, in: ZUMA-Nachrichten 28 (54), 117–140.
Levine, Robert (1998): Eine Landkarte der Zeit: Wie Kulturen mit Zeit umgehen, München u. a.: Piper (s. a. 2. Aufl. 2004).
Ludwig-Mayerhofer, Wolfgang et al. (2014): Statistik: Eine Einführung für Sozialwissenschaftler, Weinheim: Beltz/Juventa.
Mey, Günter; Mruck, Katja (Hrsg.) (2014): Qualitative Forschung. Analysen und Diskussionen – 10 Jahre Berliner Methodentreffen, Wiesbaden: Springer VS.
Mika, Tatjana (2002): Wer nimmt teil an Panel-Befragungen? Untersuchung über die Bedingungen der erfolgreichen Kontaktierung für sozialwissenschaftliche Untersuchungen, in: ZUMA-Nachrichten 26 (51), 38–48.
Noelle-Neumann, Elisabeth; Petersen, Thomas (1998): Alle, nicht jeder: Einführung in die Methoden der Demoskopie, 2. Aufl., München: Deutscher Taschenbuch Verlag.
Otte, Gunnar (2010): »Klassenkultur« und »Individualisierung« als soziologische Mythen? Ein Zeitvergleich des Musikgeschmacks Jugendlicher in Deutschland, 1955–2004, in: Berger, Peter A.; Hitzler, Ronald (Hrsg.): Individualisierungen. Ein Vierteljahrhundert »jenseits von Stand und Klasse«? Wiesbaden: VS, 73–95.
Popper, Karl R. (2002): Logik der Forschung, 10. Aufl., Tübingen: Mohr Siebeck (zuerst 1934).
Porst, Rolf (1999): Umfrageforschung und Sekundäranalyse von Umfragedaten (am Beispiel des ALLBUS); Fernstudienkurs der FernUniversität in Hagen Nr. 03606, Hagen.
Porst, Rolf (2014): Fragebogen: Ein Arbeitsbuch, 4. Aufl., Wiesbaden: Springer VS.
Prüfer, Peter; Stiegler, Angelika (2002): Die Durchführung standardisierter Interviews: Ein Leitfaden, ZUMA How-to-Reihe Nr. 11, Mannheim.
Przyborski, Aglaja; Wohlrab-Sahr, Monika (2013): Qualitative Sozialforschung: Ein Arbeitsbuch, 4. Aufl., München: Oldenbourg.
Rulofs, Bettina (2003): Konstruktion von Geschlechterdifferenzen in der Sportpresse? Eine Analyse der Berichterstattung zur Leichtathletik WM 1999, Butzbach-Griedel: AFRA.
Schmitz, Andreas (2009): Virtuelle Zwischengeschlechtlichkeit im Kontext relationaler Methodologie. Überlegungen zu einer Soziologie der digitalen Partnerwahl, in: Soeffner, Hans-Georg (Hrsg.): Unsichere Zeiten. Herausforderungen gesellschaftlicher Transformationen. Verhandlungen des 34. Kongresses der DGS in Jena 2008, Wiesbaden: VS.

Schneekloth, Ulrich; Leven, Ingo (2003): Woran bemisst sich eine »gute« allgemeine Bevölkerungsumfrage? In: ZUMA-Nachrichten 27 (53), 16–57.

Schnell, Rainer (2012): Survey-Interviews. Methoden standardisierter Befragungen, Wiesbaden: VS.

Schwinn, Thomas (2004): Institutionelle Differenzierung und soziale Ungleichheit. Die zwei Soziologien und ihre Verknüpfung, in: Ders. (Hrsg.): Differenzierung und soziale Ungleichheit, Frankfurt a. M.: Humanities Online, 9–68.

Statistisches Bundesamt (Hrsg.) (2010): Demographische Standards, Ausgabe 2010, Wiesbaden: Statistisches Bundesamt. http://www.gesis.org/fileadmin/upload/dienstleistung/tools_standards/DemSta 2010.pdf

Steinke, Ines (2000): Gütekriterien qualitativer Forschung, in: Flick, Uwe et al. (Hrsg.): Qualitative Forschung. Ein Handbuch, Reinbek: Rowohlt, 319–331 (s. a. 10. Aufl. 2005).

Steinkopf, Leander; Bauer, Gerrit; Best, Henning (2010): Nonresponse und Interviewer-Erfolg im Telefoninterview, in: Methoden, Daten, Analysen 4 (1), 3–26.

Stockmann, Reinhard; Meyer, Wolfgang (2014): Evaluation. Eine Einführung, 2. Aufl., Opladen/Toronto: B. Budrich/UTB.

Tashakkori, Abbas; Teddlie, Charles (Hrsg.) (2010): SAGE Handbook of Mixed Methods in Social & Behavioral Research, 2. Aufl., Thousand Oaks: Sage.

Vester, Michael et al. (2001): Soziale Milieus im gesellschaftlichen Strukturwandel. Zwischen Integration und Ausgrenzung, Frankfurt a. M.: Suhrkamp, vollst. überarb. und aktual. Fassung der Ausgabe von 1993.

von Unger, Hella; Narimani, Petra, M'Bayo, Rosaline (Hrsg.) (2014): Forschungsethik in der qualitativen Forschung: Reflexivität, Perspektiven, Positionen. Wiesbaden: Springer VS.

Welker, Martin; Wünsch, Carsten (Hrsg.) (2010): Die Online-Inhaltsanalyse. Forschungsobjekt Internet, Köln: Herbert von Halem.

Whyte, William Foote (1996): Die Street Corner Society: Die Sozialstruktur eines Italienerviertels, Berlin/New York: de Gruyter (amerik. Original 1943).

Wolf, Christoph; Best, Henning (Hrsg.) (2010): Handbuch der sozialwissenschaftlichen Datenanalyse, Wiesbaden: VS.

Wouters, Cas (1999): Informalisierung. Norbert Elias' Zivilisationstheorie und Zivilisationsprozesse im 20. Jahrhundert, Wiesbaden: Westdeutscher Verlag.

Züll, Cornelia; Landmann, Juliane (2002): Computerunterstützte Inhaltsanalyse. Literaturbericht zu neueren Anwendungen, ZUMA-Methodenbericht 2002/02, Mannheim.

Abbildungs- und Tabellenverzeichnis

Abb. 2.1:	Enttraditionalisierung (Entwicklung des Anteils deutscher und christlicher Namen)	15
Abb. 2.2:	Varianten des herrschenden Geschmacks	19
Abb. 4.1:	Dimensionen zum Thema »Familienfreundlichkeit von Kommunen«	35
Abb. 4.2:	Struktur eines inhaltsanalytischen Wörterbuchs	63
Abb. 4.3:	Entwicklung der Angaben zum Aussehen in Kontaktanzeigen	73
Abb. 4.4:	Beispiel für einen Beobachtungsplan (Bourdieu 1982: 809 f.)	91
Abb. 4.5:	Datenmatrix	112
Abb. 5.1:	Einige Auswahlverfahren im Überblick	130
Abb. 6.1:	Basisformen graphischer Darstellungen	151
Abb. 6.2:	Gleiche Daten – unterschiedliche Darstellung	154
Tab. 2.1:	Dimensionen und Indikatoren in der Studie von Gerhards . . .	14
Tab. 3.1:	Die Forschungslogik quantitativer und qualitativer Methoden	24
Tab. 3.2:	Forschungsschritte der quantitativen Sozialforschung	26
Tab. 4.1:	Analyse- und Codiereinheit bei Inhaltsanalysen	61
Tab. 4.2:	Kategorienschema für eine Inhaltsanalyse (fiktiv)	65
Tab. 4.3:	Kreuztabelle Geschlecht * Wunschpartnereigenschaften	72
Tab. 4.4:	Befragungsformen im Vergleich	94
Tab. 4.5:	Beispiele für Antwortskalen	100
Tab. 4.6:	Antwortskalen am Beispiel Fernsehen	104
Tab. 4.7:	Rollen und Facetten der Inklusion im Teilsystem Sport	108
Tab. 5.1:	Beispiel: Mehrstufige Auswahl	134
Tab. 5.2:	Beispiel: Geschichtete Auswahl (proportional)	135
Tab. 5.3:	Beispiel für Interviewpartner nach einem Quotenplan	135
Tab. 5.4:	Befragtengruppen nach Kombinationen von Lagemerkmalen	138
Tab. 6.1:	Variable »Alter« (kategorisiert)	148
Tab. 6.2:	Kreuztabelle der Variablen »Geschlecht« und »Internetnutzung« (fiktiv)	149
Tab. 6.3:	Auszug: Befunde aus einem Regressionsmodell	158

Sachregister

ALLBUS 117 f.
Analyseeinheit 60 f.
Anonymität 53, 83, 95, 115, 117, 124
Antwortverzerrung 93, 97, 105
Ausschöpfung 29, 94 f., 103, 107, 116, 118, 131, 136, 142
Auswahlverfahren 39, 118, 129–142
Auswertung 22, 24, 26 f., 71 f., 86, 93, 101, 112, 143, 159

Befragung 22, 28, 32, 39, 45 f., 67, 80 f., 90, 92–105, 107, 109–112, 115–119, 123–125, 130 f., 136 f., 140
Befragungsformen 94–96
Beobachterschulung 79, 88
Beobachtung 17, 22, 32, 45, 76–91, 107, 123–125, 140
– teilnehmende 81 f.
– verdeckte 78 f., 81 f.

Codiereinheit 60–62, 70
Codierregel 54, 57–60, 62, 65, 67 f.

Diagramm 151–153
Dimension 14, 25–28, 33–38, 40–42, 48, 54, 124, 159

Erhebungsinstrument 11, 22 f., 39, 41, 44, 69, 84, 89, 93, 140
Erwünschtheit, soziale 79, 94 f., 97, 99, 109
Evaluation 27, 31 f., 33 f., 38, 159
Experiment 76, 81

Falsifikation 22, 23, 37
Feldexperiment 76, 81
Forschungsablauf 22, 24, 26 f.
Forschungsdesign 31–38
Forschungsethik 53, 83

Forschungsfrage 11, 16, 25 f., 31, 34, 37–41, 46, 50, 59, 80, 87, 93, 99, 115, 120, 122, 125 f., 143
Forschungslogik 21–25, 123 f.
Fragebogen 17, 22, 32, 41, 93, 95–104, 108–110, 116, 118, 120, 124, 140, 159

Grundgesamtheit 29, 69, 117, 129–136, 138, 140 f., 146 f.
Gültigkeit 28 f., 41 f., 46, 55, 58 f., 62, 68, 68, 71, 74, 77, 79 f., 86, 88, 104, 159
Gütekriterien 27–29, 41, 59, 71, 120, 130

Häufigkeitstabelle 147 f.
Hypothese 22 f., 25–27, 33, 37 f., 41, 44, 49–51, 54–57, 71, 73, 85, 88, 99, 106, 120, 145

Index 41, 99, 113, 122, 159
Indikator 13–15, 26, 28, 40–42, 46, 58, 77, 101, 107, 120–122, 159
Inhaltsanalyse 13, 28, 43–75, 79, 88, 125, 129
– computerunterstützt 65
Interpretation 26, 46, 57 f., 61, 67, 70 f., 77–79, 143 f., 155
Intersubjektivität 29, 42, 70 f., 88
Interview 23, 74, 94–97, 100, 102–104, 111, 117, 124–126, 135–137
Interviewerschulung 102 f., 111

Kategorien(system): 22, 28, 32, 44, 47, 54–62, 64–68, 70–72, 74, 76, 82 f., 85–88, 99, 109 f.
Korrelation 145, 156
Korrespondenzanalyse 17–19

Korrespondenzregeln 39–41, 107 f., 122, 159
Kreuztabelle 148 f.
Kritischer Rationalismus 22, 23, 37

Längsschnittuntersuchung 32, 117

Maßzahlen 22, 67, 143–145, 155–157
Messniveau 152, 155
Methodenverknüpfungen 123–126, 164
Mittelwert 145, 155
Mixed Methods 125

Nonresponse 95, 102 f.

Objektivität 22, 29, 42, 46, 155
Operationalisierung 25–27, 37, 39–42, 88, 101, 129, 159

Panel 118–120, 140
Präzisierung 25 f., 31–33, 37 f., 47–49, 105, 119 f.
Pretest 26 f., 67 f., 88, 101 f., 110

Qualitative Forschung/Methoden 21, 23–25, 27, 74, 80, 117, 123–126, 137, 164
Querschnittuntersuchung 32, 117
Quotenauswahl 130, 135–137, 141

Reaktivität 45, 79, 93
Regression 147, 157 f.
Reihenfolgeeffekte 93, 97, 100 f., 104
Reliabilität s. Zuverlässigkeit

Repräsentativität 21, 24 f., 29, 69, 101, 119 f., 130–132, 136, 138, 140–142

Scheinkorrelation 156
Sekundäranalyse 17, 115–122
Signifikanz 146, 157
Skaleneffekte 99, 104
SOEP 97, 118–120
Standardisierung 22–25, 29, 57, 77, 84, 89, 93–95, 102, 124
Statistik 22–25, 27, 72, 112, 116, 122, 143–159
Stichprobe 29, 52, 69, 95 f., 117 f., 129–142, 146 f.
Stichprobengröße 131, 138
Streuung 145, 155
Suggestivfrage 27, 29, 98

Theorie 22–24, 31, 33, 36 f., 74, 125
Triangulation 125

Validität s. Gültigkeit
Variable 12, 39, 55, 112, 115–117, 120, 147, 156 f., 159
Verfahren,
– bivariate 145
– multivariate 122, 145, 156
– univariate 144
Vollerhebung 129, 141

Zufallsauswahl 29, 69, 130–136, 139–141
Zuverlässigkeit 28 f., 57–60, 62, 67 f., 71 f., 88